U0048749

登山皇帝的
14座/8000公尺高峰

死亡不能阻止上山的腳步！
看梅斯納爾如何超越人類極限，站上世界之巔

Überlebt: Meine 14 Achttausender

義大利登山皇帝 **萊茵霍爾德·梅斯納爾**
REINHOLD MESSNER 著　江鈺婷 譯

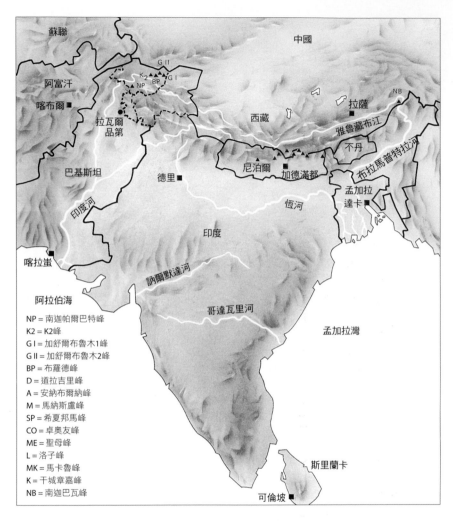

蘇聯

中國

阿富汗

拉薩

喀布爾

西藏

拉瓦爾
品第

雅魯藏布江

不丹

巴基斯坦

尼泊爾 加德滿都

布拉馬普特拉河

德里

孟加拉
達卡

印度河

恆河

喀拉蚩

印度

訥爾默達河

阿拉伯海

哥達瓦里河

孟加拉灣

NP＝南迦帕爾巴特峰
K2＝K2峰
G I＝加舒爾布魯木1峰
G II＝加舒爾布魯木2峰
BP＝布羅德峰
D＝道拉吉里峰
A＝安納布爾納峰
M＝馬納斯盧峰
SP＝希夏邦馬峰
CO＝卓奧友峰
ME＝聖母峰
L＝洛子峰
MK＝馬卡魯峰
K＝干城章嘉峰
NB＝南迦巴瓦峰

斯里蘭卡

可倫坡

第2、3頁：由干城章嘉峰東北脊遠眺的景色。弗里德爾・穆施萊克納（Friedl Mutschlechner）身穿藍色套裝，其所跟隨的雪巴人安・多吉（Ang Dorje）則身穿紅裝（1982年5月6日）。

第4、5頁：聖母峰北側。自1921年起，便有許多遠征隊由這一側開始攀登。

目 錄

附錄

「8千公尺高峰」的分類實屬巧合，是以公尺為單位計算的結果。若以英尺為單位計算，就無法如此分類了。

山峰	位置	高度	
		公尺	英尺
聖母峰	尼泊爾／西藏	8850	29028
K2峰	巴基斯坦／中國	8611	28250
干城章嘉峰	印度／尼泊爾	8586	28169
洛子峰	尼泊爾／西藏	8516	27940
馬卡魯峰	尼泊爾／西藏	8463	27766
道拉吉里峰	尼泊爾	8167	26795
馬納斯盧峰	尼泊爾	8163	26781
卓奧友峰	尼泊爾／西藏	8201	26906
南迦帕爾巴特峰	巴基斯坦	8125	26660
安納布爾納峰	尼泊爾	8091	26545
加舒爾布魯木1峰	巴基斯坦／中國	8068	26470
布羅德峰	巴基斯坦／中國	8047	26400
希夏邦馬峰	西藏	8046	26397
加舒爾布魯木2峰	巴基斯坦／中國	8035	26360

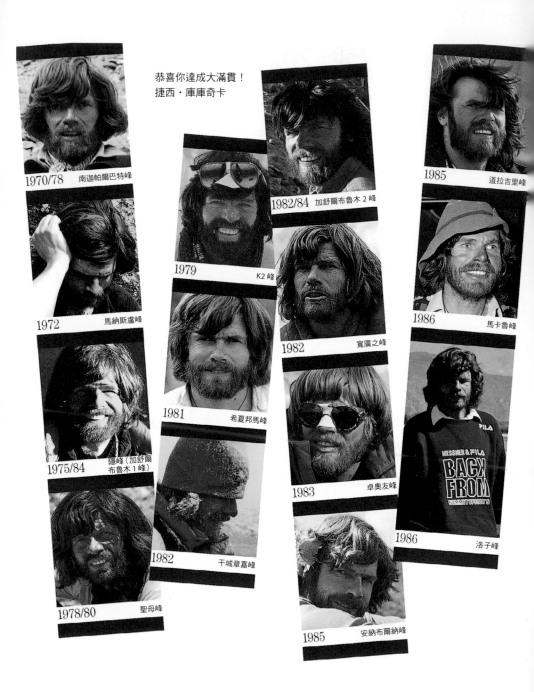

恭喜你達成大滿貫！
捷西・庫庫奇卡

1970/78　南迦帕爾巴特峰

1982/84　加舒爾布魯木 2 峰

1985　　道拉吉里峰

1972　　馬納斯盧峰

1979　　K2 峰

1986　　馬卡魯峰

1975/84　隱峰（加舒爾布魯木 1 峰）

1981　　希夏邦馬峰

1982　　寬廣之峰

1983　　卓奧友峰

1978/80　聖母峰

1982　　干城章嘉峰

1986　　洛子峰

1985　　安納布爾納峰

登峰狂潮120年

過去，登山文化的特徵為激烈的競爭與濃厚的男子氣概，但大多數「信徒」汲汲營營的目標反而在於讓彼此留下深刻印象。重點不是登上哪座山的峰頂，而是登頂的方法——看誰能夠以最輕量的配備攻克最艱困、最難以抵達的路線，並盡其所能以最大膽的方式進行，那個人便能獲取聲望。

強‧克拉庫爾（Jon Krakauer）

截至目前為止，高海拔登山的歷史被劃分為五個不同時期，而儘管這股登山風潮已經退燒，高海拔登山活動的歷史依然能夠不斷更新。改寫歷史的先決條件在於對 8 千公尺高峰歷史的精確知識背景，以及自我批判的勇氣。

1895 年，亞伯特‧弗雷德里克‧麥莫瑞（Albert Frederick Mummery）在南迦帕爾巴特峰失蹤，當時，登山者仍不太瞭解人類在海拔 8 千公尺以上氧氣稀薄的環境中可能會出現哪些狀況。因此，在那樣的時空背景下試圖抓住「第三極」聽起來似乎過於狂妄自大。不過，從這位英國阿爾卑斯式[1]登山家（Alpinist）在喜馬拉雅山脈寫給妻子的書信看來，反而像是天真無知的證據，不知道這些 8 千公尺高峰究竟有多麼壯大、多麼危險——這並不是一場騙

局。雖說如此，麥莫瑞在 100 多年前開始嘗試征服世界上最高聳的山峰，而隨後，那將犧牲上千條人命、耗費無數資金，並一而再、再而三地出現新動機，鼓勵人們攀上愈來愈高的地方。

「這個充滿威脅的黑暗高山世界，到頭來，正是所有生命的源頭。」麥莫瑞在南迦帕爾巴特峰山腳下斷氣之前如此說道；當時，他尚未成功抵達峰頂區域。他更曾說過：「我很確定，峰頂將屬於我們！」這句在麥莫瑞寫給妻子的最後一封信中留下的話，正是那股風靡數世紀、甚至在維多利亞時期之後仍歷久不衰的攻頂狂潮的最佳寫照。人們最初想征服的目標是世界盡頭的最後一個秘密——「終極遠境（ultima Thule）」——接著是「神的寶座上的聖杯」，如今則是在金氏世界紀錄上留下一筆。狂妄自大的惡靈從未真正遠離過我們。

雖然我們曾在背包上寫下「征服無用之事（Eroberung des Nutzlosen）」，但我們依然為這件事注滿英雄主義、成功登頂的榮耀，以及征服的渴望。即便現在的所有準備作業與責任都是由雪巴人和登山嚮導擔下，而不是登上 8 千公尺高峰的人本身，這些人成功從山頂回到村莊時，依然像是奪得獎牌般榮耀地凱旋而歸。如今，這種狂妄現象可說是更勝以往。

峰頂從來不屬於你；即使你成功從峰頂歸來，它也從來不是你的。除非你把它買下來，那麼即便你沒有上去過，它也是你的。不過，不論過去或現在，那些攀登高山的登山者從不願遵從這條寫在資本主義的主流世界裡的規則；他們不斷發明新的理想論述，將自

己把那些「藍色山脈 [2]」占為己有的行為合理化。人與山的關係從神話故事慢慢演變成世界屋脊的大眾旅遊現象，而這一路以來的轉變也算是示範了人類這個完全丟失自我批評能力的物種的心態。

帶著永不滿足的優越感，世世代代的登山者將自己塑造為超人，登上那些尤其在現今庸俗觀點裡看似了不起的高度。他們追隨一世紀以前獨自前往探路的傑出登山家的腳步，沿著那些前人早已踏爛的路線成縱隊行走。相較之下，百年前的登山家通常是在沒有地圖、沒有指南、沒有任何經驗值的情況下開拓路徑的。當時的開拓者什麼也沒有，卻受到形塑著維多利亞時期的人們的自我意象所啟發──人類也必須征服山峰。

但在第一次世界大戰以前，人們並沒有太多進展──南迦帕爾巴特峰太過危險、K2 峰太過陡峭、干城章嘉峰太過高聳。

兩次世界大戰之間的 20 年裡，使用德語的登山者尤其被攀上更高處的名譽與號召所激勵。儘管客觀的英國人（於 1921 至 1938 年間登上聖母峰）與天真的美國人（於 1938 至 1939 年登上 K2 峰）也一再攀上超過神奇劃界──海拔 8 千公尺──的高峰，德語區的所有高峰登山者都沈浸在他們的英雄主義之中。這個現象形成一種至今尚未治癒完全的病症──我稱之為「登峰狂熱（Höhen-wahn）」。

「當人類不再賭上性命嘗試前人從未做過的事，那麼，人類終將踏上衰敗。」這句話是卡爾‧維恩（Karlo Wien）的名言；維恩與其團隊於 1937 年在南迦帕爾巴特峰上受埋於一場雪崩之中。

回溯到 1934 年，當威洛 ‧ 維珍巴哈（Willo Welzenbach）因為精疲力竭而命喪南迦帕爾巴特峰之後，維恩成為信奉維珍巴哈的「魔幻理想主義（magischen Idealismus）」的傑出登山家之一。魔幻理想主義的信徒深受「史詩般的死亡力量」所吸引，愈發努力地攀上「那屬於主宰人種的高升枝枒」，而這些枝枒滿載著各式各樣的理想論述──奮鬥、勝利、同志情誼。這些登上南迦帕爾巴特峰的人與彼此共享一切，包含帳篷與恐懼、麵包與命運。他們就跟等候被派上戰場最前線的士兵一樣，大家都節儉度日、遵從指導原則，而且，登山者必須堅實刻苦，恰如岩石那般。

對於一輩又一輩的年輕登山者而言，距離不成問題。他們秉持著高度自制力，以及對尼貝龍[3]（die Nibelungen）的忠誠，啟程「一雪命喪南迦帕爾巴特峰之恥」，絲毫沒有從這些悲劇中汲取教訓。

人們從來沒有討論過不利條件、錯誤策略及理性返程等話題。舉例來說，1934 年遠征事實上是威利 ‧ 梅克爾（Willy Merkl）帶隊的，並不是維珍巴哈；太多人同時嘗試攻頂；他們一直拖到悲劇成為唯一結局才決定下山。維珍巴哈公司（Welzenbach und Co.）在喜馬拉雅山脈的冰雪中留下的蹤跡不只展現了當時的時代精神，以及整個世代登山家的熱情，另一方面也顯示出人們對於各種問題重重的價值觀欣然接受、從未質疑的態度。

此外，在 50 年代、60 年代征服 8 千公尺高峰的登山家也是當時的時代之子。在法國、英國、德國、奧地利與日本，人們藉著民

族口號募資啟程征服「第三極」，全體國民都對安納布爾納峰、聖母峰、南迦帕爾巴特峰、馬納斯盧峰的「英雄」抱持著高度認同。1964 年，當中國登山隊攻下「最後一座 8 千公尺高峰」——希夏邦馬峰——時，毛澤東也為那次攻頂勝利灌注中華民族意識。該遠征隊隊長背包上的國旗，在接下來的 20 年裡，持續象徵著那早已退燒的征服狂潮。實際上，那股狂熱並無法從世界屋脊帶回任何財富，有的只是民族優越感。

即使到了 70 年代，8 千公尺高峰林立的喜馬拉雅山也不被視為香格里拉，但在那 10 年間，人們反倒對於研發新的高峰攀登技巧躍躍欲試。帶著堪用的地圖、備著簡化的後勤、拋開戰間期[4] 的倫理包袱，我們扮起沒有旗幟、沒有面罩的偵察兵。起初，我們爬上困難的山壁，克服這項挑戰之後，接著就是逐漸縮編團隊。「如何攻頂」開始變得比「攻下多少」或「無論如何」來得更加重要。我正是透過那樣的過程找到屬於自己的風格。

80 年代開啟了 8 千公尺高峰所有的區域，並寫下數百筆歷史新紀錄。其中，站上聖母峰峰頂的最年輕登山者只有 13 歲，而最年長的是時值 80 歲的三浦雄一郎（Yuichiro Miura）；西南柱成為登上聖母峰最困難的路線，而最險峻的路徑則是東壁；也有運動家在備妥路線、事先進行數週登山與下山訓練後，嘗試「獨自且當日」登頂的壯舉。至於 K2 峰，一支日本登山隊先是橫越北壁成功攻頂，人們接著陸續達成數次快速攀升，並成功沿著「魔幻路線（Magic Line）」平行上升。最後，一場「最慘烈的悲劇」於 1986 年發生，

共計 13 人喪生。然而，在悲劇發生後，倖存者依舊不願認清犯下錯誤的是人類，而不是山峰本身。另一方面，有一支來自蘇聯的隊伍透過多次攀登組合，成功攀越干城章嘉峰的各個高聳峰頂。

如今，高海拔登山活動尚未被「挖掘殆盡」，人們想像得到的「挑戰」仍然跟數十年前一樣多，而且遲早能被克服、變得可行。不過，目前的衡量標準不在於品質或方式，而是數量——好像我的（31 次）8 千公尺高峰遠征只給出「14」這個成績似的。

大眾旅遊已經觸及世界最高峰。由巴基斯坦、尼泊爾、中國和印度政府觀光部門發行許可證已經行之有年；他們彼此競爭，看誰能夠兜售出較多人人覬覦的攀登紀念獎盃，還有誰的隊伍更有能力在國際媒體上間接廣告當地遠程健行觀光。而我們這些登山者在過去就曾允許自己被濫用為宣傳登山的代言人——甚至沒有收取任何費用——尤其是我和捷西・庫庫奇卡（Jerzy Kukuczka，波蘭登山家）。

波蘭的遠征隊隊長，以及尼泊爾和巴基斯坦的官僚，都一再容許庫庫奇卡受邀參加不同趟遠征之旅，這也是因為他們想要在完成 14 座 8 千公尺高峰的競賽中湊個熱鬧。到後來，他們甚至試圖扣押我的許可證。庫庫奇卡只花了 11 年，就把世界上最高的 14 座山全都爬完了，但他能以這項紀錄行銷的時間卻很短；而另一方面，那些來自西方國家的贊助者在背地裡暗自竊喜。1989 年 10 月 24 日，他的繩索在洛子峰南壁斷裂，身後留下三個孩子、一個貧困家庭，還有一些只會阿諛諂媚、卻毫不在意亡者家屬和庫庫奇卡本人

1987年，登山界與攀岩界的領導人物在朱瓦爾（Juval）的一場研討會上，以「登頂競賽」為標題，討論阿爾卑斯式登山的未來。下排由左至右分別為：穆施萊克納（F. Mutschlechner）、馬諾洛（Manolo）；中排：戈尼亞（A. Gogna）、尤凡（L. Iovane）、卡森（R. Cassin）、馬里亞切（H. Mariacher）、波伊萬（J. M. Boivin）、艾斯科菲耶（E. Escoffier）、阿凡納席夫（J. Affanasiev）；上排：佩洛托（F. Perlotto）、梅斯納爾、庫庫奇卡。

發言的「支持者」。比起這位頑強實踐家對於「攀起與摔落」的實際報導，如果他的「第 14 座天堂」裡摻有反派角色的說詞，想必會賣得更好。

　　捷西·庫庫奇卡是在高海拔登山開始商業化之前，最後的「恐龍」之一。他總共站上 8 千公尺主峰 15 次，其中 4 次是在冬天達成，而且他常是困難路徑的首位攀登者。繼他之後，持續投身嘗試不同艱難長征路線的只有瑞士籍的埃哈德·羅瑞坦（Erhard

Loretan）、卡洛斯・卡索利歐（Carlos Carsolio）和法籍的皮耶・貝金（Pierre Beghin）。貝金曾成功獨自從馬卡魯峰南壁直攻峰頂，但當他在安納布爾納峰南壁摔落身亡時，我沉痛地體認到自己的登山方式有多麼地魯莽、不負責任，同時也變得愈來愈困難。

人們好像以為 90 年代的風潮——旅遊行程目錄上的商業遠征團——能夠為我們的失敗解答似的。現在，攀登喜馬拉雅這項活動的發展方向正由少數幾位登山嚮導主導。他們不只自己上山，同時更帶著一群備受保護、缺乏自主能力的業餘登山者到世界屋脊；他們除了提供行前籌備、期間後勤及後續動畫紀錄，也給予遊客成功攻頂的最大機會。「如何攻頂」已經不再重要了。

此外，因為有愈來愈多人採取這個路徑，包括來自澳洲、紐西蘭、美國和歐洲各地的團隊，登頂對人們來說變得愈來愈簡單，但對想要跨越疆界抵達世界盡頭的人而言，全程獨自進行也比以往更加困難。就這樣，愈來愈多 8 千公尺高峰遊客會提前預定高海拔登山行程，並以籌備完善的方式好整以暇地結束旅程——這也是因為「登峰狂熱」這種成癮性疾病具有傳染力。

1 阿爾卑斯式登山（Alpinismus）是一種攀登高峰、峭壁的技巧，尤指與阿爾卑斯山類似的高山環境，包含惡劣天氣與冰雪地形等自然特徵，須具備攀岩、冰攀等多種攀登技巧，並講求輕量化、速度、自給自足等登山精神。

2 藍色山脈是指高山由於雲霧繚繞、植被等因素，遠觀看似藍色。

3 尼貝龍出自日耳曼民族的英雄傳說，在中世紀敘事詩《尼貝龍之歌》（Nibelungenlied；約創作於 1200 年）裡指的是守護尼貝龍寶藏的矮人族，該詩作隨後被納粹政權挪用為民族主義文本。

4 戰期間指的是第一次及第二次世界大戰期間局勢動盪的時期。

8千公尺高峰旅遊
平裝版序

　　我在本書裡概述了自己過往跨越疆界的遠征經驗，但現今的聖母峰已經跟當時大不相同，登山旅遊已經成為事實已久——這個說法早已不再只是一句具有挑釁意味的發言了。每年有兩個時間，業者都會將兩條一般路線準備好——從南邊（尼泊爾）出發的希拉瑞路線（Hillary-Route）與從北邊（西藏）出發的馬洛里路線（Mallory-Route）——以迎接大眾登山旺季。上百位雪巴人從坤布冰瀑（Khumbu-Eisfall）入口處開始搭建步道，直至峰頂。他們設置梯子、擺放繩索、在冰川裂隙上搭橋，也建造四座駐有教練和廚師的高地營，並備有氧氣庫。最後，預定登頂行程的顧客就會經由這些基礎觀光設施，被教練一路帶到峰頂。

　　2013 年雨季前的聖母峰觀光旺季規劃得十分完善，甚至讓我感到詫異的程度——基地營很乾淨，來自世界各地的旅行社間也配合得非常完美，不論是在洛子岩壁或通往峰頂的山脊上，幾乎都沒有塞車的狀況。所有立志登頂的人都將自己視為登山觀光客；他們支付的團費從美金 2 萬至 7 萬元都有，取決於他們報名的行程從基地營到峰頂途中所提供的照顧服務品質。雖然每位顧客的身體素質和登山經驗差距很大，但大多數人都能夠成功爬上峰頂。也有一

些人會去爬洛子峰──世界上第四高的山峰──就跟世界最高峰一樣，每到五月，業者都會幫旅客把路線準備妥善。

在我看來，無庸置疑地，接下來幾年內，那 14 座 8 千公尺高峰的最簡單、最安全路線全都會開始為旅遊團一次又一次地準備好，讓許多具備良好身體素質及必要忍耐能力的登山觀光客可以抵達世界各座最高峰的頂端。

我們知道這種被高山協會大力鼓吹的高山旅遊類型已經有 150 年的歷史了。阿爾卑斯式登山可以拆解成各種運動項目，包括在事先準備好的路線上進行的室內攀岩、天空跑（Skyrunning）和運動攀登，以及鐵鎖攀登旅遊、從山屋到山屋之間的健行、雪道滑雪等。跟許多其他登山者不同的是，傳統阿爾卑斯式登山者都會尋找自己的專門強項。

事實上，如果登山觀光客乖乖待在預先規劃好的路線上，那問題就不在他們身上。至於那些追求不可預測性、但對自己的行為負責的極限登山者，也不是問題所在。真正的問題是那些進行阿爾卑斯式登山卻有如寄生蟲般的男男女女-──他們使用步道登山者的設施，然後表現得好像是靠著自己的力量登山、沒有接受任何指引似的。

2013 年，年輕雪巴人在聖母峰上針對瑞士籍登山家烏里 · 斯特克（Ueli Steck）和義籍登山家西蒙尼 · 莫洛（Simone Moro）出現的攻擊行為可說只算輕微。雪巴人年復一年冒著高度風險搭建通往聖母峰峰頂的「步道」，他們把過去 20 年來對那些「寄生蟲」

（雪巴人的用詞）所累積的憤怒發洩在這兩位登山家身上——那些「寄生蟲」偷偷摸摸地使用山上的設施，同時卻瞧不起那些為了觀光客而搭建設施的人。

唯有當所有人都能如實描述他們的登山活動，究竟是運動、觀光或是極限登山，人們才能再度在山上和平共存。這些活動沒有什麼優劣之分，其中只有運動跟傳統阿爾卑斯式登山之間有所差別——首先在於是否可以測量，第二個差異在於是否可能達成。另一方面，觀光活動包含指引和支援，而極限登山則要求個人負起絕對責任，並帶有絕對未知的元素。那些具備觀光客行為舉止、卻又表現出一副像是極限登山者姿態的人，基本上都是在欺騙自己，同時也是在污辱那些坦然接受自己的活動型態的教練及其顧客。

現在，8千公尺高峰上還有空間讓大家來，但假設前提是，傳統阿爾卑斯式登山者願意避開觀光路線。假如哪天真的必須用到步道逃生，我們都得感謝雪巴人的奉獻——他們一直以來都是很棒的嚮導和籌備者。

我本身能夠獨立爬完所有的14座8千公尺高峰，都多虧了「較早出生的恩惠」。此外，我也很幸運能跟優秀的阿爾卑斯式登山家一起爬山——彼得 • 哈伯勒爾（Peter Habeler）、米赫 • 達賀（Michl Dacher）、弗里德爾 • 穆施萊克納（Friedl Mutschlechner）、漢斯 • 卡莫蘭德（Hans Kammerlander）——並且能夠一直找到新方法，包括新路線、阿爾卑斯式風格、獨自攀登等。讓我

感到驕傲的並不是攀登 8 千公尺高峰的總數，而是我從過去 31 次遠征帶回來的生命經驗。如今，對我來說，最重要的是存活的感受，尤其是在遇到幾次挑戰失敗的經驗——馬卡魯峰南壁、道拉吉里峰南壁、洛子峰南壁——還有同伴把未成功攻頂的失望掩飾為人格謀殺或聲討活動等批評，存活感可說在所有身處險境的生命歷程中位居至關重要的寶座。上述事件都是人類天性的一部分，就跟大自然一樣無法預測。「14」這個數字對我而言沒有太大意義，重要的是能夠在這裡，跟所有在生命中做出比攀登 8 千公尺高峰還更有用的事的人，分享許多關於我們的精神的背後故事。

2013 年 5 月末，於聖母峰基地營

拉嘉洛
諸神勝利，邪魔潰敗

梅斯納爾攀越聖母峰位於西藏的那一側，並在沒有攜帶氧氣瓶的狀況下再度攀上那座高山——這次，他完全靠著自己的力量，沒有仰賴任何雪巴人或其他人的幫助——這讓所有質疑他的人都閉嘴了。

強・克拉庫爾

　　1986 年 10 月 17 日，我和漢斯・卡莫蘭德回到洛子峰的基地營。我很冷靜、心平氣和，前幾天的情緒都已經平息了。到了冰川裂隙底部，弗里德爾・穆施萊克納、雷納托・莫洛（Renato Moro）與來自「健行國際（Trekking International）」的助手、雪巴人及廚房團隊都跑向我們，說：「哈囉！」他們道著恭喜，有人遞熱茶給我們，布莉吉特（Brigitte）和莎賓娜（Sabine）上前擁抱我們。所有人顯然都鬆了一口氣。

　　一股巨大的喜悅向我襲來，這也是因為其他人都很開心。不過，我一點都不感到驕傲，我沒有因為爬完 14 座 8 千公尺高峰而

覺得自己是個英雄，甚至也不覺得自己是特別傑出的登山家。我只不過是完成自己 4 年前所設下的目標；現在我把這件事做完了，所以我感到心滿意足。另外一個原因是，我成為其他人在我背後販售的這場「競賽」裡的第一人。那件事終於結束了，明天後 8 千公尺高峰時期終於可以開始了。因為整個世界就在我眼前，我感到輕盈而自由。

我花了長達 17 年的時間爬完那 14 座 8 千公尺高峰。但起初，這個終極目標並不存在，後來變得不言而喻，到了近幾年又變為第二順位。對我而言，攀上一條比一條更加困難的路線、持續尋找新目標來得重要得多。我總是不斷地尋覓著新路徑，嘗試把自己和登山這項活動的極限一再向前推進。

登山的真正藝術在於存活，而存活這件事在我們目前已經達成的成就裡，以及我們未來還想跨出的下一步當中，都是一件困難的事。我們想要去未曾有人到過的地方，我們想要去幾乎不會有人跟隨我們、理解我們的地方。但在沒有人去過的地方裡，我們會開始遇到比在「放牧」地帶更為強烈的感受與體驗。

攀登 8 千公尺高峰已經有超過百年的歷史。1895 年，亞伯特・弗雷德里克・麥莫瑞首度嘗試攀登南迦帕爾巴特峰，而他所採取的方法，直到今天，依然能被奉為模範；麥莫瑞失蹤於南迦帕爾巴特峰。在 1921 至 1924 年期間，英國連續進行三次遠征，挑戰聖母峰。他們幾乎就要攻頂成功了，有時候甚至完全沒有戴氧氣罩。之後，人們接連挑戰干城章嘉峰、南迦帕爾巴特峰和 K2 峰都失敗

收場。到了 30 年代，其實已經有夠多阿爾卑斯式登山家具備足以攀登 8 千公尺高峰的體力、經驗與耐力，可是他們全都沒有成功登上世界最高的那 14 座峰頂。

直到第二次世界大戰過後不久，介於 1950 至 1964 年之間，人們才成功爬完那 14 座 8 千公尺高峰。或者，你也可以說人們成功把它們「攻下」了，因為當時的首要重點是在峰頂插上自己的旗幟、成為踏上這些高峰峰頂的第一人，還有在地理與運動的意義上征服世界的一塊境地。

在這個征服 8 千公尺高峰的階段，國族利益在當中起了不少作用。大部分的遠征隊都是由國家政府組織而成，其資金來自國家及當地登山協會，並且會邀請最優秀的登山家加入團隊——被邀請的人不必自己支付太多遠征費用。

為了登頂，人們幾乎把所有你能夠想到的輔助都用上了，即使當時的輔助工具還很陽春，甚至帶有瑕疵。就首度攀登來說，在 8 千公尺高峰當中，登山家戴著氧氣裝置登上其中 8 座，並在沒有氧氣裝置的情況下爬完另外 6 座。有人一直說我是第一位在沒有配戴面罩的條件下攀登 8 千公尺高峰的人，但這是錯誤資訊。早在 1950 年，法籍登山家路易・拉雪納爾（Louis Lachenal）和莫里斯・艾佐格（Maurice Herzog）就已經在沒有氧氣設備的情況下爬過第一座 8 千公尺高峰——安納布爾納峰。而登上南迦帕爾巴特峰的獨攀神人——赫爾曼・布爾（Hermann Buhl）——也沒有攜帶氧氣瓶。當時，只有在較高的 8 千公尺高峰上使用面罩才算常

見，因為登山家和醫療專家都認為，在生理上，人類不可能在不仰賴人工氧氣的情況下爬升到海拔 8600 公尺以上的地方。

當那 14 座 8 千公尺高峰都被攻下之後，人們對於世界之巔的興趣似乎開始消退。確實，幾位美籍登山家在諾曼・迪倫弗斯（Norman Dyhrenfurth）的帶領下於 1963 年成功攀越聖母峰。他們從西部冰斗上山，沿著西脊登頂，再從東南稜線下山；他們的下山路線是艾德蒙・希拉瑞（Edmund Hillary）和丹增・諾蓋（Tensing Norgay）於 1953 年 5 月 29 日首度攻頂成功的路線。不過，除此之外，高峰攀登的發展都停滯了。

只有活躍的登山家知道，「被征服」的 8 千公尺高峰完全沒有失去一絲一毫吸引力。1962 年，托尼・金斯霍夫（Toni Kinshofer）、安德爾・曼哈特（Anderl Mannhardt）與齊格飛・勒夫（Siegi Löw）從迪亞米爾谷（Diamier-Tal）向東出發，採取一條全新的直攻路線，登上南迦帕爾巴特峰峰頂。仔細想想，這也是一項創舉，因為當時要在這些高山上開發第二條路徑，仍不是一件常見的事。一般大眾幾乎不曾注意到，聖母峰和南迦帕爾巴特峰還有其他新路線的可能。

到了 1970 年，才真正進入在 8 千公尺高峰上開拓第二條較困難路線的階段。當時，克里斯・鮑寧頓（Chris Bonington）帶領一支英國隊伍，首度攀越安納布爾納峰南壁，其中，道格爾・哈斯頓（Dougal Haston）與唐・威蘭斯（Don Whillans）成功登頂。而在他們成功抵達峰頂之前，一群登山家便已事先花了一個月的時

喜馬拉雅山脈的祭神儀式，即「拉嘉洛（Lhagyelo）」。此儀式在啟程攀登前於基地營舉行（圖為由北方拍攝的干城章嘉峰）。

間，在艱難的岩質路段，以及陡峭、甚至時而呈現懸吊狀的冰道上，固定繩索、運送物資。透過這次遠征，人們找到一條穿越岩壁的路徑，而且，這面岩壁還是艾格峰（Eiger）北壁的兩倍大。

現今的喜馬拉雅

　　以往，阿爾卑斯山脈之中的高峰原先專屬於傑出高手，但隨後在一個世紀的時間內，開始被蜂擁而來的登山愛好者攻陷，並不斷吸引更多人前來攀登。而現在，喜馬拉雅山脈當中的 8 千公尺高峰也面臨一樣的狀況。在人類首度攀上第一座 8 千公尺高峰（1950 年安納布爾納峰）的 65 年之後，聖母峰與白朗峰（Montblanc）的登山旺季都呈現極為繁忙的狀態。

　　由於前人已經成功征服所有峰頂（於 1950 至 1964 年期間）及高難度路線（1970 年至今），現在，年輕一代的登山者想要締造「紀錄」的渴望自然是可以理解的。繼阿爾卑斯式攀登、獨攀與越嶺攀登之後，在 8 千公尺高峰上進行速攀、雙板或單板滑雪「下山」已經成為一股新風潮。

　　然而，這些新興潮流之所以能夠實現，或許是因為每一季都有愈來愈多想要登上 8 千公尺高峰的人前來，而業者為了讓成千上萬名普通登山客有機會可以登頂，因此在難度較低的岩壁路線上建設基礎設施。這股潮流沒什麼好反對的，只是現在，在那些 8 千公尺高峰上，「空無一人」的路線幾乎是「過度壅擠」的路線的十倍之多。

　　但與此同時，反正年輕的登山高手也轉戰 6 千公尺及 7 千公尺高峰，去爬那些 20 年前人們認為「不可能」辦到的岩壁、岩柱與山脊。在那裡，他們不需要氧氣罩、不需要路線指示，也不需要藥物或雪巴人的協助；那裡需要的是後勤、毅力、經驗，以及——最重要的——攀登能力。

　　只有當大眾開始普遍認清，比起依靠自身力量登上 7 千公尺高峰，排成縱隊登上 8 千公尺高山事實上「更沒有意義」時，那些人龍才會逐漸不再招住登山品質。不過，體認到這件事卻還是有興趣且有能力前往的少數人，當然還是可以去那些其他人到不了的地方——或許，甚至可以一生去一次世界之巔。而即使挑戰失敗，依然會比那些加入百人行列登上生命中的「榮耀之巔」的「孤獨贏家」獲得更棒的經驗。

同一年，我們參加一支國際遠征隊，首度成功攀越南迦帕爾巴特峰的魯泊爾岩壁（Rupal-Wand）。當時，我和弟弟岡瑟受邀參與這趟首次攀登，隊上包括德國人、奧地利人與南提洛人。過程中，我和岡瑟傾盡全力地處理我們的「問題」——這面巨大的岩壁。那是我與喜馬拉雅山脈的壯闊高峰的初次相遇，也開啟了我人生中新的一頁。

　　喜馬拉雅山脈不只是比阿爾卑斯山脈高聳，當時，對我而言，它更充滿了神祕感。喜馬拉雅山脈的範圍超過 2 千 5 百公里長，西自印度河改向處（Indus-Knie）、東至布拉馬普特拉河改向處（Brahmaputra-Knie），介於巴基斯坦的南迦帕爾巴特峰及中國的南迦巴瓦峰之間。對我來說，阿爾卑斯山脈已經變得太小了；在喜馬拉雅，山峰的起始位置大概是阿爾卑斯山脈各座山的終點高度——喜馬拉雅山脈的基地營通常都跟馬特洪峰（Matterhorn）差不多高，約為海拔 4 千 5 百公尺位置。正因為這些 8 千公尺高峰直逼平流層，人類幾乎很難在那些氣體分壓過低的區域生存，成為登山過程中的一個問題。

　　前往喜馬拉雅以前，我就已經在阿爾卑斯山脈中爬過許多面巨大岩壁。那時候我的重點並不在於登頂，而是盡可能以最短的時間、配上最少的技術輔助，找出最困難的路徑，並四處開拓「新疆域」——也就是從來沒有人有辦法攀上的地方。對我而言，重點從來不在於地理意義上的征服，而是拓展我的技巧。我希望把一樣的想法帶到喜馬拉雅山脈上——在這些充滿峭壁、山脊與危險的山

峰上，人們應該要能夠有所成長。我的主要動力來源並不是理想主義或英雄主義，而是抒發自己的渴望。不論是沿著最簡單的路徑登頂，或是峰頂本身，對我都沒有太大的吸引力。

當時，這些 8 千公尺高峰對我來說就像是一種神話，無法觸及、不能理解、無比龐大，甚至沒辦法以阿爾卑斯山脈的尺度加以衡量。但當我站在那裡——南迦帕爾巴特峰山腳下——時，我發現，兩者在尺寸上的差異其實也沒有那麼大。因為喜馬拉雅的山峰起始點是在阿爾卑斯山脈的最高位置，它們看起來比實際還要小；從岩壁下方到峰頂的高度，頂多只有阿爾卑斯山脈的兩倍、最多三倍那麼高。

而且 8 千公尺高峰這個分類其實完全是個巧合，但我那時候並沒有意識到。英國人和美國人使用的單位是英尺，不是公尺，所以在他們眼裡，大部分的 8 千公尺高峰都高於 2 萬 6 千英尺。這樣就變成「2 萬 7 千英尺高峰」了，但相較於「8 千公尺高峰（Achttausender）」這個詞組，並不是那麼好記的數字。如果當初拿破崙把捲尺做得稍微長一點，那麼 8 千公尺高峰就會少於 14 座；如果當初他把捲尺做得稍微短一些，那現在可能甚至會有 9 千公尺高峰。

除此之外，我也不確定到底是不是真的有 14 座 8 千公尺高峰。不過，那就是地理學家的事了，他們算出 14 座 8 千公尺高峰。在計算方面，只有單獨聳立的山被納入 8 千公尺高峰分類，並不包含無以計數的次級峰（Nebengipfel）。

有些次級峰還沒有人爬過；在干城章嘉峰、布羅德峰上都有次級峰。事實上，如果仔細觀察的話，大部分的8千公尺高峰上都有次級峰。以干城章嘉峰為例，如果從遠方望去，它看起來像是一座獨立、巨大、威武的山峰，幾乎無法將次級峰區分出來。把它分類為次級峰，而不是單一、獨立的8千公尺高峰是正確的作法。然而，人們並沒有把相同的歸類方法套用到洛子峰身上。洛子峰，正如其名（「洛子」在藏語是「南峰」的意思），是聖母峰的南峰。它或許不該被列為獨立的8千公尺高峰，但一開始在地理上就是這樣分類的。

這些8千公尺高峰大多是在上個世紀中期完成測量；當時，印度仍是英國殖民地，執行測量的單位為印度地質調查局（Survey of India）。在過去，尼泊爾人稱世界最高峰為「薩迦瑪塔峰（Sagarmatha）」，西藏人稱之為「珠穆朗瑪峰（Chomolungma）」，而現今常用的英文名稱，便是以時任印度地質調查局局長的喬治・艾佛勒斯爵士（Sir George Everest）為名。然而，我認為，我們應該重新使用這些山峰原有的名稱。像是世界第二高峰──K2峰──也是一樣；「K2」就只是一個測量點，意思是位於喀喇崑崙（Karakorum）、從左邊數來第二個峰頂，除此之外，並沒有任何意涵。相較之下，當地人稱之為喬戈里峰（Chogori），意思是「高大雄偉的山」。

另一個問題是，當時得到的調查資料正確度究竟有多高。喜馬拉雅山脈依然一直升高，而峰頂的懸雪也會隨著季節改變高度。假

如未來能夠針對喜馬拉雅地區進行精確測量，我相信，資料一定會有所更正。說不定甚至會有一些巨幅修正，以至於某座 7 千公尺高峰被歸到 8 千公尺高峰的分類之中。另一種可預想的可能是，在現今的 14 座 8 千公尺高峰當中，其中某座山必須從分類裡移除。

想要攀登這些 8 千公尺高峰的話，必須先取得許可，因為如果沒有入山證，是不能在這 14 座世界最高峰所座落的國家內登山的，不論是尼泊爾、巴基斯坦或中國皆然。在尼泊爾，原先是由外交部發行許可證，但現在必須改向旅遊部提出申請；巴基斯坦亦同。而中國的許可證則是由一個類似的組織負責──中國登山協會（CMA）。

這些許可證的費用可能有些許差異，但都要花很多錢，一定得花上幾千元美金。在 70 年代時，我和其他人開始想要開發喜馬拉雅山脈的 8 千公尺高峰上最困難的岩壁。我們當時有很多新點子，但申請許可的費用對我們來說是個問題。我們沒有錢、沒有人脈，也沒有以民族為導向的理想主義。

當時要取得許可非常困難。首先，那些政府把許多山壁封閉起來，不開放給遠征隊進入。再者，有些山被視為聖山，所以被排除在需要獲准才能入山的名單之外。另外其他山峰則是被訂滿了。如果與現在相比，在 1975 年獲准攀登 8 千公尺高峰的機率大約是100 比 1。

那就是當時很少人前往遠征的其中一個原因，而另一個原因在於財務困難。假如回顧到 1950 至 1964 年期間，也就是「攻頂勝

聖母峰 8848公尺

白朗峰 4807公尺

祖格峰 2963公尺

科隆大教堂 157公尺

利」的第一階段，對法國、義大利、英國等國家而言，「征服」這些世界最高峰的行為具有民族利益。全體國民都希望看到自己國家的登山家成為攻下某座山的第一人。我們姑且可以說，美國人、日本人、義大利人、德國人、法國人與英國人代表著全人類，盡其所能、派出國內所有壯丁來「征服」任一座 8 千公尺高峰。可是後來，這些意識形態消失了，而且政府也沒有剩下什麼錢可以供應這類遠

征。我們必須找到新的途徑來資助自己的夢想。幸運的是，工商界和媒體現在對這些登山活動開始產生興趣。如果你具備大量技巧及毅力，那就有可能透過私部門來資助你遠征。在我看來，這種方式也比利用公共經費來得合理。

對我們而言，前往山峰的路程就像在阿爾卑斯山脈中進行長途健走，我們利用這幾週的時間適應環境；這部分一直到現在幾乎沒有什麼改變。就首都到基地營前的最後一個大型村莊這段路來說，有些人會先搭一小段飛機，但多數人還是會選擇步行。直接搭乘直升機或飛機跳到基地營具有潛在風險；事實上，前面這段緩慢、平穩的適應過程，對身體來說有其必要性，也很重要，甚至是在高海拔攀登活動中生存的一項關鍵。從 1970 年至今，我從未改變過前往山峰的方式——我沒有改變過策略、沒有改變過步行節奏、沒有改變過自己和當地挑夫的關係。過去 16 年來，當地挑夫幫我們把裝備拖到山腳下，我對他們的情感只有愈來愈深厚而已。

1970 年，我採取上述方法前往南迦帕爾巴特峰，而我們在那裡實行的遠征方式既笨重又繁瑣。我們進行多次攀升與下降，在過程中，我們把繩索掛在岩壁上，一小塊、一小塊地探索。接著，我們搭起營帳、儲備食物。有了強力的後援團隊，我們就開始攀上峰頂區域。從南迦帕爾巴特峰的營帳區出發時，我先是獨自攀了一段，隨後跟我弟弟會合，一起前進最高點。

一直到 5 年後，我才有足夠的實力跟想像力徹底改變我的登山風格。身為南提洛人，我一開始很難從工商界與媒體那裡取得贊

助，我被迫籌備比較便宜的遠征行程，也因此必須改變一些做法，尤其必須想出跟所有前輩不一樣的東西。我回歸到自己之前就曾在阿爾卑斯山脈執行過的「放棄阿爾卑斯式登山（Verzicht-Alpinismus）」方法。如果你不使用氧氣設備跟高山營帳，就不需要高山挑夫。而當你身邊沒有高山挑夫同行時，就不需要照料他們，也就可以更有效率地做事了。

於是，我發明了這種新的登山方式。其實，雖然我以前沒有意識到，但我早就明白，只有在沒有安全措施的情境下，我才能夠有所成長。缺乏資金迫使我拋下所有多餘的東西。我就像商務企業一樣，不斷、不斷地減少「必要輔助」。相較於科技化的阿爾卑斯式登山，我認為這樣的做法更為適切。

我在爬所有 8 千公尺高峰時，都沒有配戴氧氣罩，就跟我這輩子從來沒被攀岩耳片打到過一樣。在阿爾卑斯山脈時，也就是我開始極限攀登的第一階段，這是我為自己訂下的規則。理論上，攀岩耳片讓「消除不確定性」變成一件可能辦到的事，但同時，不確定性正是登山的刺激感來源——重點就是那種「或許不可能」的概念。假如我屏棄這項規則，開始使用技術輔助，那我就等於是背叛自己了。1978 年時，我知道，如果我攜帶氧氣裝置，勢必可以成功攀上 8 千 5 百公尺，但我不想那麼做。我想嘗試看看——身為一個人類，而不是機器人——依我的能力、並且伴隨著所有疑慮與恐懼，我究竟有沒有辦法向這股「可能辦到的不可能」大步挺進。

如今，當我回顧那 16 年待在喜馬拉雅的時光，那些想要放棄、

對 8 千公尺高峰抱有恐懼的片刻也都一一浮現。我曾是多麼地猶疑啊！我問過自己多少次，究竟該不該繼續向前。在喜馬拉雅山脈走了 16 年，也就意味著不斷訓練、揮汗長達 16 年。維持風險準則、同時確保生存，這都需要專注力與毅力。長達 16 年的重複失敗再重新開始，就是我現在這番成就的關鍵。

有時候，別人會以為我刻意「蒐集」8 千公尺高峰，但我並沒有，甚至連我在 1982 年單一季就成功攻下 3 座山之後，都未曾有過蒐集的想法。不過，繼首度達成 8 千公尺高峰的「帽子戲法（Hattrick）[1]」之後，我決定要爬完全部 14 座 8 千公尺高峰。然而，我的目標不光只是完成清單。1984 年，我完成一趟越嶺攀登；對我而言，這項成就比所有 8 千公尺高峰加起來更為重要。其實，當年爬的那兩座山——加舒爾布魯木 1 峰與 2 峰——我之前就爬過了，所以如果依照我的「蒐集清單」來看，它們並不重要。但重點是，在每趟 8 千公尺高峰的攀登之旅中，我都必須實踐一些點子。連在爬最後兩座——馬卡魯峰和洛子峰——時，雖然我因為時間不夠而選擇一般路線，但我依然成功立下首創紀錄：我和漢斯・卡莫蘭德在尼泊爾，創下史上第一次兩位登山家成功在單一季中攀上兩座 8 千公尺高峰；先前也有一些其他登山家試圖完成這項目標，但都失敗收場。

我總共爬過 8 千公尺高峰 18 次，其中四座各別爬過兩次。1986 年 10 月 16 日，我被從 8 千公尺高峰「登頂競賽」的「競爭者」名單中徹底除名；那些人相互較勁，過度吹捧爭勝的重要性。

回溯到 1970 年，當我剛開始攀登大山時，只有一位仍在世的阿爾卑斯式登山家爬過兩座 8 千公尺高峰——庫爾特・迪姆伯格（Kurt Diemberger）。第一位登上兩座 8 千公尺高峰的西方登山家赫爾曼・布爾，於 1957 年遭逢致命意外。一直等到 1975 年，我才成功成為登上三座 8 千公尺高峰的第一人，包括南迦帕爾巴特峰、馬納斯盧峰及布羅德峰。從那時候起，我就一直領先「誰攻下最多座 8 千公尺高峰？」清單一步；那張清單讓記者和登山家們都痛恨不已，而且必須不斷更新、重印。1986 年 10 月 16 日，我非常崇敬的波蘭登山家——庫庫奇卡——共計爬過 8 千公尺高峰 12 次，其中攻下 11 個峰頂，加上兩度造訪布羅德峰。而我本身則去過 8 千公尺高峰 18 次，所以我們的比數是 3 比 2。

　　值得慶幸的是，登山不能以「紀錄」或數字來表示，尤其不能用秒數、海拔高度或度數加以衡量。我很幸運，「諸神對我很仁慈」——我也將這個祝福送給所有「迷上」8 千公尺高峰的人、庫庫奇卡、羅瑞坦（Loretan）[2] 和尾崎（Ozaki）[3]。我們全都需要好運，因為山比我們大上無限多倍，我們人類永遠無法「征服」任何山峰。當西藏人要上山或前往高山通道時，他們會說：「拉嘉洛！」而我也說：「諸神勝利，邪魔潰敗。」

　　我並不以完成 14 座 8 千公尺高峰的「紀錄」感到驕傲；我不把它視為一項紀錄。我也沒有為我期盼已久的成功感到自豪，只以我存活下來這件事為傲。

攀遍 8 千公尺高峰──而且存活下來

確實，在登上世界最高峰這場無比壯觀、危險重重的競賽裡，門外漢與一般登山客可能會認為洛子峰是一個理想目標。只是，這不是一場競賽──好吧，對追求這項目標的人來說可能是，但萊茵霍爾德 · 梅斯納爾可不這麼認為。

梅斯納爾想要追求的目標比這個更大，而且大很多。為了讓大眾更清楚地瞭解梅斯納爾究竟領先登山界多少、在這座「白色競技場」內到底有多麼精湛的專業表現，我們應該要以攀登難度為標準，為每一趟攀登頒發對應點數。

梅斯納爾花了長達 16 年的時間，奠定出喜馬拉雅登山的發展。16 年的遠征攀登，也就意味著 16 年的孤獨、不曾間斷的危險、恐懼與絕望。極端情況可不只有超乎預期的喜悅。

其中的關鍵因素、獨特之處在於：萊茵霍爾德 · 梅斯納爾存活下來了。究竟是什麼讓這位男子存活下來的？是經驗嗎？「經驗不代表任何事，你也可以一輩子都把一件事情做得很爛」（庫爾特 · 圖霍爾斯基〔Kurt Tucholsky〕）。

岡瑟·史托姆

過去已經有太多經驗豐富的登山家在喜馬拉雅山脈喪生。梅斯納爾確實兼具經驗，也比其他人擁有更多知識，但光是這一點，並不足以解釋他的成功，以及存活下來的關鍵。梅斯納爾這個人特別出眾的地方，在於他的生理與心理素質上的先天優勢，再加上後天嚴苛的訓練。此外，多年來，他也培養出高度準確的直覺，尤其因為他總是處於生命時時受到威脅的極端情境中，他只能做對的事，而且必須一直是如此。

梅斯納爾的攀登方式和他的風格，就能證明他真的是一位無人能出其右的登山家。他很愛玩，而且總是深信著自己會成功。你可以感覺得出來，他很享受登山、享受喜馬拉雅山脈上的巨大挑戰，也享受處於旅途中的狀態。山峰之於他，並不是對手；攀登之於他，也不是奮鬥。

對於何時、何地、該如何將冒險精神大肆發揮一把，梅斯納爾具備高度敏銳的直覺，而且，當他將所有風險都評估之後，他也總能成功達標。

獨自攻下南迦帕爾巴特峰是梅斯納爾為自己設下的最大挑戰，而從他第一次嘗試攀登算起，他花了整整六年的時間才完成目標——六年！但這項成就可説是完美無瑕。人們嫉妒萊茵霍爾德・梅斯納爾的成功，但人們該嫉妒的並不是他的成功，而是他的風格。

岡瑟・史托姆（Günter Sturm）
撰於 1986 年秋天
（攀登 8 千公尺高峰的登山家）

與此同時，前往 8 千公尺高峰進行高海拔登山也已經成為全球風潮。從 1959 年開始，這股熱潮就跟阿爾卑斯山脈攀登活動在 100 年前的發展歷程一樣：征服峰頂（1950 至 1964 年）、高難度阿爾卑斯式登山（自 1970 年起）、放棄阿爾卑斯式登山（自 1975 年）、步道輔助阿爾卑斯式登山（自 1980 年起）。如今，8 千公尺高峰由觀光主宰。

1 體育術語，尤指同一位球員在一場比賽中，連續祭出三次貢獻，例如在足球賽裡連進三球。

2 艾哈德 · 羅瑞坦（Erhard Loretan），瑞士登山家，於 2011 年辭世。

3 尾崎隆（Takashi Ozaki），日本登山家，於 2011 年辭世。

1　南迦帕爾巴特峰

8125　公尺
赤裸之山

光是南迦帕爾巴特峰西面的迪亞米爾岩壁（Diamir-Flanke），萊茵霍爾德·梅斯納爾就走過三條首次攀登路線。1970年，他與弟弟岡瑟（Günter Messner）從略高於麥莫瑞肋稜（Mummery-Rippe）處下山。他在1978年獨自前往時，由大冰峰右側登頂，再從左側返回。於1962年所開闢的金斯霍夫（Kinshofer）路線繞向左側，穿越多重隘谷與雪原，進入峰頂梯形區左側的凹壑，再往上攀至最高點。

南迦帕爾巴特峰
天堂、地獄、喜馬拉雅

「真正的目標不在於達到極限，而是達成無限的圓滿。」

羅賓德拉納特・泰戈爾（Rabindranath Tagore）

　　1969 年以前，我瘋狂沉迷於攀登阿爾卑斯山脈。我會花上整個夏天的時間登山，然後擔任登山嚮導以賺取登山所需的開銷，時不時也會舉辦講座。但只要一有空閒，我就會進行登山訓練，或是跑去阿爾卑斯山爬一些高難度的岩壁。

　　1968 年，德國一支遠征隊前往南迦帕爾巴特峰魯泊爾岩壁挑戰失敗，但當時，這些登山者挑戰 8 千公尺高峰的熱誠第一次攫住我的注意。1969 年，我獨自在暴風中攻下東阿爾卑斯山最困難的一面，也就是當時惡名昭彰的菲力普／弗洛姆交叉口（Philipp/Flamm-Verschneidung）。我也成功靠著自己的力量登上西阿爾卑斯山最困難的一面——鐸爾特峰北壁（Droites-Nordwand）。對我來說，阿爾卑斯山脈已經變得太小了。這不是傲慢自大；這背後所埋藏的感覺是拓展自己極限的渴望，是一個在很多事物上都沒什

麼經驗的年輕人的好奇心。我的能耐還能往前推展到哪呢？

　　1970 年夏天，南迦帕爾巴特峰魯泊爾岩壁是我的登山願望清單上的第一個目標，然而，我不知道到底要怎麼去那裡。身為南提洛人（Südtiroler），我既不被歸類為「德籍」或「奧地利籍」登山者，也不是「義大利籍」登山者，所以沒有任何登山隊會找我，更別提邀請我加入了。1969 年春天，我替補到一支在安地斯山脈的北提洛登山隊的名額，他們準備前往南美洲，由歐提・威德曼（Otti Wiedmann）帶隊。除此之外，我看不到任何參加 8 千公尺高峰遠征隊的可能性，而且我也沒有財力自己組隊出團。當時，法國品牌「Millet」有提供一個初步廣告代言的機會，但相對應的標準年報酬行情不但無法支持我的生計，也不夠出團。總之，我很努力工作賺錢。

　　幸好，那時候有一些「榜樣」可以效仿：簽廣告代言合約以支持部分生計的登山家。其中一位是華特・博納蒂（Walter Bonatti），他是我看齊的對象，我簽下的第一份廣告代言合約就是根據他的標準談定的。當華特・博納蒂將他的最後一本登山著作《壯闊的日子》[1] 獻給我時，那為我帶來許多自信──他在書的最前面寫道：「獻給萊茵霍爾德・梅斯納爾，壯闊的經典登山運動界裡的最後年輕希望。」除了他的這一番話，身為南提洛人的我很少獲得其他精神支持。而且對我們這些年輕登山者來說，可以在實質上向博納蒂這樣的人看齊，是非常重要的。

　　當時，喜馬拉雅山脈對我來說是個夢想，對登山者而言

是一種天堂。因此，當德國遠征籌備人卡爾・赫立高弗博士（Karl M. Herrligkoffer）於 1969 年秋天邀我前往攀登南迦帕爾巴特峰南壁時，我感到既喜出望外又心存懷疑。他將他所率領的登山公司命名為「齊格飛・勒夫紀念遠征隊（Siegi-Löw-Gedächtnisexpedition）」。唯一讓我感到難過的是，我弟弟岡瑟無法一起去；那時候，我在阿爾卑斯山脈的大部分首次攀登都是他陪我去的。不過，後來，同在邀請名單上的塞普・馬耶爾（Sepp Mayerl）和彼得・哈伯勒爾被取消後，我弟弟就可以一起加入團隊了。

在這趟規模頗大的遠征之中，我和岡瑟跟著一群經驗豐富的德國、奧地利登山者同行，在 1970 年五、六月期間，前前後後大約花了 40 天的時間在爬南迦帕爾巴特峰南壁。大多時候，我們兩個都領先在隊伍前方，更一度走到從來沒有任何隊伍抵達過的梅克爾隘谷（Merkl-Rinne）下方。惡劣天氣和雪崩風險經常迫使我們離開南壁，返回基地營。有一次，我和岡瑟被困在雪中，因而卡在岩壁上長達一週以上。整趟旅程裡，艾爾瑪・拉布（Elmar Raab）、華納・海姆（Werner Heim）、格哈德・鮑爾（Gerhard Baur）和彼得・佛格勒（Peter Vogler）常和我們一起行動。

曾有多少次我們都覺得這趟遠征會失敗收場啊！終於，在跟隊長進行一次很長的討論之後，我們決定再做最後一次嘗試。我、岡瑟跟格哈德・鮑爾爬到最後一個基地營，大概位於海拔 7 千 3 百公尺處；當時，菲力克斯・庫恩（Felix Kuen）和彼得・舒爾茨

（Peter Scholz）已經在那裡搭好帳篷了。6 月 27 日，我們從那裡出發，起初大家各自走，到最後一段路程才一起爬，並抵達南迦帕爾巴特峰頂。其中，我們也攀上地表上最高的冰岩混合山壁——魯泊爾岩壁。無庸置疑地，我和岡瑟在最後階段都達到我們兩人能力的極限。我們憑著青春年少的那股躍躍欲試之情，將自己往前推了一大步，如果是現在，我可能就不會做出這麼大的突破了。

我們攻頂時，時間已經晚了，我弟弟已經非常疲憊，開始出現高山症的初步徵兆。下山時，我注意到他可能沒有辦法走太遠。如果在這個情況下還要帶他從魯泊爾岩壁折返，是很不負責任的行為，而且甚至是不可能辦到的事——主要是因為我們也沒有繩索，所以我沒辦法把岡瑟綁緊，如果我們堅持下山的話，他肯定會在下山途中在岩壁的某處摔下去。

當天下午接近傍晚時，雲開始匯聚，我在最後一刻決定帶岡瑟稍微往下走一小段路，進入西壁、前往緊臨梅克爾隘谷上方的切口。當時我想，我隔天可以從那裡回到魯泊爾岩壁。那天晚上，我們在那裡等著，希望會有其他登山者上來幫助我們。我們在完全沒有任何保護措施的情況下，在海拔 8 千公尺高的地方宿營——沒有羽絨衣、沒有氧氣瓶，而且沒吃、沒喝——我們就這樣度過糟糕的一夜。那個夜晚將我們的身心靈徹底掏空。

隔天早上，我幾乎看不到任何可以移動到別處的機會，更別說回到山腳下了。我們等到上午 10 點，不得不認清彼得・舒爾茨和菲力克斯・庫恩並沒有要過來我們這裡，而是朝峰頂走去。於是，

我們在絕望中開始從南迦帕爾巴特峰的迪亞米爾岩壁那一側下山。當時我已經瀕臨發瘋邊緣，而就在那時候，我摔了一跤，並且靈魂出竅——我從身體外看到自己滾下山。但隨後，我再次找回力氣、回到我的身體裡——我必須帶弟弟脫離危險。

相較於魯泊爾岩壁，迪亞米爾岩壁比較平坦，從上面看來應該可行。對我們而言，一開始的那段路程，讓我們暫時脫離死亡險境。我不能接受在沒有採取任何行動的情況下等死，我們希望可以至少再做最後一次絕望的嘗試，再往山下的方向多走一點。路途中，我不斷停下來等岡瑟，帶他穿越麥莫瑞肋稜的重重冰峰與岩塊。我們就這樣一路掙扎到半夜。

這段痛苦的回程來到第三天，我們已經下降許多，進入比較平坦的冰川路段了。我走到前方找路，但岡瑟沒辦法跟上我的步伐。直到我往回走、看見剛才發生的大規模雪崩，我才開始懷疑自己是否落單，岡瑟一定是被埋在下面了。然而，我無法理解他已經去世的事實。他陪我一起爬過上百條艱難的路線，但他再也無法待在我身邊了！跟他在一起時，我覺得我們無堅不摧。為什麼他要把我丟在這條充滿岩石、碎冰和高山谷的路途上？

我找他找了一天一夜。在這遍佈冰屑的廣大冰川世界裡，我口乾舌燥、手腳凍傷，首度經歷發瘋的狀態。我再也不知道自己是誰，或我在做什麼。我幾乎無法走路。儘管如此，我繼續下山——用「爬」的下山。我遇到一群伐木工人為我指引山谷方向，此時我才從超越死亡的那種無感之中清醒過來。

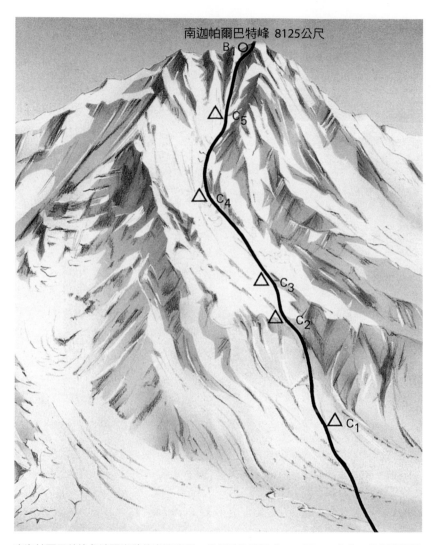

南迦帕爾巴特峰 8125公尺

B1

C5

C4

C3

C2

C1

南迦帕爾巴特峰魯泊爾岩壁的直達路徑。幾經重複嘗試（1963至1968年），梅斯納爾兄弟——萊茵霍爾德和岡瑟——在五座高地營（C）搭建完成之後，首度成功登上峰頂。他們在梅克爾切口（Merkl-Scharte; B1）露宿一夜後，必須從山的另一側（迪亞米爾岩壁）下山。直到事發35年後，才有韓國隊伍首度成功複製這條路線。

存活——橫跨南迦帕爾巴特峰

近年來，多羅米提山脈（Dolomiten）上出現一位登山新星，他已經吸引到越來越多關注，「萊茵霍爾德」這個名字變得家喻戶曉。他越來越勇於挑戰攀登岩質山岳，擅於獨自帶領難度最高的路線、以獨行者姿態在最平滑的山壁上開闢出堪稱「極高難度」的首條直達路徑，並在冬季首度攀登時藉著繩索輔助攻下壯闊的「六號」岩壁。

他超越所有前人曾抵達的高度，創下所有一般攀登需時的新低。他擁有最完美的徒手攀登技巧、能夠在危機中保持冷靜、計畫具備遠見，而且在實際執行時展現出深思熟慮的能力——這一切讓他在同儕中脫穎而出。對萊茵霍爾德・梅斯納爾而言，穿梭於岩塊之間似乎再也沒有任何難度——實乃攀登天才，又或許只是個擅長把玩石頭的雜技師……？

梅斯納爾來到西阿爾卑斯山，並且再次以最短可能時間改寫一切歷史。與先前在岩質地形中的表現相比，他成功證明自己在最險峻的冰地及冰岩混合地形上也具備同等的才華。他擁有傑出的韌性、融會貫通的能力，並儲藏著幾近取之不盡、用之不竭的能量。

他弟弟岡瑟也是一位毫不遜色、不屈不撓的冰岩混合攀登高手，曾陪他一同完成幾趟嚴峻的旅程，只是他的光芒或許稍微「被哥哥遮蓋掉」了。當時，梅斯納爾仍缺乏遠征世界級高峰的經驗，但他在 1970 年登上了南迦帕爾巴特峰的魯泊爾岩壁！

萊茵霍爾德・梅斯納爾突破先前登山技巧的極限，並創立新標準——實乃超凡出眾的登山神人！而且他完全不是那種強壯、滿身肌肉的粗獷類型，反而細膩、纖細、秀氣，但身體的每一寸都訓練得十分透徹，身形跟赫爾曼・布爾較為相似。而且，萊茵霍爾德同樣也是受到內在熱情的驅使，比較像是從靈魂深處汲取力量來完成任務。事實上，他那幾乎令人不可置信的執行能力、海拔高度適應力的真正關鍵，在於他的系統式自律訓練，類似瑜

馬提亞斯‧雷畢許

伽練習，以鋼鐵般的意志克服身體功能——實乃登山瑜伽士！此外，他藉著敏銳非凡的智慧，以最有效率的方式運用力氣。

南迦帕爾巴特峰的魯泊爾岩壁是地表上最高聳的峭壁。1938年時，我在往錫爾伯鞍部（Silbersattel）途中的遠嶺上，看它看了好幾天。從側面望去，簡直是一座4千5百公尺高的超自然冰岩混合山壁。我們認為它濃縮了所有無法攻下的概念。

當時，我以提洛代表的身分參加德國喜瑪拉雅研究發展基金會遠征隊，隊長是保羅‧鮑爾（Paul Bauer），他率隊從雷克歐特（Rakhiot）一側攀登。我們當中有一群人前往迪亞米爾岩壁進行探勘，其他人坐飛機繞了南迦一圈，越過南壁、進入迪亞米爾谷，還看見傳說中的麥莫瑞肋稜就近在我們的眼簾之下。出發前，我們曾研讀空拍照片、1940年模擬出來的地圖，不過當時第二次世界大戰已經爆發了。

截至目前為止，在所有8千公尺高山之中，從魯泊爾岩壁攻頂應該可以被視作最大膽、甚至可能是最艱難的挑戰……

萊茵霍爾德和岡瑟在最困難的岩壁上進行首次攀登後成功登頂，隨後，他們從這座8千公尺高峰的另一側下山——那是一面尚未有人挑戰成功的3千5百公尺高冰岩混合山壁，位處一座奇異、荒蕪的冰川槽谷之中。當時，他們完全落單，下面沒有任何補給線接應，也等不到友人援助——實乃喜馬拉雅登山史上前所未聞的創舉！

馬提亞斯‧雷畢許（Mathias Rebitsch）
摘自1970年9月5日《提洛日報》
（1938年南迦帕爾巴特峰遠征隊隊員）

我花了好幾年的時間來消化這趟遠征南迦帕爾巴特峰的經驗，以及我弟弟的死亡。試著去理解他的離世成為我生命中的一部分；首先，我必須學會跟這場悲劇共存。1970 年秋天，我在因斯布魯克大學附設醫院（Universitätsklinik Innsbruck）接受截肢治療，切除六根腳趾和幾截指尖。當時，我以為我再也無法登山了，而我也不想再爬了。我非常低落、非常絕望。看見父母、哥哥和弟妹們所承受的痛苦，我體認到自己的登山活動對家人而言一直是一項重擔。當時，我媽媽就已經求過我，叫我別再去爬 8 千公尺高峰了。

　　直到那年、1970 年以前，我就只是很單純地去爬山。我野心勃勃，希望技術輔助工具愈少愈好，同時抱持著超越過去所有極限的想像。我走著自己的路；我研讀山的歷史，從中導出自己的想法。失去弟弟後，我才第一次意識到，登山跟死亡是多麼地息息相關、登山有多麼危險。如果一位登山者不瞭解死亡是一趟壯遊的可能後果，那就是一個笨蛋。但同時，我也知道，我沒辦法挽回南迦帕爾巴特峰上發生的悲劇，讓事情重來。

　　休息了半年之後，我重新開始進行極限登山──從零開始。經過截肢以後，我無法再像過去一樣那麼熟練地攀岩，所以我把所有的熱情都貫注在以冰地為主的大山上。

　　1971 年，我回到南迦帕爾巴特峰尋找我弟弟。在基地營時，我在半睡半醒之間，夢到他從冰川上站起身，爬進我的帳篷。我當時仍然無法接受那場悲劇。

　　1973 年，我再度前往南迦帕爾巴特峰；這次，我想要獨自攀

上這座山。我希望為自己的登山風格訂出明確方向——我想要隻身一人，在沒有任何技術輔助的情況下，循著困難的路徑登上 8 千公尺高峰。我失敗了。

1977 年，我遇到一場私人人生危機，第四度回到南迦帕爾巴特峰。同樣地，我也打算進行獨攀，但又再次失敗。失敗的原因在於自己的脆弱、在於害怕自己的恐懼——覺得自己再也沒有辦法在那座山上克服這項難關了。

一直到了 1978 年，我才學會獨自承受生命中的種種、我才理解到人是單一個體、我才開始停止成雙成對的思考模式，而在那之後，我才敢在登山生涯中向前跳躍一大步。我自己一個人，沒有攜帶任何技術輔助工具——當然，除了冰爪、冰斧、帳篷和睡袋——我攀上迪亞米爾山壁，開發一條全新登頂路線，並從另一條新路線返回基地營。

這趟獨攀之旅從迪亞米爾谷尾端出發，大約是我在 1970 年時，在冰川邊緣絕望地等待我弟弟的地方。1978 年 8 月 7 日清晨 5 點，我踏上了岩壁。我在幾小時內就爬越岩壁的下半部，抵達一處海拔約 6 千 4 百公尺的小平台。我在一塊懸吊浮冰的下方紮營；那頂帳篷只是我為這趟遠征特別打造的小帳篷。我爬進睡袋裡，融一些雪好讓自己有足夠的水可以喝。我很享受這樣的獨處，因為我不需要為任何人負責。我在帳篷裡休息了一整天，身心狀態恢復得很好。

隔天清晨 5 點 02 分，我才剛從睡袋裡坐起來想要煮茶，突然一陣晃動。幾秒後，四周傳來斷裂聲和轟鳴聲。我扯開帳篷的門往

南迦帕爾巴特峰迪亞米爾岩壁側面。梅斯納爾於1978年的獨攀行程中，一鼓作氣由谷底一路登頂。

外看，看到所有的岩壁——不論是上下或左右——都有成塊的雪掉往谷底。這些大型雪塊在下方堆積成一整團崩雪，再多匯集幾公里就會把迪亞米爾谷給淹沒了。

在那個當下，我還不知道那些崩雪是由地震所引發的。我前一天為了攀上山壁中段所利用的狹長冰舌，已經從壁上脫落，完全砸碎了，所以我也沒有辦法再沿著先前攀升的路徑原途折返。我無法想像，如果晚一天才啟程，究竟會發生什麼事。

儘管回程的路遭到截斷，我卻燃起一股近似鬥志高昂的情緒。我知道自己單純是因為幸運才得以存活——帶著這番認知，我開始繼續前進，就好像好運肯定會不斷增生似的，我覺得自己有如影子一般，不會受到任何傷害。現在，我不再畏懼了。我已經沒有回頭路，只剩向前走的選項。在這樣亢奮激昂的狀態下，我繼續往上爬。南迦帕爾巴特峰上方的天空，在我看來，就像是無邊無際的黑。每當我向上一步，天空就變得更加開闊。唯一闖入眼前這片天空的，就只有聳立在我上方、看似峰頂的楔形物——它覆滿白雪，襯以背景裡的一片漆黑。

在雄偉高山上沈浸於一片虛無的體驗，比其他任何經驗所帶給我的感受來得更多，也一再地將人類的存在問題擺到我眼前。我們為什麼在這裡？我們從哪裡來、又要往哪兒去？我沒有找到答案；如果把宗教排除的話，就沒有任何解答。唯有在「存在」狀態中保持活躍，才會消除那些關於生命的本質問題。在山上，我不會問自己為什麼要做這件事、為什麼會在那裡。攀登、專注、奮力向上，

就是答案。我自己就是答案，疑問隨之消散。

第三天，8月9日，我終於抵達峰頂。在最後一段路程中，我挖過厚重積雪，一路向上，與此同時，我也必須爬過四處散落的岩塊。為了證明自己確實到過山頂，我留下一張紙，上面寫著日期和我的簽名。再加上我的相機壞掉，四周環山又都籠罩在雲霧之中，我擔心那些看起來疑點重重的照片無法充分將這趟獨攀記錄下來。於是，我拿一個鋁殼把那張紙包起來，再用一個鉤子把它掛在峰頂的岩塊上。這是我唯一一次在8千公尺高峰上這麼做——之前沒辦法這樣做，但後來我就覺得沒必要了。

我在同一天爬回位置最高的營地；那頂小帳篷就紮在海拔7千4百公尺的一處雪谷之中。隔天下起了雪，雲霧朦朧。新降雪把一切都覆蓋了起來，想要下山是不可能的。於是，我等了一天。我的背包裡有一週份的糧食和氣體，不需要太擔心遇到壞天氣。不過，比起攀登，等待所帶來的生理挑戰更加嚴苛。另外，光是可預想得到的危險，就能讓人持續處於恐懼狀態。當我待在帳篷裡無事可做時，我開始懷疑自己是否能存活的可能性。假如雪愈下愈大，再也無法預測我的位置下方產生雪崩的可能性，那該怎麼辦？

惡劣天氣持續到第二天，我利用下方霧氣短暫散開的片刻確定自己的位置。接著，我開始朝下方深淵盲攀。在濃霧中，我垂直往下爬，不知道自己到底會爬到哪裡。但我知道平坦的冰川底部就在下方3千公尺處，我不再感到受到恐懼的束縛，只剩堅持下去的意志力。我在幾小時內攀下整面迪亞米爾山壁，中午就抵達冰川底部

了。我自己也無法完全理解，幾小時前我還蹲在上面，被困在攸關生死的險境裡啊！直到此刻，山峰依然籠罩在濃霧之中，山上仍舊下著雪。

抵達基地營時，我深深感到心滿意足。現在，身為登山家的我，已經達成一切成就；我所辦到的事，比過去曾有的夢想都還要多。亞弗雷德・伊米策（Alfred Imitzer）和威利・鮑爾（Willi Bauer）都在場。我向這兩位奧地利登山家描述我上、下山的過程，並說明整個路線，我一直講、一直講、一直講。

從那時起，我才開始出於必要地把自己的經驗傳授給別人，包括在山上執行策略的經驗、如何籌錢遠征的知識，還有如何在攸關生死險境中存活的直覺反應。我也開始寫文章、出書來分享我的想法；會這麼做也是因為肩負著一定的使命感，而且我也必須賺錢。現在，我已經看過太多了，我有話想說。

雖然我對登山已經感到心滿意足，但我依然不想放棄宏壯的阿爾卑斯式登山。當時，我是個年輕人，還想要繼續玩。

自從我獨攀南迦帕爾巴特峰成功之後，我再也不以極其嚴肅的態度面對登山，也不再有當初那個想在多羅米提山脈上、挑戰不用繩索攀上最高難度山壁的年輕攀岩手的野心了。我已經成功實現了自己最大膽的點子：一個人與一座 8 千公尺高峰。

當然，山依然是我的遊樂場，依然是讓我展現所有能力、所有力量、所有直覺的大自然舞台。

在我的第一趟南迦帕爾巴特峰遠征之旅中，我經歷了「地獄」；

在我獨自一人完成第二次攻頂時，我體會到「天堂」。現在，我算是真正認識喜馬拉雅了。

南迦帕爾巴特峰西側，迪亞米爾山壁。在這面將近4千公尺高的岩壁上，一團巨型崩雪將中段區域淹沒。

南迦帕爾巴特峰
發展史重要日期

地理位置：旁遮普 · 喜馬拉雅（Punjab-Himalaja）
東經 74° 35'，北緯 35° 14'

1895 探索完魯泊爾岩壁的迪亞米爾側之後，英籍登山家亞伯特 · 弗雷德里克 · 麥莫瑞抵達海拔 6 千公尺高度。他在嘗試進入雷克歐特谷時失蹤。

1932 在威利 · 梅克爾的帶領下，一支德美聯合遠征隊啟程前往北側。他們登上雷克歐特峰，抵達東脊，但隨後由於缺乏在喜馬拉雅山脈登山的經驗而失敗。

1934 威利 · 梅克爾再次帶領 5 名登山家與 11 名雪巴人，沿著 1932 年的路線抵達錫爾伯高原（Silberplateau）。彼得 · 阿森布雷納（P. Aschenbrenner）與艾爾文 · 施奈德（E. Schneider）攀升到大約海拔 7 千 8 百公尺高度。科學家嘗試擬出地圖。烏利 · 威蘭德（U. Wieland）、威洛 · 維珍巴哈、威利 · 梅克爾，以及 6 名雪巴人消失在暴風雪之中。亞弗雷德 · 德雷瑟爾（A.

Drexel）在事發前便已身亡。

1937 卡爾・維恩帶領一支德國喜瑪拉雅研究發展基金會
（DHS）遠征隊前往南迦帕爾巴特峰。7 位登山前輩與 9 位高山挑
夫全體在四號營受埋於一場冰崩之中。
同年，保羅・鮑爾組織一支救援遠征隊。

1938 在保羅・鮑爾的帶領下，一支強力隊伍於北側執行任
務。

1939 彼得・奧弗施奈特（P. Aufschnaiter）到迪亞米爾岩壁
兩處進行遠征探索，抵達將近 6 千公尺高度。

1953 赫爾曼・布爾參加德國與奧地利聯合籌辦的威利・梅
克爾紀念遠征隊（Willy-Merkl-Gedächtnisexpedition），並於 7 月 3
日首度成功攻下南迦帕爾巴特峰。隊長卡爾・赫立高弗及彼得・
阿森布雷納事先將回程路線規劃完畢；由瓦特・弗勞恩伯格（W.
Frauenberger）、漢斯・艾爾托（H. Ertl）及赫爾曼・布爾負責攻頂。
布爾獨自攀上 1 千 3 百公尺的垂直高度，艾爾托為此拍攝一支紀錄片。

1962 德 國 外 國 研 究 協 會（Deutsches Institut für
Auslandsforschung；DIAF）派出第二支遠征隊，由赫立高弗領軍，

從迪亞米爾側成功達成第二次登頂。托尼 · 金斯霍夫、安德爾 · 曼哈特及齊格飛 · 勒夫依循 1961 年開發的路線攻頂。勒夫於下山時墜落身亡。

1970 德國外國研究協會派出齊格飛 · 勒夫紀念遠征隊。岡瑟與萊茵霍爾德 · 梅斯納爾（於 6 月 27 日）、菲力克斯 · 庫恩與彼得 · 舒爾茨（於 6 月 28 日）分別成為第一與第二個攀越魯泊爾岩壁的組合。梅斯納爾兄弟認為他們別無選擇，必須從西側下山，因此那條首度橫越的路線並未事先規劃。岡瑟 · 梅斯納爾於岩壁底端受埋於雪崩（第三次攀升）。

1971 一支由伊凡 · 高爾飛（I. Gálfy）率領的捷克斯洛伐克遠征隊，在史上第四次攀登南迦帕爾巴特峰的遠征中，攻頂成功；這也是史上第二次由北側攀登的行動。

1976 奧地利籍登山家漢斯 · 薛爾（H. Schell）以有限資源籌備一支四人遠征隊，前往金斯霍夫於魯泊爾山壁左側開拓的路線。此為最簡單的攻頂路徑；所有隊員皆成功登頂。

1978 8 月 9 日，萊茵霍爾德 · 梅斯納爾由迪亞米爾山壁登頂，創下首度獨攀攻下南迦帕爾巴特峰的紀錄，因此也成為史上首度以獨自攀登方式登上 8 千公尺高峰。

一支奧地利六人小型遠征隊嘗試複製高難度的金斯霍夫路線，其中
5 名隊員登頂成功。與 1962 年的路線相比，他們在經過巴金凹壑
（Bazhin-Mulde）之後，開發出部分新路徑，攀登難度較低。

1982 赫立高弗率領另一支 12 人隊伍前往南迦帕爾巴特峰。在
這趟遠征中，瑞士籍登山家烏里 · 布勒（U. Bühler）創下首度由
東南柱登上南峰的紀錄，其中，他獨自完成最後一段攻頂路程。

1985 7 月 13 日，一支國際遠征隊成功由東南稜線登頂，隊上
成員包含捷西 · 庫庫奇卡等波蘭籍頂尖登山家。

1995 一支日本隊伍（CIT 遠征隊）成功於雷克歐特岩壁右側，
開發出一條陡峭卻符合邏輯的路線。先鋒繩索團隊由錫爾伯尖頂右
方攀升，抵達錫爾伯高原後，接著成功登頂。

2000 萊茵霍爾德 · 梅斯納爾及 3 名同伴於東北岩壁上尋找新
路徑。他們在海拔 7 千 5 百公尺處，遇到不利於行的降雪，因此被
迫折返。

2003 法籍登山家尚－克里斯托夫 · 拉法葉（J.-C. Lafaille）於
迪亞米爾岩壁下半部、金斯霍夫路線左側，開拓「湯姆與瑪蒂娜路
線（Tom-und-Martina-Route）」。其中，在第一段路程裡，義大

利籍登山家西蒙尼 ‧ 莫洛與之同行。待莫洛下山之後，拉法葉與美籍登山家艾德 ‧ 維思特斯（E. Viesturs）一同完成後半段路程。

2004 美籍登山家道格 ‧ 查伯特（D. Chabot）與史蒂夫 ‧ 斯文森（S. Swenson）以阿爾卑斯式登山法攀登馬針諾稜線（Mazeno-Grat），其攀爬距離至今仍保持最遠紀錄，涵蓋馬針諾的所有次級峰。

2005 一支南韓遠征隊成功沿著梅斯納爾路線攀越魯泊爾岩壁。美籍登山家史蒂夫 ‧ 豪斯（S. House）與文斯 ‧ 安德森（V. Anderson）以阿爾卑斯式登山法，於魯泊爾岩壁的中柱開拓一條新路徑。

2008 來自德國阿爾高（Allgäu）的路易斯 ‧ 史迪琴格（L. Stitzinger）首先沿著金斯霍夫路線上山，橫越峰頂梯形區下方處，接著成為第一位在迪亞米爾岩壁上滑雪的人。史迪琴格與約瑟夫 ‧ 隆格（J. Lunger）嘗試攀上馬針諾稜線失敗。此外，當年七月，南提洛登山家卡爾 ‧ 溫特齊爾薛（K. Unterkircher）於雷克歐特山壁遭逢致命意外。

2009 來自奧地利史泰爾馬克邦（Steiermark）的葛弗里德 ‧ 戈許爾（G. Göschl）所參加的國際遠征隊成功登上迪亞米爾岩壁

的北柱；其中，部分為新開發路徑。當時已攻下 11 座 8 千公尺高峰的南韓登山家高美順（Go Mi-Sun），以及奧地利登山家沃爾夫岡・柯爾布林格（W. Kölblinger），於一般路線遭遇致命意外。

2012 英籍登山家珊迪・亞倫（S. Allan）與瑞克・艾倫（R. Allen）以阿爾卑斯式登山法與靈巧的策略，創下首度完整橫越馬針諾稜線的紀錄。登頂後，他們由迪亞米爾岩壁下山。

2013 6 月 23 日，登山者與挑夫共計 11 人在山上遭到塔利班聖戰士殺害，宣稱是為了報復美國的無人機攻擊。40 名登山者被迫撤離；巴基斯坦當局關閉該區，停止觀光活動。

2016 西蒙尼・莫洛、艾力克斯・吉恭（A. Txikon）與阿里・薩帕拉（A. Sadpara）經由金斯霍夫路線，完成史上首次冬季攀登。

2018 冬天，托馬斯・麥基維茨（T. Mackiewicz）於迪亞米爾一側遇難喪生，而同行的伊麗莎白・雷沃爾（E. Revol）成功脫險。

2019 丹尼爾・納迪（D. Nardi）與湯姆・巴拉德（T. Ballard）於麥莫瑞肋稜遇難。

迪亞米爾谷的新雪。1970年，梅斯納爾以凍傷的雙腿，拖著身軀抵達迪亞米爾峽谷外緣，並受到當地人援助。

1970年，這位年輕農夫將梅斯納爾扛在背上，走了數小時的路途，經過陡峭路途與岩質通道，才抵達迪亞米爾谷。1978年，梅斯納爾為他與兒子合影。

左圖：魯泊爾谷上方及南迦帕爾巴特峰的東側山麓。1970年之後，梅斯納爾數度回訪這個地區。

在1970年的三名當地救難員，於梅斯納爾首度嘗試獨自攀登南迦帕爾巴特峰（1973年）時，帶著物資穿越狹窄的迪亞米爾谷。

1978年，梅斯納爾獨自前往攀登南迦帕爾巴特峰迪亞米爾岩壁下部。其中，這段雪溝是該次攀登中最危險的路段。

右上圖：最後一道暮光照耀下的南迦帕爾巴特峰峰頂梯形區西側。可以明顯看出，峰頂右側為綿長、平坦的稜線。

右下圖：回到基地營後，梅斯納爾向奧地利籍登山家威利・鮑爾與亞弗雷德・伊米策說明自己的獨攀行動。

2　馬納斯盧峰

8163 公尺

神聖之山

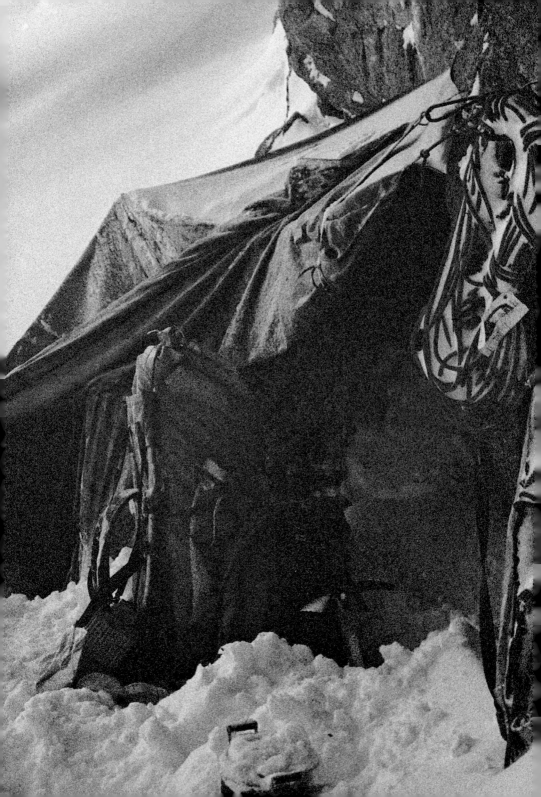

馬納斯盧峰 8163公尺

馬納斯盧峰南側。此路徑為梅斯納爾於1972年的首次攀登路線，其後不少登山者嘗試複製，亦包含冬季攀登。圖中右側的山脊（南脊）已被攻下。如今，直接穿越峰頂山壁應為可行的合理目標：由嚮導帶領自前進基地營（ABC）出發，越過山柱之後，進入「蝴蝶谷（Schmetterlingstal）」兩營區（C1與C2）之間的冰溝。從營區至峰頂（---）的最後一段路程，會繞到大平台稜線的背側，不在這一側的視線範圍內。現在若想要登上馬納斯盧峰，已有10條以上路徑（外加變化路線）可供登山者選擇。

上一頁雙頁面：霍斯特・范可豪瑟（H. Fankhauser）與梅斯納爾於此緊急避難營帳中，度過在「蝴蝶谷」遇到的第一個暴風夜（1972年4月9~10日）。

馬納斯盧峰
兩人未歸

「依我看來，萊茵霍爾德・梅斯納爾必須這起意外負責。在任何情況下，準備攻頂時，都不該將繩索技術夥伴落單在後。海拔 5 千至 8 千公尺這段區間所隱藏的危機，對身體狀況與心理素質不佳的登山者而言，幾乎難以倖存。即便是法蘭茲・耶格（Franz Jäger）自己叫梅斯納爾獨自前進的，梅斯納爾仍應該跟他一起下山。」

　　漢尼斯・蓋瑟（Hannes Gasser）於《信使報》（Kurier）

　　在我於 1970 年完成南迦帕爾巴特峰魯泊爾壁之後，我相信自己一定有辦法攀上難度更高的山壁。於是，1972 年，我接受沃爾夫岡・奈爾茲（Wolfgang Nairz）的提議，跟他和一些來自提洛的嚮導一起去爬干城章嘉峰。可惜的是，我們沒有取得入山許可，所以我們必須在最後一刻尋找替代方案。其中一個可能方案是去爬馬納斯盧峰南壁；在那之前，還沒有人試圖登過那面山壁，甚至也完全找不到它的照片。

當時，有一支先鋒隊伍已經啟程前往基地營，成員包括約瑟·克諾（Josl Knoll）、安迪·施里克（Andi Schlick）、法蘭茲·耶格、漢斯·霍夫（Hans Hofer）、漢斯約格·霍赫弗爾策（Hansjörg Hochfilzer），以及來自索盧坤布縣（Solo Khumbu）昆瓊（Khumjung）的知名嚮導烏建（Urkien）；我和奈爾茲、范可豪瑟、奧斯瓦爾德·奧雷茲醫生（Oswald Oelz）隨後才加入。我跟奧雷茲——大家都叫他「布勒（Bulle）」——是我 1970 年完成南迦帕爾巴特峰後，在因斯布魯克醫院認識的。當時，布勒去醫院探望他朋友格爾特·尤德邁爾（Gert Judmaier）；尤德邁爾在他們一起去爬肯亞山（Mount Kenia）時摔傷。馬納斯盧峰成為我和布勒一起爬的第一座山，是我們長年友誼的開端，而從那之後，布勒就經常跟著我一起遠征登山。

當我們到馬納斯盧峰山腳下和主隊會合時，第一眼就可以看出那面山壁有多麼危險；我們隨即被震懾住，甚至已經開始產生撤退的念頭。岩壁區下部只有一道又一道的冰溝和垂直岩壁，如果要進入那個將山壁明顯一分為二的大山谷，看起來完全沒有任何安全途徑；那條阻斷馬納斯盧峰南壁的山谷約為 6 公里長，位於海拔 5 千8 百公尺至 6 千 6 百公尺之間，我們稱之為「蝴蝶谷」。當然，峰頂山壁本身就是一個挑戰，但首先，我們必須抵達山壁底端。

我們先在山腳下觀察左邊可能的雪崩路徑，以及右邊的垂直岩柱。隨後得出的想法是，我們應該有辦法在右方岩柱上找出一條可行路線。依照當時的登山發展程度，只要帶上許多繩索和梯子、搭

建兩處營地，抵達蝴蝶谷應該不成問題。

　　打從一開始，我就對這支團隊充滿好感。隊長奈爾茲跟五位來自提洛的登山嚮導，是這次遠征的核心成員；他們是一群很棒的夥伴，可以共同分擔很多事。他們很愛玩又充滿活力，而最重要的是，他們深信，在登上馬納斯盧峰峰頂的途中，沒有任何事會阻擋他們的去路。他們所有人都曾經在冬天進行過長程登山，也創下幾次首次攀登紀錄。過去，他們在阿爾卑斯山脈已有十幾年的經驗，而他們將同樣的登山態度搬到喜馬拉雅山脈上。

　　我們在岩柱的入口處花了一些時間，將繩索固定到山壁上，並搭出一條讓雪巴人能夠通過的路線。為了讓雪巴人可以在較高處的營區幫我們準備裝備和糧食，我們這次搭建的營地數量比平常遠征時來得更多。

　　當我和范可豪瑟首度踏入蝴蝶谷時，我們馬上瞭解到，唯有穿越這段山谷與最後面的稜線，我們才有可能躲過隨時都可能發生的雪崩威脅，安全抵達馬納斯盧峰峰頂那段平坦的崖錐。事實上，在1972 年以前，就已經有兩筆成功攀越這塊大平台的紀錄了，所以我們勢必也能在上面找到前進的路。

　　為了尋找隔天能夠安全紮營的地點，我們在蝴蝶谷搭起營帳，此時卻下起了雪。雪勢之大，導致我們當晚陷入瀕臨身亡的險境。幸運的是，我們事先好像就有預感似的，把帳篷固定在岩壁上。在懸垂山壁下的位置算是頗為安全，讓我們得以躲過暴風雪和雪崩。儘管如此，四周的雪崩所造成的空氣壓力，依然不斷擠壓著我們的

篷布。

對窒息的恐懼、寒冷、暴風。睡袋全濕，也沒有火爐能正常運作。我們一次又一次地覺得自己沒辦法活過那個夜晚了。隔天早晨，積雪甚至高過胸口，我們一路挖雪返回二號高地營。後來愈下愈多新雪，我們便從二號營緣繩下降至基地營。

事實上，這次挫敗並不是這趟遠征中的唯一一次。我們經常得終止攀升折返，對於登頂愈來愈不抱希望。即便如此，我們依然沒有放棄。到了四月底，好像終於有機會可以登上峰頂了。

范可豪瑟——無疑是隊上能力最強的成員——感到身體不適而退回基地營。法蘭茲・耶格自願擔任繩索技術手，陪我攻頂。法蘭茲很幽默，懷著滿腔熱情，但本身也是個冷靜的人；相較於其他人，他或許比較沒有那麼大的野心。大家一致認同他具備足以成功登頂的體力與身體素質。

其他隊員都支持我們應該要一鼓作氣直攻峰頂。首先，我們由三號營出發，攀上蝴蝶谷頂端、海拔 6 千 6 百公尺處，越過那段壯闊的冰坡來到 7 千 4 百公尺高度，再從那裡橫越北側的平台、爬上最高點。介於南壁與北岩壁之間有一大片廣袤雪原，我們應該把營帳留在雪原外緣，這樣一來，其他人就可以跟上。

我們並沒有依照原訂計畫於一天內登上平台，反而花了兩天時間才完成。期間，我們必須紮營休息一次，不過那時候—— 4 月 24 日到 25 日的晚上——我們的小帳篷距離上方山脊只差一小段了，但我們還在南側，介於平台和山壁之間。

那天晚上，我們睡得很不好，因為我們不知道距離峰頂還有多遠、不知道會不會繼續維持好天氣。過去兩天的攀登過程中，我們拖了很多東西，又做了許多追蹤軌跡的工作，所以兩人都很疲憊。

我們隔天一早就啟程了。但因為我們的裝備很笨重——當時，我們還不會穿羽絨褲登山，只有厚重的羅登縮絨厚呢褲，以及短暫防寒的三層皮鞋——我們只能笨拙、遲緩地前進。而冰斧與冰爪同時是助力，也是負擔。一開始，由於雪上有結凍的雪殼，我們前進的速度有如蝸牛般緩慢。再往上一點，我們發現結成硬塊的雪層。一切看起來如此遙遠，好似永無止盡一般。我們無法估算自己跟峰頂稜線的距離；最高點或許仍被遮掩在後方。

首次攻頂行動的規劃極為詳盡，預計於 4 月 25 日執行。遠征隊全體成員各自被分派於二號營（5850 公尺）及四號營（7400 公尺）之間。由於好天氣將維持較久，讓他們有適合的條件能夠執行攻頂計畫。也是因為有這樣的好天氣，他們滿懷希望，相信一切都能按計畫進行。

4 月 25 日，萊茵霍爾德‧梅斯納爾及法蘭茲‧耶格在良好的天氣條件下，於早上 6 點出發前往峰頂。與此同時，霍斯特‧范可豪瑟及安迪‧施里克攀上四號營，以支援攻頂小隊。專門負責建立營區鏈的漢斯約格‧霍赫弗爾策及漢斯‧霍夫，返回基地營稍作休息。沃爾夫岡‧奈爾茲、約瑟‧克諾及雪巴嚮導烏建，則移往三號營。

霍斯特‧范可豪瑟／漢尼斯‧蓋瑟
摘自《提洛日報》（*Tiroler Tageszeitung*）

攀升幾小時後，法蘭茲先是比出一些手勢，接著說他想要回去。當時，他並不會累，也沒有感到不適。他會想折返，是因為他覺得以當下的距離來看，要在一天內登頂是不可能的。但我應該要繼續往前走，如果我自己一個人會比較快。他認為自己沒有機會攻頂，所以他就回頭了。

技術上而言，從我們當時所在地回到最近營區的路線算是簡單的——那段步行區沒有任何裂隙，也沒有打滑的風險。我們兩個都不覺得法蘭茲折返、我繼續前進的計畫有任何潛在危機，所以很自然地，這就變成我們當下的解法。

現在，就剩我獨自一人依循軌跡前進，我必須好好管理我的體力。在我克服兩條綿延不絕的覆雪山脊之後，我登上稜線頂端；那道稜線向東延伸了好一段距離。當時我以為很快就可以抵達頂點，但我又再度判斷錯誤——事實上，這道稜線難度頗高。當我終於站上馬納斯盧峰峰頂時，已經是下午了——我就在那從稜線突起的岩

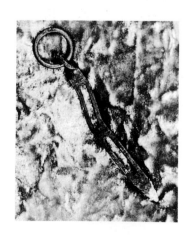

梅斯納爾自馬納斯盧峰峰牙帶回來的石上掛鉤。在1956年的首次攀登中，日本登山家於峰頂將該掛鉤敲入岩塊中。由於梅斯納爾無法在峰頂留影，這成為他登頂的唯一證據。之後，他將掛鉤交給遠征隊隊長奈爾茲。

質頂點，它的組成包含兩種不同岩石，上面卡著兩支老舊、生鏽的掛鉤。

我只有在峰頂待一下子。天氣變了，而且回程路途也很遙遠。南邊有一道雲牆襲來，強勁的陣風掃過馬納斯盧峰的頂點。我把兩個掛鉤裡的其中一個敲出來，放進我的口袋裡，然後攀越有如刀鋒般鋒利的峰頂山脊，接著快步朝下走向山谷。使雲匯聚成牆的那陣風變得愈來愈強，而且已經趕上我了。我的四周被雲霧包圍，隨後又飄起了雪。

此時，我依然毫不擔憂；怕會遇到問題的恐懼也完全沒有。當時我仍有力氣，用跑得下山。我確定自己可以在一小時內——最多兩小時——抵達營區，但後來我發現路途比我想像中拖得還要長。然後我終於搞清楚了——我一定是走錯路了。難道我是在霧裡走偏了嗎？我迷路了嗎？我已經脫離自己原先的攀登軌跡很久了。一切真的變得截然不同，能見度幾乎不到 10 公尺，我也不再能夠利用岩塊或冰塔來定位自己。我被恐慌擒住了。我就只是「剛」下山而已，難道我在原處繞圈嗎？

當天色漸漸變黑，我意識到自己可能無法在海拔 7 千 5 百公尺高的地方撐過颳著暴風雪的夜晚，這時，我才開始問自己這些問題。我感到無盡的孤獨與無助。接著，我聽到法蘭茲呼喚我——非常清晰。我想，他正在幫我指引方向。

之後，我又在原處繞了幾圈。我知道，假如再不快點找到帳篷，我就沒有存活的機會了。當時感覺法蘭茲・耶格的聲音好像在捉

弄我似的。我周遭目光所及的 100 平方公尺範圍，頓時成為世界上最巨大的冰漠。我迷路了！想要在這場暴風煉獄中找到任何一絲線索是完全不可能的事。

忽然間，我做了一個正確的決定──暴風是從南方過來的，我這樣告訴自己。那是我剛才在峰頂看到的，而我現在站在平台的某處，所以我必須逆風走，因為相對於我們的帳篷所在的山脊，這個平台位於那道山脊的北方。

於是，我逆著暴風的方向前進，那是我唯一能夠定位的方式。我對抗風勢往前移動了好幾公尺。很快地，我抵達一條介於北馬納斯盧高原及馬納斯盧峰南壁之間的山脊；這條山脊開發得頗為完善。不過，此時，依舊沒有看到帳篷。我就在山脊上向左走、向上走，接著向下走。終於，我看到一個小黑點了──在大雪紛飛的夜晚裡，那是一個稍微較深的小灰點。「法蘭茲！」我大喊。我鬆了好大一口氣，眼淚瞬間奪眶而出。

我想要趕緊跑向帳篷，但我的雙腿卡在雪中而跌倒。抵達帳棚時，我沒有如願見到法蘭茲．耶格，而是霍斯特．范可豪瑟和安迪．施里克。法蘭茲在哪？我之前在暴風中有聽到他叫我的名字啊！我當時認為他知道我遇到生命危險了。他不是從帳篷裡大喊、想幫我指引方向嗎？

法蘭茲不在那裡，而且當霍斯特和安迪抵達營區時，他也沒有在那裡。此時，能和其他人待在帳篷裡，我的驚恐情緒已然消散。有人過來抱我、扶我，絕望的感覺全都一掃而空，只剩下替法蘭茲

感到擔憂的心情。當我跟他們兩個說，我聽到法蘭茲叫了我好久、我很確定他一定在這裡時，他們都很震驚。但他不可能在別的地方啊！因為他比我提早很多下山。不，他沒有跟我一起攻頂。對，他自願放棄登頂機會，或許也是希望不要拖累我的攀登行動。

霍斯特走出帳篷。他很快又回到帳篷裡，接著證實我所說的──法蘭茲‧耶格確實有在暴風雪中大喊。

霍斯特和安迪原先已經爬得很累了，又加上不斷掃過篷布的暴風，兩人如同被掏空似的。儘管如此，他們覺得自己應該可以很快找到法蘭茲，把他帶回帳篷裡，便出發了。可是，他們兩個再也沒有回來過。

我獨自一人待在帳篷中、窩在睡袋裡，發著高燒、全身發抖。我把雙手夾在大腿之間取暖，把頭、身體蜷曲起來。外面的暴風傳來好多不同的噪音啊！帳篷吱吱作響，陣風不斷撞擊岩塊。有腳步聲嗎？沒有任何人在呼喊嗎？我在那裡等著其他人，寒冷、疲憊與擔憂讓我開始產生幻覺。這就是身陷悲劇、面臨死亡的無助啊！暴風不斷將雪晶從帳篷接縫擠進來，睡袋上因此覆蓋著 10 公分厚的雪。我的身體暖不起來，而我也不能煮東西，因為我實在過於虛脫了。由於緊張及激動的情緒，我完全沒想到吃喝這件事。

我整晚都處於這種狀態，隻身一人在帳篷裡度過。沃爾夫岡‧奈爾茲和布勒分別在較低的營區等候，我三不五時用無線電跟他們回報上面的狀況。我們全都極為焦慮，不只是擔心法蘭茲的狀況，還有霍斯特和安迪。我不知道他們發生什麼事、不知道他們在哪

馬納斯盧峰北側及首次攀登者（1956年）的營區。在第三次攀登中，梅斯納爾由南邊出發，攀越六號營（C6）下方的大平台，再抵達峰頂。下山時，他在暴風雪中於此迷路。1972年4月25~26日夜間，安迪‧施里克與法蘭茲‧耶格在此處喪生。

裡。他們為什麼沒有回來？

那個晚上，雖然他們兩人只距離帳篷幾百公尺遠，但因為天氣的關係，他們無法定位而找不到帳篷的位置。霍斯特一直到隔天早上才回來──只有他自己一個人、垂頭喪氣、體力與心力都已消磨殆盡。他只用短短幾句話告訴我發生什麼事，我馬上就聽懂了。

當時，安迪陷於絕望又精疲力竭，寒冷將他徹底掏空，導致他喪失理智。他走進黑夜之中，再也沒有回來。霍斯特找不到他，也沒人回應他的呼喚──安迪也被暴風吞噬了。

那天早上，我和霍斯特重新搜索兩位夥伴的蹤影，又再次失敗。新降雪已經堆積超過一公尺了──或許兩公尺──當時雪、風、霧聚成一團不可收拾的巨大混亂，在這種情況下，誰還有辦法在海拔這麼高的地方準確判斷啊？後來天氣稍微好轉，維持了一小段時間。儘管霍斯特和我都已經累了，我們還是再度爬上平台，繼續搜索。我們的體力都已經瀕臨極限。

存活——但飽受摧殘

霍斯特·范可豪瑟

由於暴風雪，再加上已經入夜，霍斯特·范可豪瑟與安迪·施里克已經距離營區太遠，以致無法找到返回的路。為了能夠盡量提供定位信號燈，萊茵霍爾德·梅斯納爾待在四號營的帳篷內；與此同時，范可豪瑟與施里克以超人般的狀態，持續奮力搜索他們的夥伴法蘭茲·耶格。

在無法找到四號營帳篷的情況下，范可豪瑟與施里克在這海拔 7 千 5 百公尺處唯一能夠存活的機會，就是挖出一個雪洞抵擋寒冷及暴風。在那個臨時搭建、以雪洞充當的營帳裡，范可豪瑟與施里克互擁取暖。他們在四號營附近一直聽到耶格的呼救聲，已持續約五小時。儘管已經入夜，施里克數度表示應該趕緊出去尋找夥伴，范可豪瑟最後答應與他一同離開營帳，同時也可以繼續尋找帳篷。不久後，范可豪瑟看出同伴的絕望。此時，他們已經找不到原先挖好的雪洞了，於是，范可豪瑟和施里克又新挖另一個臨時營帳，以作遮蔽。他們拖著疲憊且發燒的身軀，蹲伏在雪洞裡；范可豪瑟替施里克按摩，促進血液循環，同時也能暖身。他們只待了一小段時間，施里克又開始不斷催促繼續搜救。

忽然間，施里克起身離開雪洞——或許只是想要確認天氣。然而，施里克隔了好一段時間仍還沒回來，范可豪瑟開始感到不安，也踏出營帳尋找施里克的蹤影。他叫了施里克好幾次，但施里克已經走丟了。范可豪瑟感到徹底絕望，他爬回雪洞等待黎明。

范可豪瑟憑著第一道曙光確定自己的位置，他一路鏟除及腰雪層，花了三小時下山回到四號營。由於整夜的暴風雪，帳篷已

被吹得七零八散。等范可豪瑟稍微休息恢復後，他和梅斯納爾再次出發尋找施里克與耶格。但他們很快便認清，夥伴應該已經沒有希望了——在直逼人類極限的 7 千 5 百公尺高、零下 30 度的寒地裡，安迪・施里克與法蘭茲・耶格沒有成功撐過這個暴風夜。

霍斯特・范可豪瑟／漢尼斯・蓋瑟

摘自《提洛日報》

（馬納斯盧峰遠征隊隊員）

我們完全無法相信他們兩人已經不見了，到處都找不到他們。我們一次又一次希望能看到他們從某處冒出來、朝帳篷爬過來，但都沒有。整片平台上，沒有任何黑點、任何聲響、任何動靜，就只有在雪晶之間呼嘯的風聲、只有在四周飄動的薄霧。理智上我們很清楚，他們兩人在雪中沒有撐過那個晚上。即便如此，這個事實仍舊令人難以置信，我們的內心不斷掙扎反抗這種糟糕的想法。我們希望最起碼能夠找到他們的遺體才能確認。

於是，即使沒有任何機會了，我們依然持續搜尋他們的蹤影，完全沒有想到如果我們繼續拖延下山返回三號營的時間，我們遇難的風險就會愈來愈大。在這上面——海拔 7 千 5 百公尺處——如果我們一直無法進食或喝水，血液很快就會濃度過高。當時我們都發著高熱，手指和腳趾凍傷的程度不斷加劇。但我們抑制著不去想這些危險，希望能找到法蘭茲和安迪已經喪生的證據。

最後，我們在下午放棄搜救，開始下山。當時，其他人無法過來我們這裡——他們在下面，而且介於他們與我們的所在位置之間，發生雪崩的機率太大了。只求我和霍斯特涉雪下山的途中，在平台和蝴蝶谷之間的大斜坡上不要遇到雪崩。

我們花了好幾小時才成功下山。期間，每當坡上產生任何震動，我們都會屏住呼吸，接著看向上方營帳處；有時候，陽光會從雲後穿透而出，照射在隨風飄起的峰頂揚雪上。確定沒有看到任何動靜後，我們又再度陷入一片陰鬱、灰暗的虛無。

回到基地營後，所有人都消沈喪志，奈爾茲試著安慰我們。

那一刻，我還沒有想到，那些自以為是的輿論之後會如何譴責我們——尤其是我——並為我們扣上殺人犯的帽子。當時我眼裡只有那兩套空蕩蕩的睡袋，我感到無盡的悲傷。我們之前在用餐帳篷一起吃東西、生活了四個月，而現在，原本那張粗糙石桌上，也空出了兩個位置。我們失去了兩位夥伴。我們很想念他們的聲音、他們的精神。

　　對我而言，馬納斯盧峰是我的第二座8千公尺高峰，同時也是第二場悲劇。那是我第二次失去重返8千公尺高峰的熱情，但那股情緒後來並沒有維持太久。總之，當時，新的凍傷、失去同伴都讓

於馬納斯盧峰南壁攀上岩柱（第一段山壁）。攻頂後，凍傷的梅斯納爾由此進行垂降。

我心煩意亂。至於我在上山然後活著回來的過程中所承受的那種絕望，我也認為自己沒有辦法再經歷第三次了。

回到歐洲後，我讀了第一篇關於這趟遠征的評論文章，撰稿人是一個從沒親身爬過 8 千公尺高峰、也沒有機會去爬的人。他們又知道些什麼？他們知道在高海拔攀登、在風速每小時 100 公里的暴風中存活代表什麼嗎？他們知道在雪中躺下 30 次、不再相信自己意味著什麼嗎？他們知道全然無力、一次又一次重新站起來繼續找人的感覺是什麼嗎？除非你找到那頂帳篷，在那個蓋著防護篷布的 2 乘 2 平方公尺小空間裡，撐過那樣的夜晚，才會知道吧。

許多人「譴責」我造成這次悲劇，以鄙視的態度懲罰我。我為此感到痛苦，但我依然還沒放棄。

人們指控我踩在死者身上──但當我準備前往馬納斯盧峰峰頂時，看起來不可能會發生任何悲劇，那是完全意想不到的。當時天氣狀況良好，法蘭茲・耶格跟我分開的時候也處於最好的身體狀態。只有在下山途中，才突然毫無預警地颳起暴風，那場悲劇頓時一發不可收拾。

現在我懷疑，法蘭茲在霍斯特跟安迪抵達之前，就已經回到帳篷了，但颳起暴風雪之後，他又離開帳篷來叫我。在平台上那座晦暗的「地獄」裡，沒有人能夠找到自己的方向。他可能想要用呼聲幫我指引正確方向，但就像霍斯特和安迪幾個小時後遇到的情況一樣，法蘭茲自己也迷失方向，再也找不到原本救了他一命的帳篷了。

他想要幫助我、拯救我，但我沒有辦法為他做一樣的事。就連用盡力氣與耐力的霍斯特和安迪，都救不了他；他們冒著生命危險出去尋找朋友，安迪甚至丟了自己的命。

經歷了馬納斯盧峰事件之後，我決定不要再跟別人一起遠征了。如果是這樣的話——過了半年我稍微復原之後，我告訴自己——那就一個人去吧。基於這種情緒，也算是一種抗議的表現，我開始醞釀「徹底獨自一人」攀登南迦帕爾巴特峰的想法，從基地到峰頂完全由我單獨行動。

不過，在 1972 和 1974 年時，我還不夠強大，沒辦法完成獨攀。當時我缺乏足夠的心理素質，我的精神仍無法全然專注在最高點上。我周遭的世界依然太吵雜，讓我不能獨自沈浸在寧靜之中。如果我想要跨出下一步，還有許多習慣和依賴必須得拋開。

存活──那場暴風雪

「……想挑戰世界上最高、最危險的冰川,以及最陡峭的斜坡,必須具備非比尋常的身體靈活度與耐力;這些特質只有在少數人身上才能找到。身處於氧氣稀薄的高度裡,每一口呼吸都很費力,每一個腳步都是折磨。不過,隱藏在這場與喜馬拉雅山脈峰頂的持續搏鬥的背後,是一種精神上的價值及更深層的意義。這是因為,每一個真正準備好要去探索高峰的面貌、且不會因其兇猛而退縮的人,他們的精神生活勢必也都具備非凡特質──他們已經準備好要犧牲他們所擁有的一切摯愛、對於生命的權利,並承擔這項危險行動的所帶來的風險……」

寫下這段話的作家保羅・布魯頓(Paul Brunton)(摘自《喜

沃爾夫岡・奈爾茲與他的拉薩犬。

馬拉雅的隱士》〔*Als Einsiedler in Himalaja*〕）並不認識萊茵霍爾德 · 梅斯納爾。當人們首度嘗試攀登聖母峰時，布魯頓正在喜馬拉雅地區進行朝聖之旅。但他搞錯了一件事——現在絕對沒有人是準備好「要犧牲他們所擁有的一切摯愛、對於生命的權利，並承擔這項危險行動的所帶來的風險」的——對萊茵霍爾德來說尤其如此。不過，布魯頓還是有說對的地方——任何登上山頂並存活下來的人，必定具備非凡特質！

我仍清楚記得 1978 年，萊茵霍爾德在聖母峰上陷入幾近絕望的情形。當時，他在南鞍受困於威力有如颶風般的暴風雪中，他打無線電下來二號營，說：「你們不用擔心，我不怕，我們一定會找到辦法活下來的。存活是我最偉大的藝術！」

可是，存活的藝術是無法學習的。在危急時刻能夠不慌不忙地冷靜思考，才是讓萊茵霍爾德「出眾」的關鍵。

在馬納斯盧峰介於 7 千 5 百到 8 千公尺之間的峰頂平台上發生的情況，比糟糕透頂更糟。法蘭茲 · 耶格幾小時前就折返了，他一定早就回到遮蔽篷，而暴風漸強，濃霧導致獨自登頂後準備下山的萊茵霍爾德完全迷失方向。在這座煉獄中，萊茵霍爾德必須保持清晰思考、做出正確決定，才得以存活。而他確實也做出正確的決定——暴風由南方而來，而那頂拯救我們的帳篷也座落在那個方向。憑著鋼鐵般的意志、超人般的力量，一步一步逆著暴風前行——萊茵霍爾德終於抵達帳篷了。

經歷這幾小時戲劇化的悲慘事件之後，我們大家一起回家。繼萊茵霍爾德成功攻下南迦帕爾巴特峰卻痛失弟弟岡瑟之後，這是他的第一趟遠征，但在這種情況下，對他而言，身為「倖存者」又再次成為一件難事。萊茵霍爾德所承受的心理負擔無比巨大。儘管外界充斥著吵雜、憤怒的聲音，遠征隊歸來之後，彼此間的關係依然跟出發時一樣緊密、一樣友好。馬納斯盧峰的悲劇是由一連串的不幸意外所造成的。假如當時，萊茵霍爾德沒有為了存活而做出正確行動，那麼，這場悲劇的規模可能會超乎想像。

我所認識的萊茵霍爾德，有時候是個心思非常細膩的男人，但我很景仰他在危急情境中能夠做出清晰、冷靜決策的天賦。而

除了他那足以攀上 14 座 8 千公尺高峰的生理與心理素質之外，這項天賦也是讓他得以存活的關鍵。

我對他這次的偉大成就很滿意，也為他感到開心！

沃爾夫岡 · 奈爾茲

（遠征隊隊長、聖母峰登山家）

由馬納斯盧峰南壁（斜坡）較高處向西北方眺望一景。在背景裡，可以看到部分安納布爾
納群峰。

馬納斯盧峰
發展史重要日期

地理位置：尼泊爾喜馬拉雅、廓爾喀‧喜瑪爾
（Gurkha Himal）

馬哈蘭格‧喜瑪爾（Mahalangur-Himal）

（坤布‧喜瑪爾〔Khumbu-Himal〕）

東經 84° 33'，北緯 28° 33

1950～1955 最先由英國人開始以望遠鏡觀測，之後，日本進行四趟遠征之旅，試圖探尋由北面及東脊登頂的可能性。

1956 以槙有恒（Y. Maki）為首，日本登山隊再次創下首度成功登上馬納斯盧峰的紀錄；他們由東北岩壁攀登的路線成為往後的一般路線。其中，今西壽雄（T. Imanishi）與雪巴人蓋增‧諾布（Gyalzen Norbu）於 5 月 9 日攻頂，加藤喜一郎（K. Kato）與日下田實（M. Higeta）於 5 月 11 日攻頂。

1971 春天，由高橋照（A. Takahashi）所率領的日本「東京都登山聯盟（Tokyo Metropolitan Mountaineering Federation）」遠

征隊，成功開拓高難度新路線，由西北山壁創下第二次登頂的紀錄。

1972 由沃爾夫岡・奈爾茲所帶領的提洛遠征隊，其目標為攀越南壁。4 月 25 日，萊茵霍爾德・梅斯納爾攻頂成功（第三次登頂紀錄）。法蘭茲・耶格與安迪・施里克於暴風雪中喪生。

大約在同一段時間，韓籍登山家金禎燮（K. Jung-Sup）率領隊伍攀登一般路線失敗，他們抵達海拔約 6950 公尺處。4 位韓國人、1 位日本人及 10 位雪巴人受埋於雪崩。

1973 第四次登頂紀錄由德國遠征隊達成，其中，隊長格哈德・施馬茨（G. Schmatz）與齊格・胡普法奧爾（S. Hupfauer）、雪巴人烏建・赤令（Urkien Tshering）依循一般路線抵達峰頂。

1974 一支日本女子遠征隊伍分成兩小隊攀登不同路線。其中一小隊，於東脊 6 千公尺處失敗；另一方面，中世古直子（N. Nakaseko）、內田昌子（M. Uchida）、森美枝子（M. Mori）與雪巴人占布（Jambu）由一般路線攻頂成功，成為第一批登上 8 千公尺高峰的女性登山家。一人喪生。

1975 以豪梅・加西亞・奧爾特斯（J. Garcia Orts）為首的西班牙遠征隊，沿著一般路線完成第六次登頂紀錄。

1976 秋天，穆罕默德 ‧ 卡克畢茲准將（M. Khakbiz）率領一支波斯、日本聯合隊伍，同樣依循一般路線成功攻頂。

1980 一支由李仁禎（Li In-Jung）領軍的南韓登山隊於雨季前，循著一般路線登頂，寫下第八筆攻頂紀錄。

1981 蘇黎世登山用品品牌 Sport-Eiselin 籌備一趟徒步遠征之旅，大獲成功——漢斯 ‧ 馮 ‧ 凱紐（H. v. Kaenel）率領 13 位登山前輩，包含德籍、奧地利籍與瑞士籍登山家，由一般路線成功抵達峰頂。回程時，約瑟夫 ‧ 米靈格（J. Millinger）與彼得 ‧ 沃戈特爾（P. Wörgötter）由海拔 8125 公尺處以滑雪方式下山。

同年秋天，皮耶 ‧ 貝金帶隊從西壁攀登，開發出一條變化路線，於後半段接上梅斯納爾路線。

當年稍後，加藤保男（Y. Kato）所率領的日本隊伍也成功由一般路線登頂。

1983 一支南斯拉夫遠征隊嘗試進行南脊的首次攀登，途中兩位隊員於雪崩意外中喪生。

秋天，一名韓籍登山家由一般路線獨自登頂成功。

繼 1972 年提洛登山隊之後，一支由岡瑟 ‧ 黑爾特（G. Härter）率領的德國隊伍首度完整複製其南面路線，成功攀越南壁登上最高點。

1983~1984 雷赫・柯尼瑟夫斯基（L. Korniszewski）所帶領的波蘭遠征隊，由提洛路線完成馬納斯盧峰首次冬季攀登。

1984 春天，一支南斯拉夫隊伍由南面登頂，隊長為艾力許・庫納維爾（A. Kunaver）。
同年秋天，波蘭登山隊越過南脊與東南山壁，成功抵達峰頂。

1986 秋天，捷西・庫庫奇卡率領一支波蘭、墨西哥聯合遠征隊於馬納斯盧峰上開拓新路線：經由東脊登頂，越過東北山壁下山。

1993 一支奧地利遠征隊成功攻頂後，其隊員由7千公尺處以滑雪方式返回基地營。

1996 五月，來自墨西哥的卡洛斯・卡索利歐與弟弟成功登頂，成為第四位攻下所有8千公尺高峰的登山家，同時也是當中最年輕的一位。

2001 烏克蘭國家遠征隊於東南稜線上開拓新路線，並成功登上峰頂，以慶祝國家獨立10週年。啟程前，他們曾考慮嘗試東南山壁的首次攀登，但由於持續發生雪崩而將計畫駁回。

2006 哈薩克登山家丹尼斯・烏魯布可（D. Urubko）與塞爾基・薩默伊洛夫（S. Samoilov）完成東北山壁中段首次攀登。

2012 九月底，東北岩壁的一座冰峰斷裂造成雪崩，將三號營埋沒，11 名登山者身亡。來自慕尼黑的班尼迪克・博姆（B. Böhm）參與救難行動，並於一週後創下最短時間紀錄——於 24 小時以內完成登頂、滑雪下山！

2017 漢斯・卡莫蘭德於電影《馬納斯盧峰：靈魂之山》（*Manaslu – Berg der Seelen*）拍攝過程中嘗試前往高處雪坡，但由於新降雪層過厚而失敗。

2019 如今，業者固定於每年秋天（雨季前）整理馬納斯盧峰登山路線，以供大眾登山行程使用。

安迪・施里克率領一群雪巴挑夫，穿越馬納斯盧峰南壁前端的高難度山柱。

由「蝴蝶谷」望向馬納斯盧峰南壁上段
一景。於1972年前往遠征的提洛團隊，
基於雪崩危險考量，避開這一道斷壁。

霍爾斯特‧范可豪瑟於馬納斯盧峰南壁
的山柱上。

山區管理員卡齊（Karki）與挑夫隊伍走過以木頭
及竹子搭建的橋，跨越馬沙陽蒂河（Marshyandi-
Khola）。後來，卡齊沒有留下任何蹤跡便消失，死
因至今依然不明。

來自馬沙陽蒂谷的挑夫，正於前往馬
納斯盧峰基地營的路上休憩。

3　加舒爾布魯木1峰

8068 公尺
隱身的高峰

隱峰 8068公尺

1984 B₅

B₂ 1975

O B₆ 1984

1984 B₄

1975 B₁

人們以阿爾卑斯式登山法爬的第一座8千公尺高峰就是隱峰（加舒爾布魯木1峰）。1975年，哈伯勒爾與梅斯納爾共組的繩索團隊，花了三天時間（攀升及下山時各紮營兩次）攀越西北山壁，完成首次攀登。1984年，當卡莫蘭德與梅斯納爾挑戰橫越兩座加舒爾布魯木峰時，他們採取另一條路線攀升，越過峰頂之後，大致依循南斯拉夫路線繼續攀登。如今，加舒爾布魯木1峰已有將近10條獨立路線，以及數量相當的變化路線。

上一頁雙頁面：正在攀登加舒爾布魯木1峰峰頂稜線的梅斯納爾，當時位置距離最高點只差幾公尺（1984年6月28日）；他在暴風雪中——而且沒有使用繩索——攻頂成功。

隱峰
老派新招

「1957 年，爬完布羅德峰之後，我和弗利茲・溫特史德勒（Fritz Wintersteller）開始對聖母峰動念。我們想要嘗試兩人搭檔，在沒有氧氣設備、當然也沒有高山挑夫協助的情況下，攻下聖母峰。但基於家庭、工作與財務考量，最後並沒有實現。直到今天，我還是會偷偷悼念這個點子，雖然只是有時候而已啦！」

馬庫斯・施穆克（Marcus Schmuck）

登上馬納斯盧峰之後，我就正式完成兩座 8 千公尺高峰了。在我之前只有一位仍在世的歐洲登山者完成這項紀錄——庫爾特・迪姆伯格——但我沒有要跟他「競賽」。迪姆伯格的兩座 8 千公尺高峰分別是布洛德峰與道拉吉里峰；當時，這些高峰都比 15 年後的現在來得更難抵達、更加神秘，而迪姆伯格都是登上這兩座山的第一人。當然，成為登上三座 8 千公尺高峰的第一人的想法很吸引我，但從那一刻起，我開始更有意識地以不同方式規劃阿爾卑斯式

高海拔登山，也就是攀登 8 千公尺高峰的行程。

首先，我想要自行規劃未來的遠征之旅，計劃只找一些曾經挑戰過大型遠征的夥伴。

以單人或兩人搭檔的方式攀登 8 千公尺高峰變成一個令人癡迷的想法。如果不想帶上挑夫，我就必須在沒有高山營區鏈、沒有固定繩索的情況下執行。當然，我也希望能像前兩次登頂經驗一樣，不要攜帶氧氣設備。

可是，我該如何為我的遠征籌錢呢？光是工作也辦不到。雖然剛開始幾次，有一、兩位南提洛人捐錢給我，但這些數目遠不足以支付完整遠征行程。1970 和 1972 年時，參加一趟遠征就花了我整年的薪水，但在喜馬拉雅登山的那幾個月裡，我完全沒辦法賺錢。所以，我必須在當地產生一些之後可以販售的東西——相片、影片、改善設備的點子。

我算是一位成功的登山家，因為我用盡全身精力來登山，而憑著同等的熱誠，我也想資助自己、讓自己的想法成真，成為自己未來遠征的領隊。如果我能帶愈少技術輔助裝備，我所需要的挑夫就愈少，必須寄到尼泊爾或巴基斯坦的物資也愈少，如此一來，我的隊伍就會變得更便宜。

那時候，我沒有製作損益表。不管我去到哪裡，都必須要付得出票錢、裝備費用和伙食費。在我當時的觀點裡，我不覺得遠征行程必須自給自足。現在就不一樣了；現在只有在旅費完全無虞的情況下，我才會出發，否則登山這件事無法長久——至少當你本來就

不有錢時，事情就是如此。當年，我在每次遠征之間都會工作個一、兩年，直到我能負擔比較特別的新行程為止。於是，我開始當起登山學校校長、講師和作家。之後，只要有任何渺小機會能夠支付旅費，我隨時都可以出發。

如果說我今天在財務上算成功，那是因為過去累積的「利息」現在見效了。不過，在 70 年代初期，幾乎沒人提供我能夠以登山維生的實際機會；那時候，幾乎沒有「自由登山家」這種不受雇於人的「非職業（Nichtberuf）」。雖然像華特‧博納蒂跟雷內‧得梅森（René Desmaison）這些人，確實以廣告代言費支持部分生計，但他們也都沒辦法完全依靠自己的財力進行耗費鉅資的喜馬拉雅遠征行動。對我而言，除了登山者的身份之外，我也想要當經理，才能夠年復一年地將自己的新點子付諸實行。如果我不想跟別人的團，我就必須財務獨立。就這樣，我創造出讓自己可以爬山又能從中獲利、資助自己的條件。

如今，成千上萬名年輕登山者試圖複製這項「職業」。我希望他們可以在我的書裡、從我的生活方式中，獲取足夠的啟發與幫助，進而成功達成目標。事實上，成功的機會很大──任何充滿熱情，並且能夠全心全意投注在這份「樂趣」與「工作」的人都能辦到。

為了實現夢想，最重要的是，我們必須有勇氣以革命性的方式思考──我會先構思出一個點子，接著仔細思索一番之後，再把它提出來爭取許可。

我最早的點子就是「阿爾卑斯式登山」。那是一種傳統登山方式，其中包含的手法常用於阿爾卑斯山脈——自從阿爾卑斯山脈開始發展登山活動開始，至今已經過了兩世紀之久。透過這種方式，你可以在一天之內或花幾天時間一路紮營，從山壁底攀至山頂再返回山腳下。至於裝備，是由登山者本身攜帶，也不需要做事前準備。我就想——這種人們不斷採取的方式是否適合運用到世界最高峰的攀登活動呢？在那之前，這種老方法都還沒應用在喜馬拉雅山脈上，因為幾乎所有登山者都受制於既定成見，覺得人們只能在準備好物資儲備鏈、固定繩索和一大群高山挑夫的情況下，才有辦法到8千公尺高峰上進行攀登活動。這種遠征方式十分笨重，而且會花費很多時間和金錢。雖然過去曾有人在卓奧友峰（1954年）和布羅德峰（1957年）上進行簡易遠征，但他們的攀登方式仍然跟真正的阿爾卑斯式相差甚遠。

　　在我看來，最適合以純正阿爾卑斯式攀登的8千公尺高峰，是座落於巴基斯坦的加舒爾布魯木峰。1975年4月，我滿心振奮地收下前往攀登隱峰（亦即加舒爾布魯木1峰）的許可——那應該是一個讓我得以實現想法的機會。原本，喀喇崑崙山脈已經關閉好幾年了，因為巴基斯坦政府禁止登山客進入肯考迪亞（Concordia）與阿布魯齊冰川（Abruzzi-Gletscher）周圍的8千公尺高峰。但現在又重新開放讓遠征隊伍入山，而我就是第一批進去的其中一員。當時，我老早就提出攀登隱峰的申請，一直等到許可證確定到手後，我才邀請彼得・哈伯勒爾加入團隊。

那趟遠征已經醞釀好幾年，我也審慎地把團隊細節都構思清楚，已經準備好可以出發了。彼得在提洛找到一些贊助人，而德國電視二台（ZDF）也給我機會為這次攀登拍攝紀錄片，再加上一些私人津貼，紀錄片的酬勞就足夠負擔這趟遠征的旅費了。如果要說我們在這趟旅程之後會有什麼收穫，那應該就是——我們不用再像 1972 年爬完馬納斯盧峰一樣還債了。於是，我們就在 1975 年 6 月啟程前往巴基斯坦。

當時我剛從洛子峰回來。我跟一支義大利大型登山隊以傳統方式嘗試攀登洛子峰南壁失敗，我非常好奇究竟還有沒有其他方法，想利用歸謬法來反駁這種遠征風格。

我跟彼得只帶了少數裝備，從歐洲出發時共 200 公斤重，只需要一小隊挑夫陪我們從巴爾托洛冰川（Baltoro-Gletscher）走到基地營。其實，要不是被迫帶上一位護送人員，我們原本應該只需要一半挑夫就夠了。但就跟其他所有遠征之旅一樣，相關當局要求我們要讓一位政府官員隨隊前往基地營，我們有義務為他準備伙食和裝備，而他必須盯著我們。此外，如果我們和當地人之間發生糾紛時，他也得負起處理責任。

我們跟這幾位挑夫在相處上都沒有什麼問題。我們的隊伍小小的，非常敏捷俐落，前進的速度很快。這些挑夫是巴提（Balti）男孩，帶領起來很輕鬆。我們也能夠依情況適度支付他們不錯的薪水。

相較之下，在喀喇崑崙山脈重新開放的第一年，其他團隊在與當地人接觸時遇到一些障礙。有些大型遠征行動，像是攀登 K2 峰

的美國隊，因為無法妥善管理挑夫而失敗。那些挑夫普遍視所有登山者為大富翁，他們清楚知道雇主對他們的依賴，也迎合雇主的優越感，於是向登山者提出過度要求。

我們從斯喀杜（Skardu）出發，不到兩星期就抵達基地營。到了之後，我們就付錢給挑夫，讓他們回家。

以下是我的策略：首先，我想先爬到加舒爾布魯木谷一睹隱峰的西北山壁，因為我之前只看過照片而已，然後再返回基地營。我們想要在基地營針對攀登方式和路線再做一次最終決定，如果確定攀越山壁是可行方案，我們希望一次背上所有裝備跟糧食，完成基地營到峰頂的來回行程。如此一來，繼我們攀越巴爾托洛和阿布魯齊冰川一路緩慢、穩定上升之後，先攀上加舒爾布魯木谷也可以算是高度適應的第二階段。

當我們首度登上海拔 5 千 9 百公尺處、看到西北山壁和峰頂時，開始有些疑慮朝我們襲來。我們感到不安——我們究竟有沒有力氣把一星期所需的所有東西都背上山？我們夠厲害嗎？整趟行程會需要幾天時間呢？我們有辦法在沒有繩索輔助的情況下，爬上這面高難度山壁的陡峭路段嗎？這面岩壁大致上跟馬特洪峰的北壁類似，岩質脆弱，而且勢必會遇到多處結冰的狀況。重點是，在我們之前還沒有任何人嘗試攀登過這面山壁。

8 月 8 日，我們上爬至一號營。隔天早上艷陽高照，我們經過加舒爾布魯木谷，接著成功攀越西北山壁的中間段落，也就是最困難的部分。我們那一天攀升到海拔 7 千 1 百公尺處，並把我們的小

哈伯勒爾登上隱峰峰頂；他在冰斧上綁了一面小旗子，那是他家鄉的三角旗幟。梅斯納爾的攝影設備故障，所以在最高點時，他是拿哈伯勒爾的相機幫他拍照，並用笨重的貝爾（Bell & Howell）16釐米攝影機幫他錄影。會有這些紀錄並不是因為哈伯勒爾先攻頂成功，而是因為梅斯納爾在峰頂「作業」。

帳篷搭建在一處山肩位置以紮營過夜。到了第三天，我們迅速登上隱峰的峰頂範圍。雖然我整路都背著一台 16 釐米攝影機，但我也會和彼得輪流負責開路工作。一直等到登上峰頂山脊時，我才在雪地上坐下，幫彼得錄下爬至最高點的畫面。我隨後跟上，但我的相機無法運作，就用彼得的相機幫他拍照。我的手不夠穩，無法把彼得拉上峰頂，錄出來的影片也很晃。

　　我們是第二組成功攻下隱峰的人，而且我們的攀登方式可說徹底改寫了登山史。

　　就攀登技術而論，攀越隱峰西北山壁比我們原先預期的還要簡單，也比我們之前在阿爾卑斯山脈的某幾次經驗來得更輕鬆。儘管如此，在攀升過程中，我們仍然需要全神貫注，而且在下山時必須

更加小心，因為雖然下山沒有像上山那麼吃力，但墜落的風險相對提高。事實上，在 8 千公尺高峰上的大多數意外，都是在下山時發生的，更何況我們完全沒有使用繩索、沒有任何後援輔助，也不可能仰賴在別處常見的固定繩索。此外，我們不能讓自己精疲力竭，因為就算回到山壁底端，我們還得穿越加舒爾布魯木谷繼續下降。我們每一分、每一秒都務必聚精會神。

當我們在登頂後爬回最後一個營區時，我們都累了，而且疲憊不堪，但我們的力氣還沒用盡。

其實，如果我們將所有情況都列入考量，以阿爾卑斯式攀登 8 千公尺高峰並稱不上藝術。雖然說當我們成功完成某件事時，事後看來一定會覺得很簡單，但這種登山方式真的是我們所能想像得到最簡單的一件事了。不過，我們還是得考慮到所有狀況、所有可預見的事，以及所有不可預見的事，否則你會沒辦法用這種方式活太久。

回到營區的當天晚上，我們遇到一場暴風雪，到了早上帳篷都被吹壞了，於是我們被迫提早出發，在天還沒完全亮之前就攀上山壁。我們循著原本上山的路徑，一直爬到最後一段路程時，為了保存體力而決定拋棄背包。就這樣，我們把背包往下丟，看著它們飛落山壁，一路墜到岩壁底端，最後停在距離加舒爾布魯木谷一小段路以外的地方。

整趟遠征中其實沒遇到什麼危急時刻，所以這告訴我們，我們第一次嘗試的這種遠征登山形式是可行的。雖說如此，我們仍是一

直處於極度緊繃的狀態，就像謹慎跳躍的野生動物，必須持續使用所有感官、考慮所有可能性，以避免犯錯。

踏上這趟遠征之前，有些經驗非常豐富的高海拔登山家給了我們團隊一些建議，其中少數人保持懷疑態度，另外也有許多人對我們的點子表示鼓勵。不過，當時幾乎所有人都認為，要在沒有預備後勤鏈的情況下，從山壁底端登上 8 千公尺高峰的峰頂，似乎是一項不可能的任務。只有在我們成功之後，他們才突然覺得這件事肯定可行。

現在，甚至連早期就採取純正阿爾卑斯式登山方法的先驅都開始備受頌揚。1954 年，賀伯特・提奇（Herbert Tichy）與塞普・約赫勒（Sepp Jöchler）、巴桑・達瓦・拉瑪（Pasang Dawa Lama）並沒有太多高山挑夫同行，只帶了四頂高山營帳，成功登上卓友峰峰頂。那在當時真的是一支小型遠征隊，不過，他們的攀登行動還是有後勤鏈和雪巴人的支援，仍算是傳統的遠征方法。相較於提奇的卓友峰遠征，赫爾曼・布爾刻意在攀登布羅德峰時，又採取更進一步的策略。順帶一提，他們兩人都曾詳述這兩趟遠征之旅，並沒有偽造任何細節，但後來所謂的編年史學者開始散播一些不確定資訊。回到 1957 年的布羅德峰遠征；馬庫斯・施穆克、庫爾特・迪姆伯格、弗利茲・溫特史德勒，以及布爾，甚至連高山挑夫都省去了，他們獨自把所有裝備從山壁腳下帶上山。不過，他們在最後一次攀升攻頂之前，仍有事先設置後勤鏈和一些固定繩索。他們的行動確實是一趟堪稱典範的輕便遠征，但離我們如今所

說的阿爾卑斯式登山方法依然有很長一段差距。

當我跟彼得回到基地營時，最先恭喜我們的是一群波蘭登山家。那是一支波蘭女子登山隊，其中也包含幾位男性，他們想要爬加舒爾布魯木比較矮的兩座山峰——加舒爾布魯木2峰與3峰。我就是在那裡認識汪達．盧凱維茲（Wanda Rutkiewicz）的，她現在是全世界最成功的女性登山家。那時候，波蘭人才剛開始到喜馬拉雅跟喀喇崑崙探險，除了他們的力量，他們的團隊精神也尤其令人印象深刻。正是他們當時蒐集的經驗，讓他們與後來的學生在10年後成為世界上最精練的高海拔登山家。

攻下隱峰之後，我成為完成全世界14座最高峰其中3座的第一人。達到這項成就的同時，我也以更古老的阿爾卑斯式顛覆了傳統遠征方法——如果我們以更簡陋的裝備攀登8千公尺高峰，這項活動就變得更加簡單，也能讓更多人參與。透過這次的成功經驗，我也打破了思想上的屏障，消除了一項禁忌。從此之後，人們便能夠以不同於以往的方式籌備遠征行程。

為了這項成就，我付出昂貴的代價。忽然之間，過去一向支持我的朋友開始對我產生質疑。對他們而言，我變得太有名了，以至於我不再是他們的一員。由於我開始在媒體、廣播與電視上從事公關工作，他們認為我騙了他們、我「背叛」他們。

在許多討論中——當然，討論是必要的——由於我們的方法一再受到抨擊，我努力捍衛這項很棒的登山可能性。針對一些懷疑東、懷疑西的問題，我大概回答了一千遍以上。這確實為我打開知

加舒爾布魯木3峰、布羅德峰（圖中背景的小峰）、加舒爾布魯木2峰、K2峰（後方較大的山峰）及加舒爾布魯木2峰山肩（圖中前景）。

名度，讓我可以更有機會找到資金支持我的遠征，可是我不像以前一樣有那麼多時間了──我沒有那麼多時間可以構思新點子，也沒有那麼多時間可以分給朋友跟家人，所以很多人覺得我變得驕傲自滿。但事實相反，我滿心只想著繼續前進；我還是需要取得他人認同、跟別人交流想法，也仍然需要朋友啊！

　　自從我的策略獲得驗證、而且沒有發生任何不幸之後，我相信自己可以運用這種方式登上更多座 8 千公尺高峰。任何批評都不能拖住我向前的步伐，甚至連婚姻即將告吹的隱憂都不該成為阻礙。當我將 8 千公尺高峰的存在與我自己的幻想拼湊在一起，此時此

刻，擺在我眼前的挑戰看起來前所未有地合乎邏輯。如果有人認為我登山全然是為了做生意，那真的非常可笑。時至今日，我依然是一個懷抱夢想的人，我從來沒有停止實現新點子過，而且一直到我再也想不出任何東西以前，我都不會停下腳步。除非再也找不到新收穫，我絕對不會停止。

1984 年，大約相隔 10 年後，我再次回到隱峰——加舒爾布魯木 1 峰。然而，我這次的動機跟第一次遠征不同。雖然我跟漢斯・卡莫蘭德同樣以純正阿爾卑斯式行動，行動中只有我們兩人、沒有任何後援，但在這趟遠征裡，我們想要進一步橫越到加舒爾布魯木 2 峰。我們決定經由隱峰西北山壁，從我 1975 年的攀登路線左方，一路登上峰頂，接著再沿著西脊爬回基地營。不過在那之前，我們會先攀越加舒爾布魯木 2 峰——我們打算依循一般路線上山，再從「自殺路線（Selbstmörderroute）」下來，朝右方前進。

對 1975 年的我而言，這種全新可能大概不可能成真；會有這個想法完全是因為我對山、對自己的態度產生一些轉變。原本，我跟其他多數登山者一樣，覺得人到 40 歲就屬於「廢鐵區」了，但我現在知道人類的忍耐力與意志力，在 20 歲到 50 歲之間基本上都會維持在一定程度。像華特・博納蒂在 1965 年從登山界退休，就太早了。那時候他才 35 歲，具備一名 8 千公尺高峰登山家所需的最佳必要條件：高海拔適應力、耐力、理想年齡，甚至還有贊助商。

於是，回到 1984 年的當下，我想要朝向那個被認為「不可能」

在 8 千公尺高峰登山活動中達成的領域再跨出另一步。我再次打破禁忌。

我跟漢斯從加舒爾布魯木 2 峰峰頂回到加舒爾布魯木谷的時候，狀態依然跟我們在上一段遠征的基地營時一樣良好。我們把體力分配得很好，過程中沒有讓自己感到任何一絲精疲力竭的感覺過，並時時提醒自己必須妥善管理力氣。正是因為如此，在攀登行程的第四天早上，當我們決定要攀上加舒爾布魯木 2 峰與 1 峰之間的鞍部時，我們根本連眼都不眨一下就毫不猶豫地出發了。

我們把營帳搭在加舒爾布魯木拉山口（Gasherbrum-La）上，安穩地睡了一覺之後，隔天早上沿著德、美聯合隊，於 80 年代所走的路徑左側攀上我和彼得在 1975 年時紮營的地點。但我們沒有逗留，當時抵達的時間還早，而且天氣開始變化、開始起風，我們就在風中掙扎著爬上海拔 7 千 4 百公尺的一處山肩，並在那裡紮營。這時，惡劣天候的最前沿已經趕上我們了，很快地，我們落入危機之中。我們的帳篷在暴風中啪嗒作響，向外看也完全看不到任何東西。我們拖了一些石塊來固定帳篷，這樣晚上才不會被吹走。

就這樣，我們被丟在那裡，除了雪以外，四周什麼也沒有。我們兩個都開始產生幻覺，最好的辦法似乎只有終止橫越計畫了。與此同時，我們很清楚自己應該沒有機會再次以這種團隊架構走這麼遠了。或許，我們這輩子再也不可能在 8 千公尺高峰上做到這種程度的越嶺行動了。

在整趟旅程中，我們都攜帶著所有裝備和糧食，已經拖著它們

爬上第一座山又下來了。然後現在,我們只差一點就可以抵達第二座山的最高點了,但天氣似乎想要阻撓我們的計畫。可惡!

那天晚上,我們飽受暴風摧殘。雖然我們一直在帳篷裡告訴自己,這趟橫越行動已經結束了,放棄才是比較理智的決定,但到了早上,我們依然留有一絲頑皮的鬥志,它誘使我們再試一下、繼續前進。

於是,儘管暴風尚未結束,我們仍毅然決然出發,並於6月28日登上隱峰最高點──任務成功了!攻頂時,我們輪流擔任先鋒,緊跟在對方身後。完成登頂後,我們很快就離開峰頂,時時謹記著後面還有困難的西脊在等著我們。下山時,我們真的全然單憑感覺走,常常消失在彼此視線中,而且那道山脊時不時就有刀鋒般銳利的路段,讓我們常常覺得自己再也前進不了了。整趟路程濃霧、暴風、大雪不斷。確實,我們當然也有仰賴自己的知識;此外,成功創下前所未有的事蹟帶給我們的驕傲感,更是賦予我們額外的力量與耐力,讓我們不言放棄。幸運的是,我們不時會碰到南斯拉夫登山隊於幾年前成功攀越這條山脊時留下的固定繩索。

到了攀登行程第七天,我們回到加舒爾布魯木谷──呈現被榨乾的狀態。我們的神經緊繃到達一個極限,剛開始根本睡不著,過度疲勞又過度緊張,身體整個壞掉。於是,我們盡一切之能事,努力在同一天之內繼續返回基地營。不過那很不明智。比起自身能力,我們沒有墜入那無數道冰川裂隙之中,也沒有在攀登時葬身於雪崩,我們更該感謝的是運氣。或許是動物本能救了我們;當你爬

了幾十年的山，在遇到危及生命的關頭，就會出現動物本能。事實上，如果你花了好幾個月的時間，不斷想像自己陷入危急時刻的情景，到後來，你在存活這件事上就會出現下意識反應。

橫越加舒爾布魯木 1 峰比我第一次和彼得去爬時還要難得多。除了因為要攀兩座 8 千公尺高峰而需要兩倍體力之外，這項行動所要求的自信心與經驗值也高出許多。不過，如果沒有 1975 年跨出的那一步，如果我沒有大膽決定拋下行之已久的登山傳統、捨棄「不證自明的事實」、在喜馬拉雅山脈嘗試這種新方法，那就無法想像出第二個點子，更遑論將它付諸實行了。時至今日，依然沒有人成功複製這項行動——採取四條不同路線連續跨越兩座 8 千公尺高峰，沒有外部支援、沒有預先建立補給站，而且不論是在哪座山上，整趟綿長的路途中都沒有其他人。

不過，其實這件事也幾乎不可能再實現了，因為巴基斯坦、尼泊爾與中國政府發了太多許可證，讓許多人同時登上不同路線，所以這些山都超載了。不管有意、無意，你都可能會在任何地方遇到後勤鏈、固定繩索或其他登山者。現在如果遇到緊急狀況，周遭都有人可以求救，光是這一點，就減少了這類冒險的機會。再者，有需要時，也可以借助於其他人的裝備、食物或氧氣，而這點可說改變了我們這種玩樂機會。

「大眾登山」確實讓所有人都有機會進行這項「運動」，但對少數追求真正冒險的人而言，他們在很多地方都失去這種機會了。所以說，我們能將這個越嶺攀登的想法發揮得淋漓盡致，真的很幸運。

存活——卻被大眾「吞噬」？

從萊茵霍爾德的角度來看，他的人生其實跟「美好生活（dolce vita）」八竿子打不著，雖然很多人（尤其女性）可能會以為是那樣，但事實相反。冒險、旅行是我們費盡千辛萬苦賺來的自由。我知道萊茵霍爾德需要曝光，才有辦法支撐他的生活方式，而那在心理上，也是對於他全心貫注所達到的成就的間接認可。

我相信，大家或多或少都曾希望獲得名聲、知名度，或想過要成為那樣的人。我也是——十幾歲的時候。但現實跟夢想全然不同啊！確實，成名後可以享有許多好處，尤其在物質方面，但為此，你必須放棄其他很多選項，好比個人自由。當大家都知道你的時候，想要一起隨意做些什麼或保持不被打擾，都變得十分困難。

萊茵霍爾德的生活就像在洗一場永不止息的心情三溫暖：時熱——沐浴在讚美與祝賀之中，大家都想認識他；時冷——遭致惡意攻擊，別人因為嫉妒而打擊他。當你必須針對他人所相信的「事實」為自己辯解，這件事不只讓人疲憊不堪，同時也是一種永久歧視。

莎賓娜・史特勒

我還滿年輕的，但我從中學到了重要的一課：為人所知不單只是一件愉快的事，也是一種艱難的處境、一份沈重的債務。萊茵霍爾德提供給人們一個他們無法取得的人生面向，他因此無意間獲取認可，也間接得到收入。而身處其中，務必小心。如果內心不夠堅強，個人自我價值感不足，你就會被消耗殆盡，因為「貴賓卡」從來不是免費贈與的，你永遠會被期

待得付出對應回報。

　　累積知名度的同時，仰慕你的人與嫉妒你的人的數量也會以相同速度成長，另外還有那些很快就不再是朋友的「朋友」。誰還能不謹慎、不開始懷疑人心呢？

　　我個人的結論是：你把過往生活中的自由兌換成如今的限制，並把過去的約束兌換成現在的玩樂機會。一切端看你怎麼衡量。

　　萊茵霍爾德因為公眾壓力而失去自己的風險很高。正如他成功躲過雪崩和暴風一樣，他躲避了這項危機──至少目前為止是如此。

莎賓娜 · 史特勒（Sabine Stehle）
（駐紮於三座 8 千公尺高峰的基地營）

由阿布魯齊冰川眺望隱峰（加舒爾布魯木1峰）。首度攀越這面凹狀懸吊冰川的人是弗伊特克·克提卡（Voytek Kurtyka）與捷西·庫庫奇卡（1983年）。

加舒爾布魯木1峰
發展史重要日期

地理位置：喀喇崑崙山脈、巴爾托洛慕士塔格山脈
（Baltoro Mustagh）
東經 74°35'，北緯 35°14'

1861 ／ 1887 加舒爾布魯木 1 峰首度被亨利・哈福森・哥德溫－奧斯騰中尉（H. H. Godwin-Austen）與榮赫鵬中尉（F. Younghusband）提及。

1889～1929 在喜馬拉雅與喀喇崑崙山脈的發展史中，英國人與義大利人很早便對加舒爾布魯木 1 峰進行測量及拍攝。由於加舒爾布魯木 1 峰呈現勻稱的椎體狀，馬丁・康威（M. Conway）將之命名為隱峰，以與加舒爾布魯木 2 峰做出區別。

1934 瑞士籍登山家岡瑟・奧斯卡・迪倫弗斯（G. O. Dyhrenfurth）率領一支國際遠征隊，前往加舒爾布魯木 1 峰進行大規模探索行動。漢斯・艾爾托與安德烈・羅克（A. Roch）登上西南支脈海拔約 6 千 3 百公尺處。

1936 由亨利・德・瑟戈尼（H. de Ségogne）率領的法國遠征隊受到運輸問題及挑夫罷工事件影響，最遠僅抵達南邊支脈海拔約 6 千 9 百公尺處。

1958 以尼古拉斯・克林奇（N. Clinch）與彼特・舒寧（P. Schoening）為首的美國遠征隊，創下首度攻頂成功的紀錄。他們在攀越東南支脈與烏爾杜克嶺（Urdok-Kamm）的路途中，使用滑雪短板與雪胎。7 月 4 日，舒寧與安迪・考夫曼（A. Kauffman）在極為寒冷的天候中穿越厚積雪層，抵達最高點。

1975 梅斯納爾與提洛登山家哈伯勒爾組成兩人遠征隊，只由 12 位挑夫隨行前往基地營，並於 8 月 10 日經由西北山壁登上加舒爾布魯木 1 峰。這趟攀登行動創下首度採取經典阿爾卑斯式登山，以及第二次未攜帶人工氧氣的紀錄。

隔天，三位奧地利籍登山家羅貝特・紹爾（R. Schauer）、漢斯・薛爾及赫貝特・策菲爾（H. Zefferer）經由東南稜線，於首次攀升行動登上峰頂。

1977 完成第四次加舒爾布魯木 1 峰攻頂紀錄的是安德烈・史崔姆菲力（A. Stremfelj）與尼茲・札普洛特尼克（N. Zaplotnik）所組的兩人繩索團隊，同時，他們也是首度攀越西南稜線的登山家。另一方面，嘗試獨自攻頂的札戈・布雷加爾（D. Bregar）至

今仍下落不明。

1980　一支法國遠征隊寫下第五次登頂紀錄，同時也完成南脊的首次攀登。

1981　加舒爾布魯木 1 峰的第六次登頂紀錄由一支日本遠征隊達成。

1982　岡瑟・史托姆（G. Sturm）率領一支德國遠征隊前往喀喇崑崙山脈攀登加舒爾布魯木 1 峰。其中，史托姆、米赫・達賀及齊格・胡普法奧爾在北壁開拓新路線，並攻頂成功。
以席爾凡・紹丹（S. Saudan）為首的法國、瑞士聯合遠征隊，包含紹丹與妻子等 5 人，成功登上加舒爾布魯木 1 峰峰頂，同時也創下女性首度攻頂紀錄。紹丹以滑雪方式從峰頂回到基地營，為史上於 8 千公尺高峰全程以滑雪方式下山的第一人。

1983　一支瑞士遠征隊連續攀登三座相鄰山峰──加舒爾布魯木 2 峰、1 峰及布羅德峰。隊上共有 9 位成員，其中，艾哈德・羅瑞坦、馬塞爾・魯迪（M. Ruedi）與尚－克勞德・索能維爾（J.-C. Sonnenwyl）以阿爾卑斯式登山法，於兩週內攻下這三座高峰，並於加舒爾布魯木 1 峰北柱開闢新路線。
同年夏天，兩位波蘭籍登山家──庫庫奇卡及克提卡──完成首趟

由西南山壁攻下加舒爾布魯木 1 峰的阿爾卑斯式攀登行動。

哈維爾 · 艾斯卡汀（J. Escartin）率領一支西班牙團隊，攀越西南山壁登頂，並經由東南稜線以滑雪方式下山。不過，原訂接續攀登加舒爾布魯木 2 峰的計畫失敗。

1984 6 月，梅斯納爾與同樣來自南提洛的卡莫蘭德，成功在短短一週內，創下首度橫越兩座 8 千公尺高峰的紀錄，而且是在沒有預先設置補給站、途中也未曾返回基地營的情況下，連續爬完加舒爾布魯木 1 峰及加舒爾布魯木 2 峰。

1985 法籍登山家貝諾瓦 · 沙慕（B. Chamoux）完成獨攀。

義籍登山家吉安皮耶羅 · 迪 · 費德利寇（G. Di Federico）以獨攀方式於西北山壁開闢另一條新路線。

一支由阿戈斯提諾 · 達 · 波倫薩（A. Da Polenza）率領的義大利隊伍，完成西北山壁右側的首次攀登。

沙慕與同樣來自法國的艾瑞克 · 艾斯科菲耶，經由西北山壁左側，於 21 小時內上、下山完畢。

1986 日本遠征隊沿著後人所稱的「日本走廊（Japaner-Couloir）」路線完成首次攀登。由於巴基斯坦與印度之間發生喀什米爾衝突，巴基斯坦軍隊駐紮於西南稜線上，史上首條攀登加舒爾布魯木 1 峰的路線因此遭禁，於是，日本走廊被設為現今的一般

路線。

1990 一支日本、巴基斯坦混合隊伍完成西脊全段首次攀登。

1995 由於加舒爾布魯木冰溝在夏天總是「開放攀登」，攀越西北岩壁的路線因此成為一般路線；相較於路程較遠的首次攀登路線，人們更常使用這條路徑。

1996 法籍登山家尚－克里斯托夫・拉法葉多次參加團體攀登行動，並另外完成一趟「橫越雙峰獨攀」行程，連續攻下加舒爾布魯木1峰及2峰，且期間未曾返回基地營。他於1峰開闢一條新路線，並依循一般路線完成2峰來回行程（詳見加舒爾布魯木2峰章節）。

2008 一支俄羅斯遠征隊於西壁開發新路線。

2012 亞杜爾・海伊澤（A. Hajzer）率領波蘭遠征隊展開首次冬季攀登。3月9日，亞當・別萊茨基（A. Bielecki）與亞努許・戈隆普（J. Golab）在沒有攜帶瓶裝氧氣的情況下，沿著一般路線抵達峰頂。但由於另一支三人小隊在峰頂下方一小段路程以外處失蹤，為這項創舉蒙上一層陰影。

2013 繼前一年率隊成功完成首次冬季攀登之後，波蘭登山老將海伊澤挑戰橫越加舒爾布魯木 1、2 峰失敗，並於日本走廊喪生。

2017 馬立克・霍利切克（M. Hole ek）與佐丹尼克・哈克（Z. Hák）於西南山壁開闢新路線。

2019 業者同樣會在每年登山季整頓加舒爾布魯木 1、2 峰，以開放團體旅遊。

梅斯納爾正在加舒爾布魯木1峰西北岩壁上半段休息（攝於1984年6月28日）。他這次也跟1975年時一樣，帶了一台16釐米攝影機上到峰頂。

1975年，梅斯納爾曾前往隱峰（即加舒爾布魯木1峰）進行一趟小型遠征，其攜帶的裝備極為精簡，包括圖中那頂駐紮於海拔約7千1百公尺處的帳篷。

放置於帳篷前的部分攀登裝備：皮製靴子、沈重冰斧──當時的裝備大多為現今裝備的兩倍重。

1984年橫越加舒爾布魯木雙峰行程的基地營。相隔10年後的帳篷重量較輕、品質較佳，而且能夠在暴風中完成組裝。

梅斯納爾正在攀爬隱峰西北山壁（攝於1984年）。唯有攜帶極簡裝備才有可能進行越嶺挑戰，他因此學會盡可能地拋棄一切。

卡莫蘭德正於加舒爾布魯木拉山口進行攀升（攝於1984年6月26日）。

4 聖母峰

8850 公尺
世界最高峰

聖母峰 8848公尺

B₂ 1980

B₁ 1980

C₄ 1978

C₃ 1978

C₂ 1978

C₁ 1978

如今，聖母峰共有13條不同路線，外加許多變化路線。這座山已經超載，呈現人滿為患的狀態。

上一頁雙頁面：聖母峰基地營祈福風馬旗。營地座落於坤布冰溝左方、努子峰（Nuptse）右方。

珠穆朗瑪峰
最後一步

「你在平地上以為自己認識一個人，但當你們在山上待了 14
天、20 天或一個月之後，你就會發現，一切跟你所認知的截
然不同。」

瑪莉－喬瑟 · 瓦倫寇特（Marie-Jos Vallencot）

　　在登山界，若要比前輩多跨出一步，堪比量子跳躍。不論我多
常改寫極限，那些目前人們認為不可能達成的、想像中的極限，依
然能夠再次變動。在每個當下的「不可能」基本上只是一項需要被
推延的禁忌，如此一來，我們才能漸漸地跟絕對的「不可能」愈來
愈接近。可是，永遠沒有人能夠抵達那種絕對，但它就像一個「魔
術點」般，讓冒險與不確定性保持生生不息。我從 8 千公尺高峰遠
征的經驗中，一步步學會那些我們能夠做得「更多」的事，以及做
得更好的事。為了達成這項目標，首要任務是認清有哪些東西可以
變得更簡單、哪些東西可以被拋下。而屬於我的最後一步，大概就
是以獨攀方式登上聖母峰峰頂了。

最後一步取決於第一步——這個道理我先是在雷內・多瑪爾（René Daumal）的《山的類比[1]》（*Monte Analago*）裡讀到，後來我自己也有相同的親身體驗。在我所有的大型首次攀登與遠征行動中，我考量的主要重點都放在峰頂區域和入山區域。而這次，我想要挑戰不戴氧氣罩獨攀聖母峰，這不但是史上首度無氧氣設備攀登聖母峰的行動，我同時也將成為史上首位隻身從山腳下爬上地表最高點的人。當這個大膽的點子開始成形時，我的思緒主要圍繞在「我該如何完成最後 300 公尺路程」這個問題上。

　　就我所知，愛德華・諾頓上校（E. F. Norton）曾在 1924 年時，在沒戴面罩的情況下幾乎抵達 8 千 6 百公尺的高度。我也知道，狂人喬治・李・馬洛里（G. L. Mallory）在同一年，只有在最後一刻才使用氧氣設備以勉強攻頂。之後，他再也不相信人類有辦法不戴氧氣罩攀上頂端，開始使用攀登輔助工具，也就是他內心深處非常排斥的選項。另外，我也很清楚，幾乎所有醫學專家及多數登山家都深信，就生理條件而論，若要在沒有使用「外來空氣」——尼泊爾人對瓶裝氧氣的稱呼——的情況下登上前五高的 8 千公尺高峰是不可能的事。

　　藉著 50、60 年代開發的特殊裝置的輔助，人們能夠攜帶壓縮氣體上山，以彌補海拔 8 千公尺以上氧氣稀薄的狀態，讓人體器官有辦法承受這樣的海拔高度。使用氧氣罩的效果等同於將海拔高度從 8 千 8 百公尺降低至人體可承受的 6 千 4 百公尺左右。可是對我來說，重點不在於 6 千 4 百或 7 千公尺的體驗，我有興趣想嘗

試的是身處 8 千 8 百公尺時的感受。此前,我已經在沒有配戴面罩的情況下,登上三座 8 千公尺以上的峰頂了,而我也想知道,究竟該如何在沒有人工氧氣的輔助之下,成功抵達聖母峰的頂端。

在我設下目標、希望能「不擇好手段地」攀上世界最高峰之後,我於 1978 年開始動作。出於這個理由,我加入一支奧地利遠征隊;其實,我和奈爾茲跟奧雷茲醫生在 1972 年爬完尼泊爾的馬納斯盧峰之後,就已經相中這支團隊,但我們等待了好幾年才終於在 1978 年春天獲准加入。一直到 1977 年,我才決定邀請彼得 · 哈伯勒爾也跟我一起踏上這趟由我自行支付的聖母峰遠征行動。奈爾茲為我貢獻一份至關重要的遠征資助合約,讓我們能夠使用他的基地營,以及我們本來應該要跟奧地利夥伴及唯一的德籍成員萊茵哈德 · 卡爾(Reinhard Karl)一起準備的完整路線。

不過,我和彼得希望能跟其他人分開行動。我們起初的目標是去爬南柱——介於 1953 年艾德蒙 · 希拉瑞(Edmund Hillary)與丹增 · 諾蓋(Tensing Norgay)首度攀越的東南稜線,以及 1975 年克里斯 · 鮑寧頓(Chris Bonington)成功率隊登頂的西南岩壁之間。然而,到了山上,由於極度陡峭的坡度及惡劣的冰況,我們隨即認清「一次走兩步」實在過於貪心——我的意思是,第一次攀登一條高難度路線,又同時挑戰不戴氧氣設備。於是,我們決定待在首次攀登者的路線上,才能夠跟隨其他奧地利隊員的腳步。

為了要爬聖母峰,我當然也想更加瞭解索盧坤布地區。雪巴人在當地居住已經約有 3 百年歷史。相較於喜馬拉雅的其他區域,索

盧坤布的生態更是因為大量遠征活動與長途健走觀光行程而深受其害。

　　只要我和彼得身體仍維持健康狀態，我們就會協助搭建營帳。我們跟其他遠征夥伴的關係也十分融洽。當時，里歐・狄更生（Leo Dickinson）帶著一支英國團隊準備為我們拍片，作為攻頂見證。為了紀錄最後一段路程，我負責把相機背到峰頂。後來，販售影片版權所賺得的錢，足以抵銷遠征很大一部分的費用。

　　在我準備出發前往聖母峰挑戰不戴氧氣罩攀登之前，針對我個人與我的點子而來的反對聲浪達到前所未有的高度，在電視上、在大型記者會上，都會出現反對者。他們覺得，我們或許可以成功在沒戴面罩的條件下登上聖母峰峰頂，但沒辦法順利歸來，即便回來了，也完全變成殭屍了吧。當然，不可諱言地，這些言論、質疑與攻擊不可能不對我們造成任何影響，它們稍微澆熄了我們的熱情。可是，我仍然想要嘗試，想要反所有厄運預言而行。

　　逆流而泅不只激發我對這項行動的懷疑，事實上，奮力抵抗外界許多聲音反而同時讓我時刻充滿力量，而且不只是在山上，在生活其他方面亦然。我不想以挑釁的回應方式來向我的批判者證明我是正確的，我想要用嚴謹的證據說服他們，不戴面罩也一定有辦法登上聖母峰。

　　於是，1978 年春天，我跟彼得與奧地利聖母峰遠征隊一起前往基地營。基地營海拔 5 千 4 百公尺，當時仍有許多積雪，天寒地凍。大約早上 5 點時，寒氣爬入睡袋、鑽進身子，使人再也無法暖

希拉瑞在1953年首次攀登中,解決了一項或許是登山史上最大的問題。25年後,梅斯納爾證明不戴氧氣罩同樣有辦法登上聖母峰。

身。那時候,站在這座雄偉大山的山腳,上方是不斷開裂的冰溝,我愈來愈沒有把握,認為我們的力量不夠,沒辦法在更高處戰勝寒冷、戰勝缺氧、戰勝恐懼;儘管如此,我對生命依然無所畏懼。出發前,我預想到所有在這兩個月的遠征途中可能朝我襲來的痛苦與掙扎,不過那些經常攫住我的膽怯,在幾個星期內便消逝無蹤。

　　我在四月底就登上南鞍了。彼得身體開始不適之後,我嘗試獨自攻頂,與我同行的還有兩位雪巴人——安 · 多吉(Ang Dorje)與明瑪(Mingma)。但我們被暴風雪困在南鞍上兩天兩夜,這是我第一次體會必須在海拔 8 千公尺、沒戴面罩的情況下存活意味著什麼。那幾天裡,我一心只想要活著回到山腳下。可是,我同時也

後人於聖母峰北壁發現馬洛里的屍體；很顯然地，1924年時，馬洛里與安德魯‧歐文（Andrew Irvine）的繩索小隊並沒有成功登頂。

愈來愈堅信，如果天氣好的話，我們一定有辦法爬到比南鞍最後營地更高的地方。

　　繼奈爾茲和羅貝特‧紹爾（Robert Schauer）、我們的嚮導安‧浦（Ang Phu）跟攝影師霍斯特‧伯格曼（Horst Bergmann）登頂之後，我和彼得在 5 月 8 日等到時機，跟英籍攝影師艾瑞克‧瓊斯（Eric Jones）一起攀上南鞍，並在那裡紮營。隔天一大清早，我們冒著暴風天候繼續向前。

　　我們刻意挑南鞍作為出發點，這樣才能把在海拔 8 千公尺以上停留的必要時間壓到最短，也才可以避免在沒有面罩的情況下在 8 千 5 百公尺處紮營。這個策略勢必是我們最終能夠成功的一項關鍵。假如我們跟以往多數遠征一樣，分成兩段攀升——先從南鞍爬到 8 千 5 百公尺、在那裡紮營，再攻頂、回程——那我們肯定沒辦法成功。因此相較之下，如果我們以正常速度前進，把在上面停

留的時間縮到最短，那我們必須忍受高海拔的風險就會降低。

　　從南坳到峰頂大概花了我們 8 小時。最後一段路由我領先、幫彼得拍攝；他登上希拉瑞台階和峰頂的樣子，那一幅幅撼動人心的畫面、充滿戲劇張力的時刻，都被捕捉在影像之中。直到今天，當我看著那些照片，那些景象仍會瞬間活過來。我們恍恍惚惚地坐在那個一心一意想抵達的最高點，那一刻，一切都不重要了。

環境與當地文化的破壞

道格・史考特

　　除了通往聖母峰、K2 峰的路徑及安納布爾納峰周遭的路途之外，沒有什麼證據確切指出觀光客「污染」喜馬拉雅當地環境。在那裡或許會看到鐵鋁罐和紙片，但對當地人來說，它們就如字面上的意思一樣，只是鐵鋁罐和紙片，不是垃圾！「垃圾」是西方的詞彙，垃圾是無可避免的。

　　那裡的人只是微乎其微地向消費社會靠近，在聖母峰攀登路徑上甚至只有一棟由外國商企樹立的建築——「日本飯店」——現在也為了存活掙扎著，甚至可能即將倒閉。喜馬拉雅山脈受觀光產業掠奪的程度，可能永遠都不會像阿爾卑斯山脈的處境那樣；由於基本生存必要條件——氧氣——的缺乏，阻礙了供給短期觀光客之設施的建造。

　　我在 1975 年造訪「日本飯店」，遇到一團從西雅圖來的年長婦女。她們先飛到加德滿都，在那裡搭直升機，很快就被載到附

近這間飯店的私人停機坪，接著有人替她們配戴氧氣裝置，她們坐上犛牛、沿著舖好的石徑前往飯店。到了飯店，她們戴著氧氣罩坐在這裡，望向窗外拒絕從濃霧中現身的聖母峰。她們每晚多付 10 塊美金，便能在夜裡睡覺時享有氧氣輔助。隔天早上，她們步履蹣跚地走下小徑，回到直升機，再搭上前往泰國的班機，喃喃自語地說：「噢，天啊，早知道會是那樣，我就絕對不會來了。」她們完全沒有親身踏上加德滿都的土地，也幾乎沒有吸到那裡的空氣。

　　我們許多人可能會犯的第一個錯誤，是帶著刻板印象把雪巴人想成某種無法為自己做出決定的次等物種。依蓮 · 布魯克（Elaine Brooke）和湯姆 · 雷爾德（Tom Laird）正確地提醒我們，佛教信仰在雪巴人的生活中扮演著核心角色。當他們去登山，可能會違反他們的信仰及佛教中的階級。不過當然，如果忽略教條，對我們所有人而言，其實有許許多多通往「唯一真理」的宗教途徑，正如世界上有形形色色的人一樣。雪巴人尤其滿是嫉妒地保護著自己身為個體的權利，而我認為，人們應該將他們視為個體，依此對待、尊重他們。這個道理適用於喜馬拉雅山脈上的所有人。

道格 · 史考特（Doug Scott）
摘自《山》（Mountain）

下山路程十分戲劇化。彼得匆促地離開峰頂，不時以屁股著地的方式溜回南鞍。我在上面多待了一會兒，拍攝、觀看、用錄音帶錄下一些話。透過這些紀錄，我希望能把從峰頂到基地營的體驗更「忠實」地保存下來，畢竟，沒有什麼能比我們自己的記憶更會騙人了。

　　當我也準備回程時，看到彼得已經在我下方很遠的地方變成一個黑點了，而我依然不疾不徐。但抵達南鞍的時候，我的眼睛開始

感到劇烈疼痛──稍早拍攝時，為了看得更清楚，我三番兩次地把眼鏡拿掉，因此引發雪盲。攻頂後的那天晚上，我在海拔 8 千公尺處的帳篷裡飽受折騰，疼痛的感覺嚴重到有時候我只能坐著、含著眼淚才勉強忍耐──哭的時候症狀會稍微緩解，比較不會那麼痛。

到了隔天，天氣依然暴風不止，我的視力只能辨別出大致輪廓，要繼續往下爬變得頗為困難。當時也是彼得走在前面，我一路緊抓著固定繩索，憑著感覺摸下山。彼得先到三號營等我，我們在那裡稍作休息後，彼得接著再度領先出發，我獨自爬回洛子岩壁腳下。謝天謝地，他在那裡同樣停下來等我，因為他跟我一樣也需要幫助；他從南峰溜下來時扭傷腳踝，腳步因此變得不穩。抵達二號營時，我們兩個就像傷兵一般，但同時也是驕傲的贏家──我們推翻了所有的警告跟自以為是，成功在沒有人工氧氣輔助的情況下爬完聖母峰了。

如同以往的遠征，這次也有一些聲音質疑我們的成功，但我們能夠一而再、再而三地證明無氧氣罩攀登的可能性。唯有當其他人也成功在不使用人工氧氣的條件下登上聖母峰、唯有當這種形式的 8 千公尺高峰攀登變得理所當然，那些讒言才會停止。

1980 年，距無人工氧氣的聖母峰首攀兩年之後，我達成首次獨攀。我不是要拿這個第二趟聖母峰遠征來證明我的第一趟，或是展現自己沒有「英雄」彼得 ・ 哈伯勒爾也能攻克聖母峰 ──都不是。我會踏上這次遠征，是因為我相信自己可以比 1978 年再往前跨出一步。一方面，當時我開始玩一個新遊戲，就是認識所有季節

樣貌的8千公尺高峰；另一方面，我還不認識西藏。我已經在春天、夏天、秋天去過喜馬拉雅了，但還不曾在雨季、冬季造訪。

　　當中國政府「開放」西藏讓登山者遠征時，我立刻著手申請許可。保守地說，這個國家讓我驚豔的程度至少能夠跟8千公尺高峰相提並論。此外，就歷史而言，聖母峰北側是我認為世界上數一數二有趣的地方。我對這趟遠征之旅抱著史無前例、後無可比的高度期待。在北京取得許可證的那一刻，我是多麼地開心啊！我必須在1980年7月抵達聖母峰的絨布側，也就是英國人在20、30年代嘗試攀登過五、六次的岩壁。

哈伯勒爾攝於聖母峰冰溝。攀下這段路程後，哈伯勒爾和梅斯納爾便分開行動。

這次跟我同行的只有我女友內娜 · 霍爾金（Nena Hòlguin），但必須要有一位隨隊官員跟一位口譯員陪同前往基地營。所以這個編制算是迷你遠征，但比起以往所有行程，這次行動卻花了我最多錢，甚至超出之後能夠從中賺回的額度——舉辦講座、出版《水晶地平線[2]》（*Der gläserne Horizont*）、簽定企業合作契約都沒辦法。即便如此，我還是去了聖母峰，因為西藏和獨攀聖母峰對我來說非常重要。每當我想出一個點子，我從不問是否值得，做就對了。

那時候正值雨季，但我到聖母峰上很快就認清，只有等雨稍停幾天，才真的有可能進行攀升。我迫不及待地等著踏入那又深又厚的新積雪，我需要良好雪況。我先嘗試爬到北鞍，雖然成功達成，但也讓我明白在深厚的雪地泥濘中攀登有多麼危險。於是我回到基地營，在西藏的西部進行一些健行跟探索行程，等到 8 月才再回來。

終於讓我等到幾天晴朗的日子了。我稍微猶豫了一下，因為我不知道這究竟是不是「雨季的中場休息」。接著，我們從基地營攀升至 6 千 5 百公尺的前進基地營——犛牛也可以上到這個高度——但我只有為了儲放物資爬上去一次，幾小時後又回到內娜的營帳。隔天，我從那裡登上北鞍，再一路挺進海拔 7 千 8 百公尺位置。

我知道在聖母峰上必須動作快，我在南迦帕爾巴特峰進行首次 8 千公尺高峰獨攀時，就學到這一課了，而我也因此被迫採取這種風格。既然我必須獨自攜帶所有東西，我勢必得限制自己，包括工具、食物、貴重物品，還有時間。

第一天，我攀升非常高，但還是不夠在兩天內爬完這座山。到了第二天，我發現原本計劃的攀登路線，也就是馬洛里當初選擇的路線，由於東北稜線下方凹陷處堆了極為大量積雪而無法通行。所以我繞到右邊，走另一條我在基地營研讀過的可能路徑。正如我前面說過的，我在聖母峰的北側也先把入山口、出山處都仔細觀察過，才敢真正跨出最後一步──「第一步取決於最後一步，而最後一步取決於第一步。」

於是，8 月 19 日，也就是攀升第二天，我橫越了整座北壁，並於 8 月 20 日抵達諾頓雪溝（Norton-Couloir）。大雪溝其實沒有特別陡峭，但很危險。我攀越大雪溝，到達一片比較平坦的地形，覺得自己已經到上面了。而峰頂稜線的最後一段路看似永無止盡，我的速度已經慢到開始覺得山的尺寸好像在不斷擴張，也因此感到絕望。在最後的幾公尺裡，我再也無法拖著自己的身軀邁向最高點，而是靠著手臂和膝蓋作為支撐，匍匐抵達。

那段經歷堪稱永無止盡的痛苦，我一生中從來沒有像當時在聖母峰峰頂一樣那麼疲累過。我在那裡坐了好一陣子，忘卻一切。我過了好久都無法、也不想下山，最後才逼自己開始回程。我知道，我的體力已經到達極限了。

在獨攀聖母峰北側時，我並沒有冒太多風險。但在第一天離開前進基地營後不久──當時仍是夜間──我在北鞍下方不遠處，跌落 8 公尺左右，摔入一道裂縫裡。我陷入生死危機，但我憑著一些運氣和一些技巧讓自己脫困，很快就把那次意外解決掉了。

存活——獨攀聖母峰

克里斯・鮑寧頓

萊茵霍爾德 · 梅斯納爾身為阿爾卑斯式登山家的獨特重要性，在他獨攀聖母峰的行動中顯露無遺——那或許是他所創下最優美的成就。他結合開創精神及無畏無懼，再加上心態健康的現實考量。當他勇於挑戰看似不可能的任務的同時，這項能力也讓他能夠分析每一項計畫，並有效地去實踐它們。

這些都可以在萊茵霍爾德面對聖母峰的方式中見得。挑戰獨自一人一口氣登上地表最高峰的想法，壯闊而龐大，需要一連串的創意階段才不會對這項命題感到絕望。他於 1978 年（與彼得 · 哈伯勒爾）在無氧氣罩的條件下攀越南坳路線，這是他的第一步。而這項行動本身便已是跨入未知的一大步，也是證實人體是否能夠不仰賴瓶裝氧氣輔助、成功抵達 8848 公尺很重要的一步。

不過，最重要的是，萊茵霍爾德必須習慣在廣大喜馬拉雅之中的孤獨。在這方面，獨攀南迦帕爾巴特峰的經驗讓他對自己有把握。他知道，即便獨自在喜馬拉雅攀登 8 千公尺高峰會為精神與身體帶來極大負擔，但他依然有辦法面對。

當他把無氧氣罩攀登聖母峰的經驗，結合從南迦帕爾巴特峰所得到的自信，就可以再往前跨出另一步了。有了這般「全副武裝」，他便勇敢著手執行他的新行動。他活生生地迎向登山的終極挑戰。在這個「存活」堪比藝術的地區，他突破重重障礙，而在獨攀地表最高峰這項行動裡，他的速度、安全與決心，幾乎讓人忘記那些阻礙實際上有多麼巨大。

克里斯 · 鮑寧頓
（聖母峰登山家兼遠征隊隊長）

從北鞍回到基地營的路上，那些鬆軟的雪把我搞得心煩意亂，滑行、跌倒的時間比我攀登的時間還要多。不過這樣確實比較不危險，因為我覺得自己像隻貓一樣，仍有辦法運用手臂跟雙腿來保持協調，有技巧地躲過石塊與裂隙。

一直到了山腳下，當所有危險、所有辛苦都已經落在身後，當我確定再也不可能墜落、再也不會因為精疲力竭而亡、再也不會凍死之後——直到那一刻我才倒下。現在，我再也不用憑感覺在霧中前行、再也不必匯集所有意志來踏出每一個令我灰心喪志的步伐。一路上，我有辦法在依然危機四伏、依然上下迭起的情況下維持體力，但一旦這一切都已經被我拋於身後時，我就玩完了。

等我爬完第二次聖母峰，很多朋友知道我已經達到身體能耐的極限，都建議我不要再繼續爬大山了，我媽媽也是。不過我還是沒有照做，我正值中年，感覺很健壯。最重要的是，獨攀聖母峰讓我清楚體認到，如果運用這種策略，我簡直可以在彈指之間就登上規模比較小的山峰。此外，我也知道，如果在矮一點的山上提高挑戰難度，那我同樣有機會可以探索自己的極限。

1　本書原文為法文，於 1952 年出版。目前尚無中文版，英文版標題為《*Mount Analogue: A Novel of Symboloically Authentic Non-Euclidean Adventures in Mountain Climbing*》（於 1959 年出版）。
2　本書原文為德文，目前尚無中文版，英文版標題為《*The Crystal Horizon*》。

位於聖母峰南側寧靜之谷（Tal des Schweigens）的第二高地營（約6千4百公尺；攝於
1978年）。

聖母峰
發展史重要日期

地理位置：東尼泊爾、西藏交界
馬哈蘭格 · 喜瑪爾（Mahalangur-Himal）
（坤布 · 喜瑪爾〔Khumbu-Himal〕）
東經 86° 55'，北緯 27° 59'

1921~1947 幾位英籍登山家試圖從北邊登上聖母峰（珠穆朗瑪峰）峰頂。他們選擇西藏路線，自東絨布冰川（Ostrongbuk-Gletscher）出發，穿越北鞍部與東北稜線。

1952 愛德華 · 懷斯－杜南（E. Wyss-Dunant）與加布里爾 · 謝瓦萊（G. Chevalley）率領兩支瑞士遠征隊。他們在第一趟時，經由日內瓦支脈（Genfer Sporn）及約略海拔 8595 公尺的東南稜線，抵達南鞍部。第二趟路線則經過洛子岩壁抵達南鞍部；此後成為經典路線。

1953 在約翰 · 杭特（J. Hunt）率領的第十趟英國聖母峰遠征旅程中，艾德蒙 · 希拉瑞與雪巴人丹增 · 諾蓋於 5 月 29 日創下

首度攻下世界最高峰的紀錄。湯姆 ・ 布爾迪倫（T. Bourdillon）與查爾斯 ・ 埃文斯（C. Evans）抵達海拔 8760 公尺高的南峰。

1956 由亞伯特 ・ 耶格勒（A. Eggler）所帶領的瑞士遠征隊，在恩斯特 ・ 施密德（E. Schmied）與尤格 ・ 馬密特（J. Marmet）、杜爾夫 ・ 萊斯特（D. Reist）與漢斯盧迪 ・ 馮 ・ 君滕（H. von Gunten）的繩索技術團隊伴隨下，創下第二次成功登上聖母峰的紀錄。

1963 諾曼 ・ 迪倫弗斯（N. Dyhrenfurth）率領的美國遠征隊，在威利 ・ 安索德（W. Unsoeld）、湯姆 ・ 洪貝恩（T. Hornbein）伴隨下，首度成功跨越聖母峰——他們攀越西稜，由東南稜線下山。此外，詹姆士 ・ 惠特克（J. Whittaker）與雪巴人那旺 ・ 貢布（N. Gombu），以及巴瑞 ・ 畢紹普（B. Bishop）與路特 ・ 傑斯塔（L. Jerstad），經由東南邊的路線前後完成兩次登頂任務。

1975 在久野英子（E. Hisano）率領的日本女子遠征之旅中，田部井淳子（J. Tabei）在雪巴嚮導安 ・ 慈仁（Ang Tsering）的伴隨下，成為首位登上聖母峰的女性。

藏人潘多（Phantog）與中國遠征隊的另外八名登山家，經由北脊攻頂，成為第二位登頂的女性。

由克里斯 ・ 鮑寧頓所帶領的英國遠征隊從西南面登頂成功：道格

爾 · 哈斯頓（D. Haston）與道格 · 史考特、彼得 · 博德曼（P. Boardman）與雪巴人普天巴（Pertemba）抵達最高點；米克 · 白克（M. Burke）於峰頂失蹤。

1978 5月8日，萊茵霍爾德 · 梅斯納爾與北提洛人彼得 · 哈伯勒爾首度在沒有人工氧氣的狀態下，由一般路線（第14次攀登）攻頂。他們加入由沃爾夫岡 · 奈爾茲率領的奧地利聖母峰遠征隊，隊上的6名團員中，萊茵哈德 · 卡爾是第一位登頂的德國人。

1979 一支南斯拉夫遠征隊成功由西脊攻頂（迄今最困難的路線）。

1980 一支波蘭隊伍創下首度於冬季攀登的紀錄。一支日本遠征隊在絨布（Rongbuk）分為兩小隊，其中一小隊創下首次橫越北壁攻頂的紀錄，而第二支小隊成功複製由北脊與東北稜線攀登的經典路線。加藤保男是第一位兩度攀登聖母峰的非雪巴人。

在一趟波蘭遠征之旅中，登山家首度登上南柱。

8月20日，萊茵霍爾德 · 梅斯納爾成為首位沒有攜帶人工氧氣設備、獨自攻頂的人，他的路徑越過北鞍部，並包含部分山峰北壁新路線。

1982 由依弗格尼・塔姆（E. Tamm）率領的蘇維埃遠征隊在雨季前「進攻」西南柱，共有 11 位男性登山家經由這條新開發的高難度路線進行 5 次攀登。

在日本冬季遠征途中，有兩位登山家罹難喪生：加藤保男（攻頂之後）及小林敏明（T. Kobayashi）。

1983 美國登山隊攀越東壁，日本登山隊攀越南柱。

1986 瑞士登山家艾哈德・羅瑞坦（E. Loretan）與尚・托耶（J. Troillet）於 8 月登頂時，攀越北壁的隘谷及洪貝恩走廊（Hornbein-Couloir）。

1994 日本登山隊成功於冬季複製鮑寧頓路線。

1995 在神崎忠男（T. Kanzaki）率領日本大學所進行的大規模聖母峰遠征途中，2 位日本登山家及 4 位雪巴人經由較長的東北稜線登頂成功，即彼得・博德曼與喬・塔斯克（J. Tasker）於 1982年失蹤的地點。

2000 達沃・卡尼查（Davo Karnicar）成為首位以滑雪方式下山的登山家。

2001 馬克・席飛狄（Marc Siffredi）以滑雪板行經大峽谷。

2003 在首度攀登的週年紀念日上，中國電視台現場直播登頂畫面；這項技術須於山上配置長達數百公尺的傳輸電纜，為一項技術壯舉。

2004 俄羅斯登山家帕維・薩伯林（P. Shabalin）、伊利亞・圖克瓦圖林（I. Tukhavatullin）與安德烈・馬利夫（A. Mariew）於北壁開發最短路徑（Direttissima）。

2005 法籍飛行員迪迪埃・德爾薩勒（Didier Delsalle）駕駛直升機至峰頂降落。在著陸的 4 分鐘期間，旋翼持續運轉以防止冰雪完全覆蓋。

2006 當年五月成為首度跨越疆界之月份：11 日，南韓登山家朴英碩（Park Young-seok）與雪巴人瑟拉・江布（Serap Jangbu）由北至南跨越疆界；18 日，瑞士登山家馬里歐・尤倫（M. Julen）與雪巴人達・尼瑪（Da Nima）以反方向完成。兩天後，義大利登山家西蒙尼・莫洛（S. Moro）在未取得中國當局許可的情況下，自尼泊爾一側翻越聖母峰至西藏一側。

2007　聖母峰攻頂觀光產業如今已發展完全，而當年度的熱門季節達到鼎盛狀態，共有 604 登山者前來攀登，總計 630 次攀登。

2008　在北京奧運準備期間，聖火火炬由西藏傳至聖母峰上。5 月 8 日，由 28 人組成的中國遠征隊抵達峰頂；聖母峰因安全考量進行封山，未開放給其他登山者。為此，尼泊爾也達成協議，軍方協助確保南方二號營以上範圍無人進入。

2009　在朴英碩的率領下，一支南韓隊伍成功由西南壁完成首度攀登。

2013　針對可適用的登山規則進行查核：未來前往聖母峰的登山客的經驗與技術知識是否將更受重視？自 2014 年起，政府官員將於基地營審查遠征行程——這則令人難過的新聞是由高山滑雪活動所導致的後果！

2015　一場地震引發雪崩，於基地營造成許多傷亡。

約瑟・克諾帶領一支雪巴人團隊穿越坤布冰溝（Khumbu-Eisbruch），他們在更高處的岩柱迷宮中運用到梯子與登山杖。

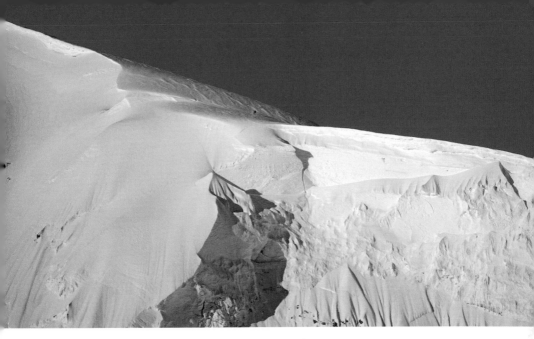

梅斯納爾獨攀至略高於北鞍部的路段（1980年8月18日）。

穿戴氧氣面罩的奧斯瓦爾德・奧雷茲，攝於駐紮在南鞍的營地（1978年5月10日）。

上圖：1978年，梅斯納爾與哈伯勒爾在三腳架上綁上繩索及相機電池；梅斯納爾攜帶該相機完成首次無面罩攀登。

右圖：梅斯納爾於北脊準備首次宿營（1980年8月18日）。

左圖：由坤布冰瀑較高處所拍攝的聖母峰與洛子峰（位於南鞍之間）。

5 K2峰

8611 公尺
山中之山

K2 8611公尺

K2峰或許可說是最美的8千公尺高峰。若將各座最高峰上最簡易的路線相比,那在自助遠征的條件下,它或許也是最困難的一座。1979年,梅斯納爾嘗試探索南壁失敗後,採取歷史上首次攀登路線(1954年阿布魯齊稜線)。

如今K2峰擁有將近10條不同路線,外加一些變化路線。西壁、北壁及東壁是最適合進行首次攀登的地點。

上一頁雙頁面:K2峰南面。1979年,梅斯納爾與弗里德爾·穆施萊克納曾前往探索南壁(山壁中段),並於大冰峰折返。

喬戈里峰
孤獨的雄偉之峰

「活著代表挑戰，活著等同冒險，『To live is to risk』。如果不冒險，也就不算活著。」

查爾斯 · 休斯頓（Charles Houston）

1979 年，在我沒有攜帶人工氧氣登上聖母峰的隔年，我想去的目標是 K2 峰，亦即巴提語裡的喬戈里峰（Chogori）。這次，我不止想再次挑戰不戴面罩攀上這座 8 千公尺高峰，也希望能更往前跨出一步，計劃以小型遠征的方式，依循高難度路線攻下地球上第二高峰。為此，我挑了南柱，從峰頂直落哥德溫－奧斯騰冰川的路徑，也就是我們所稱的「魔術路線（Magic Line）」。

過去從來沒人想過要在首次攀登一座大山時劃下直線路徑，而對我來說，這種可能性不單只是登山技術的問題，事實上，這項創意行動已經盤踞在我心中好幾年了。我們看不到那條路線，但它確實存在。作為一條「有生命的路線」，它一直都在——「無」之所以有，是因為人們把攀登想像為自己浮現的路徑。

165

這趟 K2 峰遠征之旅中，與我同行的有義大利籍登山家雷納托‧卡薩洛托（Renato Casarotto）與亞歷山德羅‧戈尼亞（Alessandro Gogna）、南提洛的弗里德爾‧穆施萊克納、德國的米赫‧達賀和奧地利的羅貝特‧紹爾。此外還有隨隊官員穆罕默德‧塔希爾（Mohammed Tahir），以及負責替德國新聞雜誌《明鏡》（*Spiegel*）進行研究的記者約亞希姆‧霍爾茲根（Joachim Hoelzgen）。

我們在前往目的地路途中浪費了許多時間。當時仍無法從拉瓦爾品第搭乘吉普車或巴士前往遠征真正的起點斯喀杜，只能仰賴飛機，從巴基斯坦首都飛過去。6 月初時，我們也在巴爾托洛冰川那裡跟大雪拼搏，所以抵達山腳下的時間比預期晚了許多。

我們原先計劃往西繞過 K2 峰，到 K2 峰西邊的安格盧斯峰（Angelus）後方搭建基地營，再從那裡向東前往安格盧斯峰和 K2 峰之間的鞍部，即薩伏依冰川（Savoia-Gletscher）及內格羅托冰川（Negrotto-Gletscher），那裡才是南柱真正的起始處。而當時的過渡營就跟我們行進間每天沿途搭建的一樣，位於哥德溫－奧斯騰冰川上，約略是 25 年前、1954 年那支成功攻下 K2 峰的義大利大規模遠征隊所駐紮的地點。然而，從這座南方基地營到預定基地營的途中，我們有一位挑夫意外喪生。

回顧事發當時，我們準備出發的早上，因為我知道最後那段路程很危險，路的兩側都是裂隙，於是我下令禁止任何巴提挑夫偏離路線，而我自己領先在前開闢安全路徑，但並不是所有人都遵守我

的指令。有一個挑夫違反我的指示離開路徑，稍微往冰川那邊走去，然後墜入一道裂隙。我們立即展開搜救，紹爾沿繩垂降到裂隙裡，但那位挑夫在墜落過程中便受到致命傷害，已經沒有生命跡象。

雖然人家常說，如果任何隊員不幸死亡，遠征行程就得取消，但我自己從來沒這樣做過。一方面，是因為我在 1970 年南迦帕爾巴特峰和 1972 年瑪納斯盧峰上遇到的意外，都是在下山途中才發生，而在這種情況下終止行程，等於是放棄自己。至於另一方面，我不覺得在有人喪命之後取消遠征行程，會對傷亡的事實帶來任何幫助。另外也有一些隊伍是，如果遇到「老爺（Sahib）」──也就是歐洲登山者──落難時，會選擇停下行動，但如果是挑夫就不會；我永遠無法理解這種不合時宜的做法。

挑夫喪生的意外把我們嚇壞了，我們聯絡他的家屬，向他在拉瓦爾品第受保的單位通報這起意外。我在事發後幾小時內，決定取消前往內格羅托冰川的行動，返回南方基地營。我們想要先回去那裡紮營，避免發生更多危險。

K2 峰是第二高的 8 千公尺高峰，而且或許是最危險的一座。如果我們的首要目標是不希望攻頂失敗的話，就必須放棄攀越「魔術路線」的計畫。我們一開始便出師不利，我們知道已經不再有足夠的時間可以準備了。此外，有一支法國大型遠征隊預計在幾週後前來，想要跟我們嘗試同一條路線，但他們的預算是我們的十倍，隊員也比我們多好幾倍。如果我們已經開始攀登南柱一小段路了，

就代表我們已經幫那些法國人準備好路徑,然後等著被他們超越。此外,我不喜歡在首次攀登時,跟別人並列行動,我傾向避免這種狀況發生。

除了當時隊上最弱的卡薩洛托之外,整團都跟我的想法一樣,認為應該避開風險,選擇當初完成首攀的登山家所走的阿布魯齊稜線路線。即便是走這條路線,我們也有嘗試新紀錄的機會——在我們之前,還沒有人以如此小型的隊伍爬過 K2 峰。

途中仍時不時看到兩年前一支日本登山隊留下來的繩索,但大部分的安全設施還是必須重新架設。我們總共搭建了三個小型高地營,並在海拔 7 千 4 百公尺的「黑色金字塔(Schwarze Pyramide)」頂點以下一路設置固定繩索,以確保在最糟糕的暴風天候中也能找到回程的路。於是,7 月 11、12 日,我跟米赫趁著第一波的好天氣,以時下最經典的阿爾卑斯式登山法,從那裡登上 K2 峰峰頂。

我們在大山肩上紮營,大約只在華特・博納蒂與罕薩(Hunza)挑夫阿米爾・馬赫迪(Amir Mehdi)1954 年蹲伏的位置下方不遠處;當年,他們替自認是攻頂繩索小隊的隊友送上氧氣,以完成最後幾百公尺的路程。紮營當晚冷得要命,但早晨為我們帶來很棒的天氣。離開帳篷後,我跟米赫攀越崩雪坡進入「瓶頸(Flaschenhals)」。這條狹窄通道介於垂直冰脊與陡峭岩崖之間,迫使我們必須沿著左側攀爬。就這樣,經過好幾小時的艱辛之後,我們抵達了廣表無邊、覆滿白雪的峰頂三角地帶。

那天天氣晴朗、萬里無雲，躺在我們腳下的其他座山和山谷有如黑白照片似的，不綠、不紅、不黃，只有天空是藍的。隨著我們爬得愈高，那些顏色變得愈深，到最後幾乎呈現黑色。峰頂在哪？當我們開始覺得永遠到不了最高點時，突然發現自己已經登上一片平原，就在一道山脊之外了──是峰頂稜線啊！而不久後，我們兩個就在午後陽光中，站在最高點處。

但我們沒有在上面待太久，在傍晚之前就原路折返，回到最後紮營地。隔天，我們朝著三號營方向，奮力在濃厚的吹雪堆和霧中下山。我們在途中遇到戈尼亞、紹爾和穆施萊克納，這些夥伴當時在霧中等我們。雖然他們本來也希望能夠登頂，但由於天氣惡劣而決定放棄嘗試，跟我們一起爬回基地營。

K2峰峰頂金字塔。被「魔術路線」貫穿的冰質突角，將西南山柱路段劃分為兩部分，其中，阿布魯齊稜線位於圖中水平線的右後方，介於之間者為南壁（攝於1986年）。

從最後紮營地回到三號營的路程，或許是這趟遠征最危急的一段，我跟米赫隨時都可能迷路，途中也隨時都有雪崩的危險。我們就在強風狂襲的情況下，一步一步地尋找下山的路。終於聽到夥伴的呼喚聲時，我們開心不已，代表一定距離營區不遠了。他們為我們指引方向，大夥兒一起找到帳篷——那裡並不好找，但是從峰頂下來唯一能夠進入黑色金字塔的地方。

　　我們在當天就從頂端爬回阿布魯齊稜線的底部，很快就可以回到山腳下。接下來的路程由於到處都架有固定繩索，就沒有什麼問題了。雖然路線已經被吹到看不見，但我們還是有找到多年來早已被不斷踩踏成形的路徑。之後，我們接著繼續攀越冰川，晚上便順利回到基地營。

　　K2 峰不只是一座美麗的山，也是一座危險的山。K2 峰上曾發生過無數悲劇，其中尚有一些至今仍未釐清，而不少登山者能夠回到山腳下純粹是因為運氣很好。至於我們，則順利以小隊編制、且全無外界協助的方式非常迅速地爬完 K2 峰。我們以阿爾卑斯式攀登上半部算是一種測試；我想用阿爾卑斯式攀登 8 千公尺高峰的想法仍未獲得實踐，但它確實可行。

　　繼隱峰、道拉吉里峰及獨攀南迦帕爾巴特峰之後，K2 峰遠征是第四趟我自己籌備的 8 千公尺高峰行程。想要以財務自由之姿資助這些遠征並不是很容易，但我的經驗值也在增加——對，從這方面來說亦然。很顯然地，在我成功達成聖母峰任務之後，媒體與贊助商已經對我產生信任。而一次又一次透過我的供應商簽署記者會

合約、收取補助，都讓我能夠年復一年地撐起好幾趟遠征。而跟我同行的人只支付部分旅費，或是完全沒付錢。過去大家都必須為原始成本付出一些貢獻，如今事情變得簡單多了，我已經有能力為大家爭取遠征大部分的旅費。

存活──於霧中下山

亞歷山德羅‧戈尼亞

過了七年之後，我還剩下些什麼？是哪些經驗歷時這麼久？然後，身為一個旁觀者，看著這種經驗被乘以 14 次又讓我的記憶有哪些改變？萊茵霍爾德經常故意將自己放入極為困難的情境努力存活，就只為了能夠將自己對生命的觀點活到極致，但除了我對這件事的景仰之外，我試著把重點放在我也在場的那次經歷上，畢竟只有親身經驗算數。

我想到的是我們在 K2 峰上頂著暴風攀登的經驗。當時是在海拔 7 千 5 百公尺位置，我們猶豫不決、無法下定決心，使得我們無法回到三號營。我們在想要繼續攀登，或是去跟其他攻頂後夜宿四號營的人會合──他們現在或許需要我們。途中我們沒有說話，只有時不時停下來喘息、互相交換一下眼神。我們很憂心，三不五時呼喚他們，但由於風大，能聽到他們回應的希望微乎其微，正如同霧濃讓我們幾乎很難看到他們一樣。

我一邊攀登，一邊嘗試拋下一切理性思考機制。當我領先在

前時，我把注意力放在眼前絲毫無人觸碰過的白雪上；當我走在第二順位時，我盯著落在陰影下的腳印。忽然間，一些小雪球以幾乎無法察覺的方式滾過我身旁，我停下腳步往上看。這時，又有一些小雪球滑落！「是我們！萊茵霍爾德！米赫！萊茵霍爾德！」沒人回應。但滾下來的雪球開始愈變愈大，最後，兩幢黑影靠我們愈來愈近。

　　他們聽到我們的聲音了，趕緊朝我們的方向攀下來。看到他們兩個的時候，我非常激動，就好像我自己也成功登頂似的。我甚至感到非常滿足，很開心這趟遠征成功、很開心自己沒有被嫉妒吞噬。我記得在前一天晚上，當峰頂突然在眼前出現時，我的心情幾乎可說是失望。在那一刻以前，我都沒有懷抱任何個人目標，只一心為團隊付出。但在那之後，我覺得一定要為自己做些什麼，那讓我變得有點自私。然後，忽然間，在暴風雪中跟萊茵霍爾德和米赫一起爬回基地營的想法浮現。我沒有因此感到心煩意亂；當時我很擔心萊茵霍爾德跟米赫，他們兩個從那漫長、耗盡全力的行動歸來，身陷危險，而我們仍處於最佳狀態。七年後，1986 年的夏天，我們看到在 K2 峰發生的意外時，全都不寒而慄——13 人喪生，慘烈的悲劇。他們幾乎是因為在爭取存活的真正機會中犯下重大錯誤，其中，有兩位我們當年遇到的阿爾卑斯式登山家下落不明。

　　在我的觀點裡，這種意外會發生並不是因為個人缺乏經驗，反而是在於整體行為。如今人們要跟山對抗的東西，已經跟我們當時相差甚遠。現在的山，包含喜馬拉雅山脈的在內，都已經失去它們本身的意義了。過去人們要面對的是大自然的奧妙，但現在比較偏向在處理其他人，必須去對付他們，而這當中衍生的競爭十分折磨人。如果有人把征服高山這件事的價值歸零，那他們對山的愛也是零吧。如此一來，人與山之間的本能關係及平衡也就會慢慢消失了。隨著所有禁忌的消失，還有人們愈來愈不重視山這塊自然的一部分，那我們對於自己精神與身體極限的觀察必然也會消失。崩壞勢必會隨之而來，其中災難也包含在內。

　　或許這看起來是一篇苛刻的分析，但確實是我的真實經驗。

我在霧中下山的故事還沒結束，我不知道自己還要走多久才能真正下山。如今我問自己，這 14 座 8 千公尺高峰是否幫助萊茵霍爾德不再永遠受困於這場具有象徵意義的濃霧之中——在這我們的生命曾經交集的時刻。

亞歷山德羅 · 戈尼亞
（1979 年 K2 峰遠征隊隊員）

對我而言，理想遠征是沒有任何後顧之憂的旅程——相處融洽的團隊、為大夥兒籌備並資助一切的經理、所有人同等重視的目標，此外大家都享有自願負責特定任務（錄影、照相、寫日記等）的絕對自由，而在準備攀登時，也能採取民主投票方式訂定決策。

如今，相較於 1979 年，不只是 K2 峰，喀喇崑崙山脈其他較小的 8 千公尺高峰也都改變了許多。檯面下的競爭，還有許多阿爾卑斯式登山者無限自我膨脹的姿態，使得一切變得哄鬧而繁忙，讓我感到噁心。在山上的成就仍舊無法量化，最多只能質化吧。登山品質取決於人與山之間的抗衡，但數量卻是現在許多人為了與他人競爭而希望尋求的目標。人們不分青紅皂白地將時間與快速攀登放在優先位置，提高危險發生的可能，1986 年的 K2 峰意外便能證實這一點。

儘管現在有愈來愈多 8 千公尺高峰遠征行動，但這並不保證這項活動也變得比較安全了。由於許多團隊同時攀登一樣的路線，幾乎所有人都有機會落入較為危險、甚至可能威脅生命的境地。當登

山者並非處於最佳身心狀態，卻陷入這種情境時，他們喪生的可能性將提高好幾倍。總而言之，致命意外正在不斷增加。

關於 1986 年在 K2 峰上發生的多起意外，我並不敢貿然責備任何人。不過我還是堅信，所有想爬 8 千公尺高峰的人都應該自己準備路線，即使爬完洛子峰之後，我也是這麼想的。那些自己把帳篷背上山、自己架設固定繩索的人，對山有比較深入的認識，而不需要這些設施的人，也知道自己冒著哪些額外風險。山的難度、高度及我們的自身極限，讓我們完全無法在沒有外來協助的情況下，攀上超出我們能力範圍之外的地方。

可是，如果有一條路從山腳下到山頂都有人幫你準備妥當，一路上都備有足夠的帳篷與物資，那甚至連經驗缺乏、體能較弱的人，都可能會受到誘惑，朝死亡區域走去。那一切都是別人準備的，但那些人也不在乎；身為「寄生蟲」，他們不需要太努力就能爬上山。但當天氣驟變這種情況發生時、當體力衰退時，那跟在後面的第二個登山者就只能盲目地奔向死亡。

現在 K2 峰上約有 5、6 條路線，甚至已有人從中國一側進行攀登，但為什麼大多數人依然採取一般路線呢？許多遠征隊經常同時聚集在同一條路線，像是 1986 年南柱上的「魔術路線」，卻一直沒人去嘗試其他可能路徑。很遺憾地，幾支重疊的遠征隊就這樣同時挑戰 K2 峰南柱的魔術路線。他們可以有人先入山，但他們不是其中一隊先走，而是三支團隊並行進入。在 1986 年夏天在 K2 峰喪生的 13 人當中，卡薩洛托就是在那樣的過程中送命的。

喜馬拉雅山脈的祭神儀式，即「拉嘉洛（Lhagyelo）」。此儀式在啟程攀登前於基地營舉行（圖為由北方拍攝的干城章嘉峰）。

1979 年時，我邀請卡薩洛托參加我的遠征之旅，因為我認為他是當時中歐地區最厲害的古典登山家，曾在阿爾卑斯山脈和南美洲創下大膽的首次攀登紀錄。然而，在我們的團隊中，他的速度顯得太慢，在較高的山區根本幫不上什麼忙。與其說是助力，他比較像是我們的負擔。當時我放棄挑戰南柱的其中一個原因，就在於我無法仰賴他。1986 年，卡薩洛托又回到 K2 峰南柱。我不知道他是想「把這件事做個了結」，還是跟第一次一樣——「魔術路線」對他來說非常重要；我只知道他一定會失敗。卡薩洛托——當然，我很尊敬他——下山時在距離基地營不遠處，墜入一道冰川裂隙，因此喪命。聽到七年前曾經跟我們在同一座山上待了兩個月的人遇難，對我們來說是很難過的消息。

　　完成 K2 峰之後，我很強烈的感受到站上峰頂的意義為何，甚至比我先前爬過的任何一座 8 千公尺高峰都更深刻。《明鏡》將我們的遠征報導出來，為此，我必須上電視節目討論這趟旅程。成功攻下那麼多座山為我帶來響亮的知名度，但同時也有不喜歡我的人。當我在 70 年代中挑戰馬卡魯峰、洛子峰和道拉吉里峰失敗時，嫉妒我的人就減少了；他們好像無比樂見 8 千公尺高峰再也行不通似的。可是，當我在 1978 年成為連續爬完兩座 8 千公尺高峰的第一人時——包括無面罩攀登聖母峰及獨攀南迦帕爾巴特峰——他們對我的態度好像又冷掉了，我的內心也是。

　　到了 1979 年夏天爬完 K2 峰之後，反對我的聲量漲到新高，讓名聲同樣抵達全新巔峰的我感到前所未有地孤單。我的朋友跟我

漸行漸遠，媒體給出批判反應。雖然之前沒有任何人成功以這麼小的團隊編制、在這麼短的時間內登上 K2 峰，但這趟遠征被解讀成偏離我的風格——即使我們在攀登過程中沒有配戴氧氣罩，即使我們在山壁上段沒有搭建固定營帳、沒有固定繩索，也沒有挑夫協助。

我從來沒有想要當民族英雄，也很習慣被拒絕，但要在這麼多不理解之下邁開步伐，並不總是一件簡單的事。不過，要我去迎合那些批判者的誘因也不大，我寧可把自己的舌頭咬斷。比起做自己，被人認同對我來說並沒有那麼重要，即便這意味著，我必須獨自一人逆流而泅。

登山時，我從來不曾兩步做一步走。當你想要挑戰界線時，必須緩慢地去做、一步一步穩定而平靜地去做。如果匆促地一次跳過很多步，那你遲早會絆倒。

在聖母峰上，我們的團隊很大、很堅強——在我和彼得真正可以從南鞍出發、執行無罩攻頂任務之前，我們便把整個高山營帳鏈建立完成。到 K2 峰時，我們已經不是最先嘗試不攜帶氧氣設備的人了；一年前，由詹姆士‧惠特克（James Whittaker）率領的美國登山隊就已經成功在東北側完成這項嘗試。不過，我們是第一個以小型遠征隊編制完成無罩行動的團隊。但如今已經有人在 24 小時內攻下 K2 峰了；從基地營沿著已被踩平、也佈有別人設置的安全措施的路線，不背背包、快速趕向峰頂，好像已經變成理所當然的事，我們的方法再也沒有人會理解了。

相較於在 8 千公尺高峰上比賽「誰可以更快速地登頂？」，我更不喜歡的一點是，現在滿懷幻想與才能的年輕人沒有什麼機會可以獨立實踐他們的點子，因為現在 8 千公尺高峰上擠滿人潮，以至於幾乎找不到任何一條能夠全然獨佔、沒有別人架設的固定繩索、沒有其他人搭建營帳、沒有遺留儲備物資的路線。這些條件全都限制了個人經驗，但這種個人經驗才是登山的一切重點啊！

關於這件事，我們跟所有登山者都要為下一代負起很大的責任。沒有人有權利在這些 8 千公尺高峰上布下這麼多固定繩索、設置那些高山營帳儲備鏈，然後再把它們隨便丟在那邊。我們大家確實都有權利以自己所希望的方式、從所有想得到的路線登上這些山，但與此同時，我們也有義務把自己帶上去的所有東西都帶回山下。我們必須學會如何保持山峰原有的模樣，唯有如此，比我們晚來的人才能繼續體會它們那令人感到振奮、有趣的樣子，而山也才能如我們所需的那樣，持續為人們帶來引人入勝的挑戰，甚至為年輕登山家提供更多可能性。我們這一代──我已經說過很多次了──將不再是以爬過多少座 8 千公尺高峰、以多快的速度攻下它們來作為衡量標準，而是我們能為下一代留下多麼完整的山、多少原封不動的樂趣。如果南柱上的鉤子和固定繩索完全淨空，那它隔年依然一樣有趣；相反地，一道充滿安全設施的山柱不但會讓後人感到無聊，甚至會使人反感厭惡。

當我回顧 K2 峰時，有一個特別的時刻讓我至今仍深感共鳴，覺得是很鮮明的經驗。當時我還在峰頂但已經開始回程了，我望向

東邊，看到 K2 峰的影子把我下方的山巒罩住，成為一抹躺在喀喇崑崙山脈上的壯大黑影。而在峰頂的影子上，我看到一個小點——是我自己嗎？幾年後，我的小女兒蕾拉（Láyla）有天問我，為什麼我不等山躺下來睡覺時再爬上它們的頂端。K2 峰的翦影隨即浮現在我的記憶中。「對啊，」蕾拉繼續說：「當山早上起床的時候，你就會在上面了。」

假如山真的可以躺下來，事情就會變得那麼簡單，或者——多虧了我們的幻想——我們有能力以做白日夢的方式登上 8 千公尺高峰峰頂。如果我們想想人類的其他能力，我們就也可以毫不費力、安全無虞地抵達最高點。但只要我無法全然脫離這個物理世界，這些偉大的冒險就不該在腦中進行，它們只是在那裡成形罷了。

然而，我不甚理解的是，現在幾乎所有人都在走準備完善、早已被踏平的路徑；他們的目標不在於路程，而是「攻頂勝利」。

K2峰西南側。日本路線（1981年）落於山脊左側，而峰頂結構被右手邊巨大的帶狀區域（雪原）圍繞。在圖中右側的水平稜線上，可以看到「魔術路線」上段。

K2峰
發展史重要日期

地理位置：喀喇崑崙山脈、巴爾托洛慕士塔格山脈
（Baltoro Mustagh）
東經 76° 31'，北緯 35° 53'

1856 德國研究員阿道夫・史拉京維特（Adolf Schlagintweit）
登上慕士塔格通道（Mustagh-Pass）東部。

同年，英國測量官湯瑪士・喬治・蒙哥馬利上尉（T. G.
Montgomerie）於內喀喇崑崙距 K2 峰 200 公里外處觀測到「高峰
群」。他以 K1、K2……等，為可辨別的最高山峰編號，其中 K
代表喀喇崑崙。當地居民所使用的名稱「喬戈里峰」多年後才開始
為人所知，但在國際上仍以「K2 峰」一稱較為常見。

1861 英國哥德溫－奧斯騰上校廣為探索西喀喇崑崙大部分地
區；K2峰的第一張全覽圖（1:500,000）及入山方式描述皆出自他手。

1892 英國勳爵馬丁・康威於一趟研究考察之旅中前往 K2 峰
山腳下。

1902 奧斯卡・艾肯斯坦（O. Eckenstein）率領一支國際遠征隊嘗試由東北支脈攀登 K2 峰，成功探索哥德溫－奧斯騰冰川上段，並抵達颶風口（Windy Gap）。他們登上 K2 峰的最高高度估計為 6 千 2 百公尺。

1909 薩伏依（Savoy）公爵盧依吉・阿梅德歐（L. Amedeo）率領義大利遠征隊前往 K2 峰，於東南支脈（後稱阿布魯齊稜線）訂定出最佳攀升路線；團隊最高上升至 6 千公尺處。

1929 薩伏依－奧斯塔艾蒙內王子（Aimone di Savoia-Aosta）放棄實際登山目標後，轉而投身相關科學研究。

1938 由查爾斯・休斯頓帶領的第一支美國小型遠征隊攀越東南支脈（阿布魯齊稜線），並於山肩及「黑色金字塔」之間挑戰失敗，創下首度克服阿布魯齊稜線上關鍵位置的紀錄。

1939 第二支美國遠征隊由德裔美籍登山家弗利茲・威斯納（F. Wiessner）擔任隊長，在沒有使用氧氣設備的條件下行動。威斯納嘗試攻頂時，一度抵達 K2 峰頂下方海拔幾百公尺處。下山過程中，一位登山前輩與三位雪巴人不幸喪生。

1953 休斯頓再度帶領美國遠征隊前往 K2 峰。當他們攀越 7 千 5 百公尺時，天氣驟變，亞特・吉爾奇（A. Gilkey）身體不適。他們嘗試放繩下降，導致大規模崩塌，但所有登山者皆奇蹟似地被繩索攔住而逃過一劫，唯有吉爾奇仍下落不明。

1954 由亞狄托・德席歐（A. Desio）率領的義大利遠征隊創下首度成功攀登 K2 峰的紀錄。7 月 31 日，里諾・萊斯德利（L. Lacedelli）與阿奇里・寇姆帕紐尼（A. Compagnoni）在歷經漫長的攻頂行動之後，終於經由阿布魯齊稜線登上峰頂。

1977 一支共由 42 名登山家組成的日本特大型遠征隊，在吉澤一郎（I. Yoshizawa）的帶領下，經由阿布魯齊稜線攻下 K2 峰。

1978 克里斯・鮑寧頓所率領的英國團隊原先計劃挑戰西脊，但因尼克・艾斯考特（N. Estcourt）於雪崩意外不幸喪生而取消行動。美籍登山家吉姆・惠特克及兩支繩索團隊，經由東北稜線攻頂成功。

1979 梅斯納爾放棄原先攀登南柱「魔術路線」的計畫後，於 7 月 12 日與米赫・達賀經由阿布魯齊稜線攻頂成功，為史上第四次攻頂，同時創下首度以小型遠征隊編制登上 K2 峰峰頂的紀錄。一支法國大型遠征隊嘗試挑戰南柱失敗。

1981 一支日本團隊成功完成西脊首次攀登。

1986 當年夏天，共有六支隊伍前往 K2 進行遠征，包括魔術路線、南壁及位於南壁右段一道次級肋稜等首次攀登行動，其中有三名女性登山家登頂成功（包含汪達 • 盧凱維茲在內）。這座山當年奪走 13 條命（數量驚人！）。

1991 8 月 15 日，由皮耶 • 貝金與克里斯托弗 • 普羅菲（C. Profit）組成的兩人繩索小隊，由西北稜線上的一條變化路線攻頂成功。

1994 8 月，一支西班牙遠征隊成功完成北北西脊的首次攀登。其中兩位成員——阿佩拉尼茲（J. Appelaniz）與賽巴斯提安（J. S. Sabastían）——於 8 月 4 日登頂後，在下山途中受困於暴風雪中。歷經長達一週的拼搏，阿佩拉尼茲在距離基地營不遠處喪生。
首度嘗試由西北岩壁攻頂的是一支義大利遠征隊，但由於前方稜線過於困難攀登，他們在攀至岩壁終端之後決定折返。

1995 8 月 13 日，六名登山家成功登頂後，於下山途中遭到突如其來的高海拔暴風吹落山下。

1997 繼日本於 1981 年採取的遠征行動之後，另一支日本隊伍追隨同鄉前輩步伐，於西壁開拓出一條變化路線。

2001 卡莫蘭德與拉法葉一同依循史考特路線（即人們謬稱的捷森路線〔Cesen-Route〕）登上峰頂。

2003 繼 1987 ／ 1988 年的行動之後，當時身為波蘭遠征隊一員的喀日什托夫 · 維利斯基（K. Wielicki）再度挑戰首次冬季攀登失敗。

2006 繼義大利籍男性登山家創下首度攻克 K2 峰的紀錄之後，一名義籍女性登山家如今也成功登上 K2 峰——妮維斯 · 梅洛伊（Nives Meroi）在沒有使用瓶裝氧氣的條件下攻頂成功。

2007 由帕維 · 薩伯林率領的俄羅斯遠征隊於西壁開闢最短路徑，其中 11 名隊員登頂成功。

10 月 2 日，丹尼斯 · 烏魯布可與塞爾基 · 薩默伊洛夫由北側登上峰頂，為史上登頂行動中最接近年終的紀錄。

2008 8月1、2日，共有 11 名登山者於短短 24 小時內喪命。這一連串個人意外的災難可追溯至那些立志攻頂者的之間所發生的旅鼠效應（據傳旅鼠每隔一段時間會出現集體跳崖自殺行為，後證實為迷思，但衍伸至人類群體中缺乏理性思考的盲從行徑，尤指飛蛾撲火般的災難導向。）；瓶頸路段上方的冰峰斷裂意外導致固定繩索由定錨脫落。

2010 8月初，瑞典籍登山家腓德立克・愛立信（F. Ericsson）原先計劃由峰頂滑雪下山，但不幸摔落瓶頸路段，隨行的格琳德・卡爾滕布魯納（G. Kaltenbrunner）因此取消攻頂行動。

2011 卡爾滕布魯納於意外事發隔年，沿著北邊路線抵達峰頂，成為第一位以無攜帶瓶裝氧氣方式完成所有 8 千公尺高峰的女性。

2012 一支俄羅斯遠征隊挑戰冬季攀登失敗。當年夏天，K2 峰當日最高人數創下前所未有的新高，一度達到 28 人。

2018 維利斯基率領一支波蘭青年登山隊前往阿布魯齊稜線；烏魯布可亦參與其中，並於海拔 6 千 5 百公尺處以失敗作收。

2019 繼先前多趟 K2 冬季攀登行動失敗之後，一支俄羅斯與一支西班牙遠征隊同樣挑戰失敗。

前往K2峰的最後一處營地（1979年）。站在帳篷邊的是戈尼亞與霍爾茲根，而穆施萊克納與達賀位於帳篷內。

挑夫隊伍攝於隨時有落石危險的布拉多峽谷（Brado-Schlucht）。

前往K2峰的途中，巴提挑夫於肯考迪亞稍作休息，其中身穿藍色外套者為達賀。圖中上方為米特峰（Mitre-Peak）。

穆施萊克納攝於K2峰南壁紮營處（1979年）；圖中左後方為喬戈里薩峰（Chogolisa）。

梅斯納爾手持無線電坐在K2峰峰頂（攝於1979年7月12日）。

達賀正在攀越厚重雪層，前往K2峰山肩；圖中拍攝方向為東北方。

6 希夏邦馬峰

8046 公尺

最後一座高峰

希夏邦馬峰 8046公尺

C₂

C₁

ABC

希夏邦馬峰的範圍完全座落於西藏境內，為8千公尺高峰當中難度最低的一座，不過，若要在惡劣的條件下（大雪、濃霧等）攀升，仍可能會是個問題或甚至不可行。目前共有六條通往峰頂的路線（另有變化路線）。主峰位於更為南方處，從圖中視角無法觀測。

上一頁雙頁面：座落於西藏境內的基地營與希夏邦馬峰（攝於1981年）。

希夏邦馬峰
霧中迷途

「人並沒有『被召喚』去做任何事，也不具備任何『任務』
或『命定』，正如同植物或動物沒有任何『感召』一樣。」

麥克斯・施蒂納（Max Stirner）

　　如今，希夏邦馬峰已不再被視為最小的 8 千公尺高峰。如果從
北方朝南望去，希夏邦馬峰完全獨自矗立於大地之上，好似土黃色
西藏高原上一幢孤獨的異物。正因如此，我認為它是 8 千公尺高峰
當中數一數二優美的一座，堪比一幅表現主義畫作！

　　我們在 1981 年的遠征團隊，由四位阿爾卑斯式登山家，以
及兩位不是非常擅長登山的女性所組成，其中包含格哈德・鮑爾
擔任攝影師，還有最常跟我一起攀登 8 千公尺高峰的夥伴——人
稱「布勒」的奧雷茲醫生及穆施萊克納。在田部井淳子（Junko
Tabei）等日本女性登山家沿著一般路線登頂之後，我們在 5 月 10
日抵達基地營。

　　我們從北京的中國登山協會那邊取得許可之後，由北京出發，

沿途經過成都，抵達拉薩。在拉薩的市集和山間村莊裡，開始可以注意到中國政府現在准予西藏人的些微自由。接著，我們從拉薩前往日喀則，拜訪了當地的札什倫布寺，也就是班禪喇嘛所駐錫的寺廟，然後再移往一處海拔4千4百公尺高的谷盆，於定日停留大約10天進行高度適應。5月初，我們以駕車、健行並用的方式翻越西藏高原，抵達5千公尺處，並在希夏邦馬峰山腳下的一個溪谷小村莊裡搭建基地營。

我們的目的地——希夏邦馬峰北壁——約與馬特洪峰北壁同高，座落於一處平坦的冰河谷，為1964年中國登山隊攀升路線的起點。當年，他們隨後向左攀至東北岩壁「攻克」這座山；換句話說，他們以對角線路徑切過峰頂山壁。至於斜度，這條路線大約跟白朗峰布蘭瓦岩壁（Brenva-Flanke）的經典路線相當。

當然，我去爬希夏邦馬峰時也不想攜帶氧氣裝備、不使用固定繩索，也不雇請高山挑夫。我的計畫如下：我們想借助擅長攀登、適應高海拔的原生牛屬動物——氂牛——將配備從基地營帶到海拔5千8百公尺處，並在那裡駐紮前進基地營。接著，我們四個人再依循中國路線，從山壁底部出發。我們會在7千公尺處的峭壁下方設置一個小型儲備點，再高一點的地方也會需要一處小營區為峰頂路段做準備。

當時或許是因為海拔高度的緣故，格哈德・鮑爾身體出現不適，而我、布勒・奧雷茲和弗里德爾・穆施萊克納都處於良好狀態，但雨季比以往提前約兩星期，天氣阻撓了我們的計畫。儘管如

此，弗里德爾執意按照原訂計畫行動。他深知攻頂失敗、不得不回家的滋味，希望能夠勉強登頂。5 月 27 日清晨，雲層稍微散去，弗里德爾催促我們出發。我們在一般路線上經歷一番拼搏，冒著生命危險在暴風中抵達最後營區上方的 4 百公尺處。

事實上，繼續攀登根本毫無意義，我已經欺騙自己兩小時了，但雨季就是比往年提早兩週到來。如果我們沒有即時折返就太遲了，未來就會有人在這上面找到我們，正如我也發現過其他人一樣——那些登山者裹在連身羽絨裝裡，屍體被長年不融的冰永遠保存下來。

很快地，因為季風雨季而堆積數公尺高的雪層，將使我們的返程變成一場雪崩煉獄——當吹雪堆隨風而起、霧變得愈來愈濃，我們將再也無法定位方向。領先在我前方的弗里德爾的步伐笨重如牛，不斷對雪堆重重踩踏。那天早上不顧暴風摧殘、執意行動的人就是他，現在不願意放棄的也是他。矗立在我們眼前的峰頂，對他來說應該是某種平反；兩年前，他在幾乎抵達 K2 峰峰頂的下方位置失敗作收，如今他的最高目標——他的第一座 8 千公尺高峰希夏邦馬峰——又再度近在咫尺。可是，我的目標就只是一座位於峰頂下方 1 千 2 百公尺處的小帳篷，就是我們那天早上留下來的帳篷；我們勢必得回到那裡才有機會存活。

在我的所有世界最高峰遠征行動中，我從來不會哄騙自己，我一向清楚任何事都有可能發生，同時我也仔細研究在危機時刻該如何反應，將自己準備好能夠隨時面對危險。這就是讓我得以站上五

座 8 千公尺高峰——全部 14 座的其中五座——鳥瞰腳下的唯一方法。

但現在卻發生超乎預期的事件，雨季提前到來令我們大吃一驚，而要在狂暴的季風中攀登 8 千公尺高峰從來不是一件簡單的事。關於其他遠征的片段記憶紛紛在我腦海中飛竄而過。然後，我想到待在山下的人，我們四天前才跟她們道別，包括烏席（Uschi）——我跟她結婚六年了，她現在就在我們下方 2 千公尺處的基地營裡。當然還有布勒的妻子凡妮莎（Vanessa），她會用特殊望遠鏡在廣闊的北壁上找尋我們的蹤影，但在這座讓我們自己也無法看見任何東西的人間煉獄裡，她想必看不到我們。

現今的西藏

我們在西藏高原上整整橫跨了 1 千公里遠，途中我們全都很愛這片高原，其中有幾位甚至希望我們可以永遠待在那裡。除此之外，我們也希望西藏能夠再次變回過去曾維持幾百年之久的那個自由國度。

如果你在西藏待得久一點，一定再也無法忘懷那幅景緻——連綿不絕的山丘與透徹如鏡般的地平線。過了一座山之後，下一座可是在無窮遠的千里之外啊！但你就是會想繼續前行，進入下一處低谷——沒錯——再一直朝著遙遠的地平線邁進；你會想沿著溪流一路向北，認識這塊地球上最廣袤的高原的複雜水系。

我從來沒有到訪過任何其他國家像這裡一樣，如此燃起我想揭開其神秘面紗的強烈渴望。我想要深入潛進這片看似荒蕪、卻又好像承載著人類大哉問的一切解答的大地。這幅由些許色調繪

得活靈活現的地景，有如一劃永無止盡的線條，從早到晚都有白雲於上方飄過。至於那些白雲，若從下方仰望，就好像被刀截斷似的。

由協格爾曲德寺（Shegar Dzong）眺望一景。此修道院要塞位於協格爾鎮（定日附近），從要塞頂點可以看見珠穆朗瑪峰，其後則是歷經風霜的綿延山脈。

我想到西藏——這個國度被中國佔領之後，已經好久沒有開放給外國人進入，而我們現在也在這裡旅行長達一個月了；我們是第一批取得入境許可的人。自達賴喇嘛於1959年流亡、共產黨取得北京政權之後，這塊土地變了很多，讓我們既詫異又震驚。當地人告訴我們，曾為西藏信仰要塞的3千6百座修道院，如今只剩下13座，其餘都已遭到摧毀，許多僧人在中國勞改營裡殞沒。我在山下時，常問自己：這種事怎麼可能發生？一片被大自然如此完美

保護著的疆土，怎麼會遭人以這種方式摧毀？不過，我在那裡也看到，西藏老百姓還是挺過這些痛苦和磨難了，他們從未屈服於中國征服者，因此仍然保有部分自有。如今，他們能夠再次去做那些長久遭禁的事——他們被允許自由活動，而最重要的是，他們又能夠自由進行宗教活動了。北京賜予西藏人的自由程度，在中國境內其實是很不可思議的。或許，在執政黨領導人的眼中，享有較高自治權力的西藏，只不過是他們用來抵禦南方及西方勢力的堡壘。

當我們在山上奮力穿越那由季風雨季帶來的猖狂暴風時，這些思緒盤據在我腦中。到了早上 8 點，我們找到一個已經被扯裂的迷你帳篷，大風把粉雪颳入篷內，儼然形成一股如陀螺般的旋風。我們爬入積在裡面的雪堆裡，用背包把入口堵住。

中午時，布勒從位於較低處的營區過來找我們，當時的情況已經毫無希望。我和布勒曾一起參加聯合遠征隊攀登聖母峰，那我們應該在這裡宣告失敗嗎？可是，情況變得愈來愈具威脅性，陡坡由於雪崩而變得愈來愈鼓漲。我們必須離開營地——這是當年日本人遺留在 7 千 5 百公尺處的帳篷——然後回到我們前一天晚上搭建的小營帳。記得那時候，暴風整晚都在猛扯篷布，沒有任何一刻能夠睡著。凌晨 2 點時，外頭暴風依舊，弗里德爾朝帳篷外看了一下。「天空沒有雲了，」他說：「暴風很快就會過去了。」催促我們啟程的又是他。他十分堅信我總會招來成功，雖然我覺得那一點意義都沒有，但我沒說出口。我們 5 點出發，這次布勒沒有跟我們同行。

暴風朝著我們的臉丟擲冰晶，而天上還真的有星星。後來，我

攝於希夏邦馬峰峰頂山脊（1981年5月28日）。「我們上方只有暴風、下方只有濃霧；就外在而言，毫無前景可盼，唯有內在的經驗可言。」

們在北壁上的一道蝕溝裡，發現前一天晚上塌落的崩雪——算我們好運。我們攀越那道蝕溝向上，又翻過一些陡斜的岩塊，抵達山脊。我們又花了幾小時才爬到地勢比較平坦的地方，但與此同時，暴風又開始加劇，濃霧將我們團團包圍，能見度只剩幾公尺。「瘋了，」我想：「要在雨季裡登上這種高峰，簡直是瘋了！」但現在已經沒有回頭路了。

　　暴風的力道實在太過強勁，我們必須不斷蹲下身子，但沒有什麼能夠阻擋弗里德爾，他想要繼續前進，他想要爬上去，他想要登上峰頂。由於過去 12 年的經驗，讓我知道在這種海拔高度不使用

氧氣設備是什麼感受，那會消耗極大的體力。而除此之外，現在這陣季風也令我們氣喘吁吁。此刻，只要能看出我們有在前進，一眼便足夠；弗里德爾的一聲鼓勵，就能讓我忘卻我們暴露於什麼樣的情境，還有那毫無意義的拼搏——至少能維持個幾分鐘。

我們周圍的霧有如頭紗一般，在這種迷茫的情況下，我們很快便失去方向。前面那個真的是人嗎？弗里德爾？當地面和周遭空氣全都合而為一時，究竟要怎麼繼續攀升？呈現在我們眼前的是一片無形、無色的天與地；我們望入的是一片灰濛濛的虛無，是雪和霧。不論是再上面一點、再下面一點的地方，或是向左幾公尺、向右幾公尺，整個世界如同懸於一片縹緲之中。說不定我們應該要頭下腳上地走。

如果往回看我們的路徑，大概可以看到 10 公尺遠。我是從踩踏過的陰影辨別出來的，但再更下面的足跡就已經被吹糊了。我們的速度多慢啊！當空間感消失之後，時間也不復存在了；使我滿腹恐懼的並非疲累，而是這種迷失在虛無之中的狀態。我無法忍受喪失時間與空間的感覺——至少不是在這種雙腳陷在雪中的情況下。只有當弗里德爾看我時，我才有辦法找回自己；他就像鏡子一般，也把我的世界清晰地映照出來。

在最後幾公尺的路途中，完全沒有人說話，我們有如機器人般地朝著目的地前進。然後，我們就站到山頂上了。

我上前擁抱我的「鞭策人」兼「分身」。這是他攻下的第一座 8 千公尺高峰，是一件值得慶祝的事——但不是在這裡。我望入濃

霧，霧中開了一個洞，而我從縫中看見西藏高原。「世界離我們腳下有多麼地遠啊！」我想。而三天後，我們再度回到那片腳下世界。

歸來，並不只代表休息、放鬆、安穩，對我而言，歸來也代表能夠讓自己沉浸在他人當中。相較於從其他高峰歸來的經驗，那種全然融於他人之中的需求，從未如此強烈。克服危險的感受，讓我對挑戰極限的體驗成癮，但同時也讓我渴求愛與死亡。在死亡到來之前，會有許多「小死亡」。或許那就是為什麼在體驗到人類極限的前後，對於愛的需求會如此熱切；或許那就是為什麼我的渴望會如此龐大。

存活──於暴風雪中攻頂

奧斯瓦爾德・「布勒」・奧雷茲

隨著雨季而來的暴風不斷拉扯我的小帳篷──那頂我用冰釘和冰斧固定於 7 千公尺高的一處結冰表面上的帳篷。每當狂風來襲，我都很怕篷壁會破裂。我一直掛念著萊茵霍爾德和弗里德爾，他們大概也正待在幾百公尺外的帳篷裡等待暴風減弱。

兩天前，我真的無法出發進行最後一段攀登。其實我們原本想要今天攻頂，但由於這場失控的暴風，那大概是不可能達成了。我們昨天有試過；至少昨天早上的天氣還比較好一些。我們登上 7 千 4 百公尺，

203

但後來季風和降雪都變得更加強烈，我們在濃霧中憑感覺摸下陡峭的岩壁，穿過陣陣強風回到我們的帳篷。

此刻我正躺著，邊跟凡妮莎通話邊等待。假如暴風一刻都不停歇，那我們大概就必須下山，從希夏邦馬峰無功而返。

傍晚 5 點時，我在半睡半醒間從呼嘯的暴風中，聽到有人大喊我的名字。接著，兩幢覆滿冰霜的人影出現，站在我的帳篷前——是萊茵霍爾德和弗里德爾，倚靠在他們的登山杖上。萊茵霍爾德氣喘吁吁地說：「我們在這可怕的暴風裡登頂了。我們超早就出發，弗里德爾鐵了心想要上去。今天是他的大日子。很多時候都是他在前面開路，一定累壞了。」

事情就是這樣。在結滿冰柱的鬍子上方，是他們倆枯瘦的臉龐，幾乎發綠。他們在今天這種難以置信的暴風中，攀越 1 千公尺的高度登上峰頂，然後再度活著回來。如果是其他人，現在大概已經在某處坐下、沈睡——或許直到永遠。

萊茵霍爾德不知從哪兒來的力氣，還能在夜間繼續往下爬回前進基地營。因為他搞不定滑雪板，又幾乎沒辦法站立了，他下山的途中就一直這樣滑行一小段、再坐在雪中一下。但他還是不斷地重新站起來、繼續前進，所以我們大約在凌晨 1 點時，蹣跚地步入前進基地營。

萊茵霍爾德懷著強烈的渴望，想要打破禁忌、經歷瀕臨生死之際的登山體驗，因此多次陷入這種情境之中，例如在南迦帕爾巴特峰、馬納斯盧峰，還有他在南迦帕爾巴特峰和聖母峰上的獨攀行動。就這樣，他成為少數極限高海拔登山倖存者的其中一員。

他從 1970 年開始玩這項活動時，身體處於極佳狀態——萊茵霍爾德在山上長大，在阿爾卑斯山脈從事許多難度最高的攀登行動，身體與感知便是這樣鍛鍊而來。他是 60 年代晚期最重要的阿爾卑斯山脈登山家。

他的生理特徵激起業餘登山者與科學家的高度興趣。大學教授和其他自以為比萊茵霍爾德更瞭解他自己的人，在他創下無瓶裝氧氣攀登聖母峰的歷史紀錄之前，聲稱這項行動不可能成功，或最起碼會導致嚴重腦損傷。在梅斯納爾和哈伯勒爾成功完成聖

母峰冒險之後，並沒有發現他們有任何智力耗損的跡象，人們開始假定他們倆吸收氧氣的能力異常，能夠節省地使用氧氣。我跟其他科學家共同進行的研究顯示，萊茵霍爾德及其他一些成功的 8 千公尺高峰登山家的攝氧與耗氧機制，在所有方面上，都落在正常的生理範圍內，大約介於一般耐力運動員至訓練良好者之間。

萊茵霍爾德能夠在登山界做出一番成就的秘密，並不在於超凡體能，更是因為他能對自己的動機與耐力做出聰明的情勢評估，讓他得以克服心理障礙，而不是生理藩籬。梅斯納爾破除許多教條，像是如果人類在海拔 8 千 5 百公尺以上不用氧氣罩，便無法存活。他能成功破除的關鍵因素，是他那被禁忌所點燃、被藩籬所激發的精神，既充滿警覺性又懷有想像力。不論在面對真實或假想的敵人與問題時，萊茵霍爾德以侵略而冷酷的姿態攻擊之、解決之，而當這種處理方式在成功或生存上成為必要時，他也會如此對待自己。

這就是為什麼他會成為「磨難遊戲」的主角，折磨自己的身體與靈魂，直到忍耐的極限。當他終於從聖母峰獨攀歸來，把身心靈都榨乾之後，內娜對他的理解就是這樣；當他和弗里德爾從希夏邦馬峰下來時，我對他的認知也是這樣——一切都耗盡了，但總是有辦法從某處得到新的力量。

奧斯瓦爾德 ‧ 奧雷茲
（兩座 8 千公尺高峰登山家）

我們原先計劃攀登北壁的對角路線，也就是從峰頂山壁下的大山谷、由右至左爬到前峰，接著再繼續前往主峰的變化路線。但由於季風傾倒出過量大雪，我們沒辦法嘗試這條合理路徑。於是，我們在這趟二度挑戰中，採取一條落在一般路線右側、與之相交的路徑，直到最後一段路程時再爬回一般路線，就跟其他在我們之前登頂的人一樣。

我去希夏邦馬峰遠征時是 1981 年，對於高海拔登山的估價，尤其是大型海外登山行程，已經變得更加專業了；不只是我，很多人都是。那時候還沒有人會付錢請人攀登 8 千公尺高峰，但我們已經可以負擔得起登山團隊的費用。

如果有人認為，遠征行程的經濟層面不需要多加著墨就能不辯自明的話——確實是這樣沒錯——那或許能從財務系統談起。過去，只有百萬富翁或白吃白喝的人有辦法進行遠征；現在，任何追尋新目標又有能力行銷自己及自身才能的人，都有可能支付遠征旅費，但你必須願意付出努力。如果你前一趟遠征表現出色，那麼，透過撰寫相關報導、舉辦講座，或是將技術經驗出借給登山裝備產業，你就能負擔另一趟新遠征的費用。唯有想出新點子的先驅和創新者，能夠擁有長遠的成就。

在西藏時，我對我的登山事業有了不一樣的想法。這不只是跟藏傳佛教有關，西藏人的生命節奏、對於死亡的態度都讓我印象深刻。對我來說，孤獨開始有了另一種重要性。在這般地景之中，把生命視為一趟內省的登山之旅、朝著自身之謎前進，變得十分合

理。而想要遺失自我、不再想去證明任何事情的願望，也變得比想要成為第一的野心更加強烈。當年在珠穆朗瑪峰上冥想的密勒日巴（1040 年至 1123 年）開始挑起我的好奇心，另外還有西藏的傳奇英雄格薩爾王。

希夏邦馬峰北側；峰頂位於圖中前景尖角後的長段山脊左側（南方）。

希夏邦馬峰
發展史重要日期

地理位置：喜馬拉雅中部、西藏

東經 85°47'，北緯 28°21'

1963　一支由中國中原人與西藏人組成的團隊前往探索這座孤獨的山，攀升至北岩壁約 7 千 2 百公尺高度。早期以印度名稱「高僧贊峰（Gosainthan）」較為人所知，最高點為 8046 公尺，因此被視為最矮的 8 千公尺高峰之一。

1964　探索行動的隔年，一支中國、西藏聯合遠征隊成功創下首次攀登紀錄。5 月 2 日，共有 10 名登山家經由西北山壁及北脊登頂；下山途中，其中三人發生輕微意外。

1980　希夏邦馬峰開始開放給外國人入山。當年春天，曼弗雷德・阿貝萊恩（M. Abelein）與岡瑟・史托姆所率領的德國遠征隊中，兩組繩索小隊沿著史上首次攻頂的路線，再度登上峰頂。此外，他們嘗試攀登北壁的行動於海拔約 7 千 5 百公尺處失敗作收。秋天，由漢斯・毛特納（H. Mautner）率領的奧地利團隊也依

循相同路線登頂成功。隨隊醫生保羅・阿爾夫・歐穆勒（P. A. Olmuller）獨自攀登時，雙踝扭傷，直到隔天才獲救，且嚴重凍傷。

1981 春天，日本遠征隊隊長田部井淳子及其他女性登山家，創下希夏邦馬峰的第四次攻頂紀錄。

5月28日，梅斯納爾與穆施萊克納於史上最惡劣的天候條件下，為原攻頂路線開拓出一條變化路線，達成第五次成功攀登紀錄（攀登紀錄的計算單位為遠征隊，並非繩索小隊；梅斯納爾認為，即使多組繩索小隊皆成功攻頂，仍只能算為一筆紀錄，因為路線是由整支遠征隊共同準備的，除非在同一趟遠征之旅中採取數條不同路徑，那便能以多筆紀錄計算）。

1982 隔年同天，英籍登山家道格・史考特及其隊員成功開闢新路徑。其中，史考特、艾力克斯・麥金泰爾（A. McIntyre）、羅傑・巴克斯特－瓊斯（R. Baxter-Jones）與尼克・普利史考特（N. Prescott）在沒有使用中途營區及固定繩索的條件下，攀升至南壁3千公尺高處，並從東南稜線下山。

秋天，以原真（M. Hara）為首的日本登山隊中，六名成員依循中國路線抵達峰頂。

1983 春天，由齊格・胡普法奧爾率領的德國、瑞士聯合遠征行動中，三名德籍登山家成功登頂。與此同時，希夏邦瑪峰發生首

起死亡事故：弗利茲 • 盧赫辛格（F. Luchsinger）──他於 27 年前的這段時節裡，在洛子峰上取得「勝利」，並於 59 歲時成功攻下道拉吉里峰；卒於希夏邦馬峰時得年 62 歲。

秋天，在格蘭 • 波爾札克（G. Porzak）所帶領的美國遠征隊中，三名成員攻頂成功。

1984
另一支美國團隊由喬瑟夫 • 墨菲（J. Murphy）擔任隊長，採取中國路線登頂。

1985
由馬庫斯 • 施穆克（M. Schmuck）率領的德國、奧地利、瑞士聯合遠征隊大獲豐收──隊上 12 名成員順利登上希夏邦馬峰峰頂。

一名義大利籍登山家同於春天登上最高點。

秋天，在馬庫斯 • 依特恩（M. Itten）所帶領的瑞士遠征行動中，三名隊員登頂成功。

1986
希夏邦馬峰在這一年裡，被幾乎所有活躍參與登山活動的國家包圍──法國人、日本人與奧地利人沿著一般路線登上最高點。人們也開始在這座 8 千公尺高峰上執行「有組織的探險」。年輕一輩登山明星的目標愈來愈不注重俐落、自給的攀登形式，只在乎速度（例如艾瑞克 • 艾斯科菲耶）。

1987 9 月 18 日，亞杜爾 · 海伊澤與捷西 · 庫庫奇卡成功於西脊翻越西峰。

1990 艾哈德 · 羅瑞坦、尚 · 托耶及弗伊特克 · 克提卡於南壁上開拓新路線，成功抵達中峰。在接下來的 10 年內，人們持續在南壁上開發數條新路徑。

1993 波蘭籍登山家喀日什托夫 · 維利斯基，於西南山壁外圍的右側走廊，為 1982 年路線開拓一條獨立變化路線。

1994 來自法國的艾瑞克 · 德亢（E. Decamp）與凱瑟琳 · 德斯提維爾（C. Destivelle）攀登西南山壁的左側走廊。

1995 一支西班牙團隊於西南山壁右側開發出另一種路線變化。

2002 一支南韓登山隊於西南山壁的中央山柱上開闢新路線。

2004 12 月 11 日，尚－克里斯托夫 · 拉法葉獨自攀越西南山壁（算是冬季攀登？），創下「於冬季條件下攀登」的紀錄。

2005 1月14日，依照日曆算法而論，雷納托・莫洛與皮歐特・莫拉夫斯基（P. Morawski）創下「真正」的首次冬季攀登；他們在沒有額外氧氣及雪巴人的協助下，攀越南壁，抵達峰頂。

五月，格琳德・卡爾滕布魯納、拉夫・杜莫維茨（R. Dujmovits）與竹內弘高（H. Takeuchi）完成首次南北縱走行動。

2011 烏里・斯特克於10個半小時內獨自攀越西南山壁。

2014 塞巴斯提安・哈格（S. Haag）與安德烈・贊鮑迪（A. Zambaldi）喪命於雪崩；馬丁・邁爾（Martin Maier）從雪崩意外中脫困，並自救成功。另一方面，班尼迪克・博姆與烏里・斯特克順利由峰頂返回基地營。

凡妮莎・奧雷茲與格哈德・鮑爾於希夏邦馬峰前進基地營為這趟遠征之旅拍攝紀錄片。

由希夏邦馬峰峰頂山脊向北（西藏）眺望。攻頂路段受到強烈暴風雪影響，圖中雲層僅曾短暫消散。

穆施萊克納在吹雪堆中由峰頂下山（攝於1981年5月28日）。

氂牛隊由基地營將裝備運至山腳下的前進基地營，待遠征結束後再返回基地營。

氂牛與負責導引氂牛的西藏農民

穆施萊克納攝於希夏邦馬峰
一號營；峰頂由圖中向前傾
斜的陡峰後方冒出。

由海拔7千2百公尺處以滑雪
方式下山；圖中為穆施萊克
納。

7　干城章嘉峰

8586　公尺

五座巨大的白雪寶藏

干城章嘉峰 8586公尺

1930年時，已經有一支國際遠征隊（隊長為迪倫弗斯）考慮過梅斯納爾在干城章嘉峰北岩壁上所採取的路線。繼英國及日本團隊分別於該路線左側及右側發現新通道之後，在梅斯納爾1982年的行動中，僅有部分路段為新開闢路線。如今，通往「干城」主峰共有四條不同路線與少數變化路線；南壁及東壁上仍有新路線持續開發中。此外，南峰的東岩壁難度極高（峰頂組成包含部分岩塊）。

上一頁雙頁面：由干城章嘉峰北壁底端的一號營所拍攝之夜景。當太陽一落下，雪泥隨即於幾分鐘內凍結成冰。

干城章嘉峰
受縛於暴風之中

「你在山上不會感到恐懼。當你愈瞭解山，就會愈畏懼山，因為優秀者能夠識別危險。」

亞尼克・塞紐爾（Yannick Seigneur）

1981 年夏天，我和弗里德爾・穆施萊克納一起坐在奧特勒峰（Ortler-Gruppe）上。當時，他在我的登山學校擔任「冰攀中心」負責人，有天晚上，他想到一個點子——既然我在 1978 年只花一個夏天就爬完兩座 8 千公尺高峰，那在單一季裡完成三座 8 千公尺高峰有什麼不可能？不妨試試從未有人執行過的帽子戲法！

我覺得這個點子很棒，但同時，我也很清楚要資助這種行程、準備文件等手續有多麼困難。因為那代表我們必須在同一季裡爭取到三份不同的 8 千公尺高峰入山許可、為三趟遠征安排好適當時間，並籌措三趟旅程的資金。除非我們從一座山前往另一座的過程中沒有浪費太多時間，帽子戲法計畫才有可能達成。

我終於在 1982 年從尼泊爾取得干城章嘉峰的雨季前入山許

可，我已經想要去爬它的北壁好幾年了。另外，我也在巴基斯坦取得加舒爾布魯木 2 峰和布羅德峰同年六、七月的核准，我們可以依此順序攀登這三座 8 千公尺高峰。然後，我同意弗里德爾以下的計畫：我們想在 1982 年春天前往干城章嘉峰，攀登喜馬拉雅山脈數一數二壯觀的山壁——北壁。而最理想的路線介於左邊道格・史考特、彼得・博德曼（Peter Boardman）與喬・塔斯克（Joe Tasker）的路線，以及右邊的日本路線之間。雖然由迪倫弗斯率領的遠征行動於 1930 年便嘗試挑戰這條路線，但仍沒人成功登頂過。我們想好好把握機會寫下首次攀登紀錄，也讓它成為三座高峰之中第一座攻克目標，為我們的帽子戲法計畫揭開序幕，堪稱一場極致冒險！

隨後，我們想要從尼泊爾直接飛到巴基斯坦，經由巴爾托洛冰川前往加舒爾布魯木 2 峰，再翻越峰頂，等於是從還沒有人爬過的東脊上山、沿著一般路線下山。至於第三座、也就是最後一座 8 千公尺高峰，我們想要橫跨布羅德峰——從 K2 峰出發，路經北峰、中峰前往主峰，然後再由一般路線下山。

1982 年春天，歷經三週徒步行程之後，我們抵達干城章嘉峰；途經的最後一個村莊干薩村（Dorf Gunza）上方仍有積雪，天氣寒冷多風。當時，我背著六個月大的女兒蕾拉同行，發現她很適應高海拔也不怕冷，一路上不曾哭鬧。不過，我認為不可以把幼童帶到基地營以上的地方；帶小孩一起去爬山壁完全說不通，對父母或孩子都沒有任何好處。日本知名登山家尾崎隆和兒子尾崎真在島峰

（Island Peak）創下的 6 千公尺「海拔紀錄」另當別論，但在報紙裡讀到其他有關喜馬拉雅登山兒童的報導，像是「3 歲童攀馬卡魯峰，攜嬰登頂」若不是虛構，就是胡扯，小孩一定會覺得無聊。

我和弗里德爾只在干城章嘉峰基地營待了幾天。我們在那裡架了帳篷，還用石頭搭建廚房、拿塑膠篷布當屋頂，並設置郵件收發站，每兩星期會有兩位當地人協助跑腿傳信。

大風從未停歇，一直吹過帳篷上緣。我們把蕾拉留在那裡，給她媽媽內娜・霍爾金照顧。我跟弗里德爾帶著幾位挑夫，經由冰川走到山壁底端。我們花了兩天時間搭設一號營，在那裡住了幾週。

一號營往上的路段難度頗高。距離山壁底部大約 2 百公尺處，懸掛著一道冰峰帶，完全阻斷攀升去向。直到我們來到冰峰帶下方，才第一次認知到這面北岩壁有多麼危險、多麼困難。我們時常聽到斷裂巨響，接著就會有巨大冰塊應聲崩解，轟隆落下山壁，底下因此堆滿閃閃發亮的青色碎冰。如果想突破這道冰堤，不大膽冒險不太可能找到辦法。

一開始，我們覺得根本不可能克服。我們嘗試攀升了好幾次，但起初通常每天都只上升 50 公尺，讓我們常感到非常沮喪。我們在計劃的時候，是不是高估自己了？現在我們必須認清，以我們兩人是沒辦法繼續前進的──除了我們之外，那裡沒有其他人，我們無法跟別人輪流行動。

但我們仍不想放棄。我們憑感覺在那片光滑的凸冰上一點一點

攝於希夏邦馬峰峰頂山脊（1981年5月28日）。「我們上方只有暴風、下方只有濃霧；就外在而言，毫無前景可盼，唯有內在的經驗可言。」

地摸上去，抵達冰峰中段。到那裡之後，有一道 20 公尺厚的冰牆擋住去路，向左、向右顯然都不行。最後，我們找到一條勉強可以擠過去的裂隙，而冰牆的另一側是硬雪碎粒組成的迷宮，我們又想辦法找到出路。就這樣，我們攀越這片由冰與雪相互堆疊而成的魔法之境，絕對沒有任何說書人能夠編出如此迷人的魔幻世界。若不是那裡危機四伏，我們一定會很享受待在那裡的時光。

　　我們剛開始爬這道冰溝時，內心充滿不確定與恐懼，但同時也慢慢習慣四周一切──從冰裡發出的聲響，時而低吟、時而爆裂；來自我們上方的崩雪，挾帶著新雪一併落下；未曾間斷的危險，隨

處埋伏。

我們可以說是向前邁進了一大步。第二次嘗試攀升時，我們在冰峰上方好一段距離以外搭建二號營，認為這面山壁已經「入我們口袋」了。此時，我們已經來到海拔約 7 千 2 百公尺，也就是北脊下方不遠處，卻發現繩索用完了。由於冰層實在太硬，冒險不用固定繩索攻頂真的說不通，沒有繩索的話下不來。忽然間，我們被迫認清自己已經用盡所有賭注；因為設備不足，我們不得不放棄。

病危

我覺得我在前往干城章嘉峰的途中，從不乾淨的呸酒——西藏青稞酒——染上阿米巴原蟲。最後一段攻頂攀升途中，我在基地營上方突然感到身體不適，胃和肝那邊有刺痛感，讓我百思不得其解。我也開始呼吸困難，這讓我很膽心，無法繼續攀升。

快到一號營時，我突然跟不上弗里德爾・穆施萊克納的腳步，我跟他說我不舒服，可能折返比較好。當時，他走在我前面，雖然我還是試著跟上他，但也不抱太大希望。那天，我費盡力氣、飽受折磨地爬到營區。

隔天，天氣良好，我們滿懷希望地出發，但我什麼都感覺不到。我不像在之前其他遠征中那麼健壯，但我還是可以繼續，也想繼續。我不知道自己究竟是真的有辦法完全忍住痛楚，還是其實是因為我把注意力放在峰頂上才減輕痛苦。總之，我成功抵達最後紮營區，從那裡之後我又恢復往常狀態。攻頂時我感覺非常良好，或許那就是為什麼我決定冒著暴風天候嘗試攻頂。

直到下山時，我才又開始注意到痛感。當緊張退去、疲勞襲

來時，我卻因為疼痛再也無法入睡。最後一擊在基地營將臨，我陷入病危。

在回程步行途中，我的肝那邊一再感到刺痛，有如連續中彈一般。還有疲勞。遇到反坡時我走得極慢，就跟稍早在干城章嘉峰峰頂區域的移動速度一樣。

到加德滿都時，一位美國醫生診斷出我的肝臟患了變形蟲性膿腫。

回程途中，降雪不斷，崩雪使我們的性命陷於危險之中。確切來說，輕盈的粉雪聚集在斜坡上，每半小時就會由光裸的冰坡滑落。而這些由新雪組成的雪崩不斷從我們頭上掃過，持續了好幾小時。

我和弗里德爾坐在二號營上方不遠處的一道冰川裂隙中等待。天開始漸漸轉黑，一身濕衣又沒有紮營設備的我們，在這樣的夜裡露宿勢必會凍死，所以無論如何一定要降回帳篷處。我們討論到，如果在雪崩稍停的空檔迅速跑向二號營，這樣算不算負責任的行為。或者，我們應該在上面過夜？即使必須冒著凍死的風險？我們花了好幾小時才終於下定決心，等一次雪崩結束後，開始放手一搏地奔跑，也很幸運地安全下莊。

我們先到干薩購買繩索，也就是當地農民從幾年前的日本登山隊掠劫而來的繩索。之後，我、弗里德爾，再加上雪巴人安・多吉，再度回到那面山壁。這應該是我們最後一次嘗試了，這次攀升務必成功。

我們在前一次的折返點裝上那時候不夠用的固定繩索，如此一來就能確保回程安全無虞。接著，我們直接攀向峰頂，一路上不時可以發現1979年道格・史考特率領的小型遠征隊遺留的繩索殘骸；當時他們試圖從北方攀上干城章嘉峰。而我們也在北脊上一條有蔭裂隙裡紮營度過第一夜。隔天，我們太過疲累而無法繼續前進。又過了一晚之後，我們才攀升至8千公尺處，並在那道山脊上搭建兩頂小帳篷，再次紮營一宿；此時，我們所處的位置落在東北支脈與北脊的交界處。

5月6日，我們開始進行攻頂。當天風大，太陽幾乎沒有溫暖作用。稀薄的空氣中有一道「奇異」的光，明亮而零碎的微光，好像我在山頂撞見一座夢中世界似的。雪層有時候淹至膝蓋高度，有時候又只有鞋子的深度。多麼壯闊深刻的景致啊！所有山谷與山巒彷彿罩上風鈴的放大玻璃，沐浴於偉然的世界精神之中。

我們在北脊上翻越幾座石塔，一路挖過深厚堆雪，抵達一處切口。接著，我們向右橫跨山脊，進入主峰的西側深鞍，但我們的攀升速度變得很慢。此時，有一縷薄霧由西藏飄近，帶來一股強勁西北風。大氣中的狀態變得愈發詭譎——有光、有風，其上有日暈——而且空氣中瀰漫著一股岩石碎裂的氣味。至於大地——陡峭花崗岩柱之間的雪原——則呈現裸露狀態，而鬆軟的雪隨處散落於冰殼之上。

冰爪的抓地效果有時候並不是那麼好，但我們前進時仍然沒有使用繩索，而且每個人都獨自攀登。我們不能整路都依靠固定繩，

不然要帶的繩索就太長了。最主要是，控制繩索確保安全十分累人。只有在干城章嘉峰南側和北側之間的切口時——位置已經高過西峰了——我們三個才一起綁繩。我們持續攀過一道又一道溝壑和隘谷，而花崗岩質平面和殘雪一直迫使我們朝右偏去。就這樣，我們終於在下午爬上最高點。

登頂後，我們稍早在攀登南側時稍微躲了一下的強勁西北風，馬上又開始在我們的臉上拍打。我們知道必須要趕緊下山，但還是拖拉了一會兒。當然，我們還想活，但就只是不覺得著急。峰頂上有氧氣瓶，之前印度登山家遺留的測桿也還插在雪裡。我們互相幫忙拍照。然後，我好像突然抓狂似的，開始催促弗里德爾和安・多吉出發。

我們匆促地啟程——得趕在一切太遲之前火速下山、回到紮營帳篷啊！每下降一公尺，從北方吹來的冰風就變得更加強勁。此時，風正卯足全力地攻擊我們。我已經套上羽絨手套，努力試圖控制抓在手上的冰斧。弗里德爾只是晚了幾分鐘把羽絨手套套到一般毛手套外，就嚴重凍傷。但他當時也還沒察覺，大概也一心只想著下山，然後小心不要從山壁上往後跌落。一直到晚上很晚時，我們才回到營區。我們爬進帳棚，沒有煮東西吃、也沒有喝水，就這樣躺在那裡，依然滿懷著隔天可以安然無恙的希望——儘快下山非常重要。

我那天晚上完全沒睡，沒有片刻休息到。暴風不斷啪噠地吹著篷布，大概到早上 5 點時，忽然一聲巨響，篷布倏地應聲裂開。我

的疲憊感、求生慾和初步幻覺，全融雜為一陣強烈情緒。此時，我已經不再那麼恐懼了——精神錯亂的初期徵兆。幾分鐘後，安・多吉的小帳篷也被吹成碎片。

存活——儘管帳篷殘破不堪

弗里德爾・穆施萊克納

下山時，暴風轉為颶風的程度。我們需要極為專注才能找到通向帳篷的正確路徑——那頂絕對可以拯救我們的帳篷。即使雀躍不已，我同時也感到疲倦、精疲力盡了。我們每個人都傾盡全力進行攀升，所以現在才會如此不禁暴風吹襲。

一切簡直有如地獄。風把冰晶狠狠地甩在我們臉上，擋住所有視線。即便如此，我們仍成功在天黑前回到原先留下來的帳篷。我們把冰爪留在入口，連鞋子都沒脫就爬進冷冰冰的睡袋裡。暴風如此兇猛地呼嘯，根本不可能煮東西吃。

只是千萬不能睡著啊——不然一切就結束了。我們坐在帳篷內，背靠著篷壁，試著抵擋大風，但我們能跟暴風抗衡的力氣根本少得可憐。

我不知道何時發現自己的右手失去知覺，手指都凍僵了。但還不要放棄啊——我全心全意只專注在這個想法上。我已經完全失去時間感，分鐘轉為小時，小時化為永恆。

到了這個節骨眼，我們絕對不能犯錯，連最小的失誤都不行。我試著出聲求救，但由於暴風狂嘯，坐在我身旁的萊茵霍爾德聽不懂我在說什麼。就在此時，固定帳篷架的零件斷掉了。我們彼此相望，兩人都知道接下來可能會發生什麼事。

我揮手示意萊茵霍爾德，要他施更多力去支撐篷壁。他對我大喊：「叫外面那些加拿大人不要再對我們的帳篷丟石頭了。」我感到背脊發涼。那些關於登山者走向帳篷、然後從此消失的遠征報導，閃過我腦中，我開始有不好的預感。

　　現在我開始自言自語，把腦中所想的事全都每字每句地大聲唸出來，這樣我才能比較有辦法控制自己。我的專注力已經明顯降低了，還有辦法清晰理性思考嗎？不知怎麼地，我已經不再懼怕死亡，死亡已經變成再真實不過的事實，躺下、死去似乎根本也不是什麼糟糕的事，讓自己一點一滴邁向長眠的誘惑巨大無比。接著，帳篷裂開了。

　　我們就這樣露天躺在那裡。幸好剛才沒有把鞋子脫掉──這個想法以慢動作的方式飄過我腦中。我提起最後力氣把冰爪穿上，暴風不斷將我吹倒。對我們不離不棄的雪巴嚮導安‧多吉跟我想的一樣，我們開始一起啟程下山。我到山脊下方找了一處可以躲避暴風的地方等候萊茵霍爾德。比起我和安‧多吉，要搞定冰爪對他而言顯然更加困難。我聲嘶力竭地大喊，叫他過來我們這邊，但風嘯聲實在太大，以致他聽不到我的聲音。他一次又一次摔倒在地。我想要幫他，但我已經沒有力氣再爬上那一小段路過去他那邊了，我唯一能做的事就是別讓他落單。我們每個人都很清楚，在這種情況下，大家都得獨自面對，因為我們只剩下足以支撐自己的力氣了。

　　我站在原地一動也不動，只能看著他掙扎。這攸關存活與否。聽起來很殘酷，尤其是當你不得不承認在這種情況下，你為了拯救自己可能得拋棄夥伴，但這就是事實，所有人都有權利這麼做，或許甚至是有義務必須這樣做。我相信，不只是萊茵霍爾德因為秉持這個立場才得以在這種危急狀況中倖存，許多其他偉大的登山冒險家也都是如此。沒有人比他更清楚，這裡沒人可以幫助他。我不知道究竟過了多久時間，他才終於站在我身邊。我們沒有說任何話，就繼續下山了。直到待在二號營的雪巴人遞給我們熱茶，我們才知道自己成功活下來了。

弗里德爾‧穆施萊克納
（三座 8 千公尺高峰登山家）

梅斯納爾與一名雪巴人正由基地營下山；惡劣天候持續發威，疼痛與恐懼亦然。

　　我們三人都裹在睡袋裡，在猛烈的暴風中毫無抵禦之力。衣服佈滿了雪，冰斧不知道跑到哪兒去，我們就這樣盯著上方那片不真實的世界──只有遙遠而幅員遼闊的星子與白雪，外加震耳欲聾的風嘯聲。忽然之間，一股美好的感覺湧現，我再也不害怕了。後來我的手套飛走，我們奮力固守著我們的物品。那場以超過每小時100公里風速狂掃山脊的暴風威脅著我們，使我們近乎窒息。

　　弗里德爾不發一語地站起身，大家都試著穿上些什麼好保護自己。雖然前一天的折磨也已經讓弗里德爾疲憊不堪，但他的身體狀

態依舊良好，第一個完成著裝。當我還在努力把冰爪綁到鞋子上時，安·多吉也已經準備好要下山了。但我一直穿不好，寒冷讓我顫抖不止，無法控制自己的雙手，動作變得非常笨拙。

我唯一想做的就是坐在那上面不動。弗里德爾往回走了幾步，示意我必須趕緊下山。當我終於成功將冰爪裝上鞋子、想要出發時，我發現自己哪兒也去不了。我奮力抵抗暴風的威力，而暴風也同樣使勁地把我擊倒。我試著像鳥一樣逆行，再任由自己被風吹落，但那也是徒勞。站在那裡、然後像個醉漢似的不斷摔倒的感覺很奇怪，讓我愈發精神錯亂。我試了很多次才以側身伏地的方式爬下山。也是因為弗里德爾在那裡，我才下山的——不誇張，弗里德爾就是在逼迫我下山。或許是因為有人在那裡等我、用眼神和手勢指引我，我才移動的。

到了他身邊之後，一切就變得簡單許多。比起剛才，我們已經不那麼暴露於危險之中，風力也已經不那麼強勁，可以一起繼續上路了。我們那天在精疲力竭、飽受幻覺之苦的狀態下，回到二號營。我不只躲過死劫，也逃離精神錯亂的處境。那是我人生中第一次體驗到發瘋是什麼意思，將清晰思緒徹底反轉、一股腦兒地把它們全都講出來是什麼感受。當時，我用圖像方式說話，如同發燒說夢話那般。

我們在隔天夜裡回到基地營，兩人都已經累得要死。弗里德爾的雙手、雙腳都嚴重凍傷，幾乎無法繼續行走，而我的臀附近區塊感到強烈痛楚。當時我不知道自己是患了肺水腫或變形蟲性膿腫，

我只知道自己陷入病危。

最後那段步行歸途簡直惡夢一場，我完全無法入眠，疼痛使我連躺下都沒辦法。我也已經沒有力氣抱蕾拉，只能由內娜接手。弗里德爾的情況比我更糟，他的雙腳浮腫發熱，痛感隨著時間愈發強烈。他必須拖著厚重的塑膠靴走兩星期的路，一路把自己從山上拖下山谷。

我們當時何不請求直升機救援呢？首先，光是要叫一架直升機，就得花上一星期的時間。當它抵達時，又已經過了好幾天。誰知道它在惡劣天候下究竟會不會起飛？

即使完成這項巨大成就，我在從干城章嘉峰回來的路上深自責備。我的身心靈已被大風、寒冷與疲勞掏空，卻充滿了自我懷疑，實在看不出這種遠征之旅到底意義何在。澆熄我對這項計畫的熱情的不是疲累或絕望，而是身體不適的症狀，更重要的是，我必須看著弗里德爾受苦。我在攀升時，從未問過自己行為合理與否的問題；透過努力、透過自己的攀登行動，我本身一向是自己的答案。

可是現在處於這種狀況，我好想放棄這趟遠征。完成 8 千公尺高峰的帽子戲法究竟有什麼意義？干城章嘉峰只是這項偉大計畫的開端，但隨著我們朝向加舒爾布魯木 2 峰與布羅德峰邁進，我在接下來的幾個月內，或許會面臨更糟糕的磨難。光想到我們只差一步就可以逃離這一切，就足以讓我義無反顧地走去。畢竟，我也是人啊。

干城章嘉峰北側，攝於基地營。

干城章嘉峰
發展史重要日期

地理位置：東喜馬拉雅、尼泊爾／印度錫金邦／西藏三角地帶

東經 88° 09'，北緯 27° 42'

1899 英籍登山家道格拉斯・威廉・弗里斯菲爾德（D. W. Freshfield）與義籍攝影師維托里歐・瑟拉（V. Sella）環繞干城章嘉峰一週。干城章嘉的意思大約是「五座巨大的白雪寶藏」，在德語裡也常簡稱為「干城」。這座多峰大山包含主峰（8586 公尺）、中峰（8482 公尺）、南峰（8476 公尺）及西峰（即雅魯干峰，8433 公尺）。

1929 由保羅・鮑爾率領的德國遠征隊登上東北支脈海拔約 7 千 4 百公尺高度。

1930 岡瑟・奧斯卡・迪倫弗斯率領一支國際遠征隊前往北岩壁，但在嘗試登上北脊時，一名雪巴人因遇雪崩不幸喪命，隊伍因而轉向西北稜線，並抵達海拔約 6 千 4 百公尺處。

1931 鮑爾再度率領一支德國遠征隊前往「干城」。這次，他們登上東北支脈海拔約 7 千 7 百公尺處，但赫曼・沙勒（H. Schaller）與一名雪巴人不幸墜谷喪生，團隊嚮導亦病倒逝世。

1955 以查爾斯・埃文斯為首的英國遠征行動中，喬治・班德（G. Band）與喬・布朗（J. Brown）於 5 月 25 日創下首次成功攀登干城章嘉峰的紀錄，諾曼・哈迪（N. Hardie）與湯尼・斯特雷瑟（T. Streather）則於隔天隨後跟上。由於這兩支繩索小隊將峰頂敬為當地人的聖地，因此在最高點下方幾公尺處便止步。

1973 春天，一支日本團隊經由西南稜線，成功創下西峰（雅魯干峰）首次攀登紀錄。

1975 一支德國、奧地利聯合遠征隊在齊格飛・艾伯利（S. Aeberli）與岡瑟・史托姆的帶領下，以新路線成功攻下西峰，其中，九位隊員分為三支小隊依序攀登。

1977 在納倫德拉・庫馬爾上校（N. Kumar）所率領的印度軍事遠征行動中，一名隊員及一名雪巴人成功經由東北支脈及北脊登上主峰。

1978 一支波蘭團隊由干城章嘉峰西南側出發，順利完成南峰及中峰的首次攀登。

1979 主峰的第三次攀登紀錄由一支英國遠征隊達成。這次的遠征行動從北側出發，其中，道格・史考特、彼得・博德曼及喬・塔斯克在沒有使用人工氧氣的條件下，以阿爾卑斯式登山法由極北端攀上最高點。

1980 春天，在一項日本遠征行動中，兩支攻頂小隊在小西政繼（M. Konishi）的率領下攻頂成功，並於北壁開拓出一條傑出路線。

1982 5月6日，梅斯納爾及南提洛登山家穆施萊克納在無氧氣罩的條件下，依循北岩壁上的一條變化路線成功登頂，其中，他們僅借助於少數雪巴人，並在部分路段以阿爾卑斯式進行。

1983 奧地利籍登山家葛歐格・巴赫勒（G. Bachler）自最後營區開始，獨自一人經由西南岩壁登上主峰。
法籍登山家皮耶・貝金依循相同路線獨攀至峰頂，且完全沒有借助於氧氣罩、挑夫或中途營帳。

1984 一支日本團隊挑戰橫跨主峰、南峰及西峰失敗，但該趟遠征之旅仍成功抵達一座以上峰頂（南峰及主峰）。

1991 一支來自斯洛維尼亞的登山隊經由難度最高的西南稜線攻下南峰（8476 公尺），其中，成功登頂者包括安德烈 • 史崔姆菲力與馬爾科 • 普列澤（M. Prezeli）。

繼蘇維埃遠征隊成功挑戰連攀干城章嘉峰的較高次級峰之後，這些先鋒者將興趣聚焦於開發次級峰的新興路線。

1995 貝諾瓦 • 沙慕（Benoît Chamoux）於峰頂區域失蹤，汪達 • 盧凱維茲至今亦仍於「干城」下落不明，而瑞士籍登山家艾哈德 • 羅瑞坦與尚 • 托耶則成功經由西南岩壁攻頂。完成這趟遠征之後，羅瑞坦成為史上第三位攀完所有 8 千公尺高峰的登山家。

1998 英籍登山家吉妮特 • 哈里森（G. Harrison）在沒有使用瓶裝氧氣的條件下攀越西北岩壁，成為第一位登上「干城」的女性，而「干城」同時也是最後一座被女性登山家攻克的 8 千公尺高峰。

漢斯 • 卡莫蘭德由峰頂南側下方約 9 百公尺處開始，以滑雪方式下山。

2013 春天，匈牙利知名高海拔登山家佐爾特 · 艾洛斯（Z. Eröss）與攀登夥伴佩特 · 奇斯（P. Kiss）一起登頂成功，但兩人於下山途中遇難，其中，奇斯的遺體稍後被一支韓國隊伍的成員發現，而艾洛斯至今仍下落不明。

梅斯納爾攝於冰瀑的第
三層冰峰下方。當他攀
越這道垂直冰質地形之
後，發現再也無法前
進。

穆施萊克納攝於干城章
嘉峰主峰的西脊上，僅
位於峰頂下方一小段距
離。

在帳篷遭毀的暴風夜之後，安‧多吉正於最後紮營處收拾背包。

雪巴人安‧多吉自發攻頂之後攝於二號營；他是這趟行程中唯一保持健康狀態、毫無凍傷的人。

梅斯納爾與穆施萊克納攝於干城章嘉峰峰頂（1982年5月6日）。該尼泊爾旗幟是安·多吉於峰頂發現的，他們將之綁於測桿上。

安‧多吉與穆施萊克納冒著暴風雪，由北脊山肩下山。

飽受幻覺所苦且病危的梅斯納爾成功登上干城章嘉峰峰頂之後，由北壁沿繩下降。

8 加舒爾布魯木2峰

8035 公尺

最簡單的 8 千公尺高峰

加舒爾布魯木2峰 8035公尺

B2 1982 / 1984

B1 1982

B1 1984

梅斯納爾曾兩度攀登加舒爾布魯木2峰（1956年的一般路線）：1982年時，與謝爾・可汗（Sher Khan）及納志・薩必爾（Nazir Sabir）由加舒爾布魯木谷的高地營出發，期間包含兩夜紮營；1984年則與漢斯・卡莫蘭德在加舒爾布魯木大縱走行動中，於攀升途中兩度紮營，返程時再過一夜（B2），接著開拓新路線下山。加舒爾布魯木2峰共有六條不同路線，其中五條起始並相交於加舒爾布魯木谷。而在巴基斯坦及中國一側，除了低派教會路線（Unterkirchen-Route）之外，另有其他潛在首次攀登路徑。

上一頁雙頁頁面：巴提挑夫攝於巴爾托洛冰川的吹雪堆中；除了自身裝備外，每位挑夫皆背負約20公斤重之遠征物資。

加舒爾布魯木2峰
與死亡交鋒

「沒有危險，喜馬拉雅就不存在，因為若沒有風險，便沒有冒險。我想，那正是這些喜馬拉雅行動的價值所在。」

莫里斯・艾佐格

繼穆施萊克納跟我在干城章嘉峰上被逼到自身能耐的極限，並因此瀕臨絕望邊緣之後，我猶豫了很久，不知是否該繼續執行帽子戲法的點子。在同一季裡爬完干城章嘉峰、加舒爾布魯木 2 峰和布羅德峰或許過於貪心，我無法獨自一人完成這項計畫。但弗里德爾飛回歐洲治療凍傷，沒辦法再繼續參與行動，而我也必須先讓自己康復。

療養期間，我待在亞洲。我先在加德滿都找到一位醫生，他針對我的阿米巴性肝膿瘍做出優秀的診斷與治療，隨後，我旅行至拉達克（Ladakh）。幸運的是，我在三週內就復原得差不多了，體力也慢慢恢復。

我在 6 月時飛往巴基斯坦，一方面是因為有兩位當地登山家

——我的老朋友——在巴基斯坦等我，另一方面也是因為我的野心再度重燃。遠征所需的物資都已經備妥，也有挑夫，一切準備就緒，我可以繼續執行計畫了。當然，我很清楚，沒有弗里德爾跟我一起爬加舒爾布魯木2峰和布羅德峰的話，就沒辦法按照原訂的橫跨路線進行，更別提開闢新路徑了。

納志·薩必爾可說是巴基斯坦最成功的登山家，而謝爾·可汗來自罕薩貴族，是一位年輕軍官。我原先只有大致同意說我們四人要一起遠征，尚未明確定案。現在只剩下我們三人，但儘管如此，我還是希望能跟他們倆一起踏上這趟冒險。

當我抵達拉瓦爾品第跟他們倆碰面時，他們早已蠢蠢欲動，迫不及待想去挑戰這兩座8千公尺高峰。我們在斯喀杜組織一支小型遠征團隊，包括25位巴提挑夫、一位廚師、一位信差與三位登山家，就這樣前往加舒爾布魯木2峰山腳下。

加舒爾布魯木2峰向來被視為最簡單的8千公尺高峰，但事實上，它並不像我們一開始所想的那麼簡單，至少不是在這一年——1982年夏天的降雪量頗大。那時候，有兩位來自奧地利的阿爾卑斯式登山家、一位醫生與一位科學家在山上失蹤多日。而當我們抵達基地營時，有一支美國遠征隊才剛終止攀升行動，因為他們隊上有一人不幸於雪崩意外中喪生。另外還有一支德國團隊計劃從北壁攀上加舒爾布魯木1峰，但也在山上努力了幾週後以失敗收場。這趟遠征行動的隊長是岡瑟·史托姆，我認識他很多年了；雖然他和他的團隊有把通往加舒爾布魯木谷的路線留下來供我們使

用，但在加舒爾布魯木 2 峰上仍然沒有人可以為我們開路。

　　花了幾天適應高度後，我們上升到加舒爾布魯木谷搭建前進基地營。再爬回基地營之後，我們相信自己的狀態應該足以開始挑戰攀登了。對我來說，時間是一個推力，另外也不知道那兩個奧地利人是否還活著──或許我們可以去幫他們？

　　我跟納志、謝爾，還有知名的高山挑夫羅西・阿里（Rosi Ali）和「小卡林（Little Karim）」，在好天氣下爬上加舒爾布魯木 2 峰山腳下的一號營，隔天再從那裡出發。兩位挑夫陪我們爬到西南岩壁約 6 千 2 百公尺處；我們在那裡搭營過夜，第二天早上就自己背上帳篷，繼續朝加舒爾布魯木峰頂金字塔的方向前進，並打算在那裡做攻頂前的最後紮營。此外，知道有兩位登山者在某處失蹤，是種很奇怪的感覺。

　　在這段路途中，我遙遙領先兩位巴基斯坦夥伴，忽然間，一頂帳篷出現在我眼前──橄欖綠，顯然是那兩位失蹤的奧地利登山者的營帳；已經好幾天沒人聽到他們的消息或看到他們的蹤跡了。

　　當時，帳篷裡也沒有人，我只找到一些影片和一本日記，得知這座營地是他們兩人的最後基地，而他們在前一週離開前去登頂。很顯然地，他們抱持著無論如何都要登上最高點的決心，只攜帶登頂必需的紮營裝備。

　　閱讀那本日記時，我的心情既興奮又沉重，但很難完全看懂內容。待夥伴跟上後，我們馬上繼續前進，大家心裡都掛念著兩位失蹤者。知道他們倆或許還活著、正在加舒爾布魯木 2 峰峰頂區域上

面等待救援，這股渺茫的希望促使我們加快攀登速度。我們仍能在雪中找到一些攀登軌跡，並在海拔約 7 千 5 百公尺處發現一支滑雪杖被遺留在那。我們在加舒爾布魯木 2 峰的峰頂金字塔下緣搭起三人用營帳，在那裡紮營過夜。

見「死」不救

當我 1982 年在加舒爾布魯木 2 峰上發現其中一位奧地利登山者的遺體時，人們控訴我見「死」不救；我隨後在 1984 年將之埋葬。起初，甚至連亡者的親屬在得知我找到他們的朋友、孩子、丈夫的遺體並為之拍攝存證時，都對我回以惡言。在第一趟遠征中，我除了替亡者拍攝之外，並沒有採取其他行動；我必須要有照片，之後才能供人辨識他的身分。至於我在發現遺體之前於遺棄帳篷內找到的日記和影片，我把它們交給家屬，且不曾對外公開內容。當然，我也試著重新拼湊這場悲劇的事發過程。

第二趟遠征時——亡者已經在山上歷經兩年的風吹日曬——我代表家屬將遺體入葬。那項行動耗時費力，也絕對不是什麼令人愉悅的任務，但還是有其他登山者譴責我的行為。光是我發布死訊一事，就被解讀為想要引起轟動、想要從中牟利。如果當初能視而不見地走過去，假裝什麼事都沒發生，那我多開心啊！從 1982 年到 1984 年之間，加舒爾布魯木 2 峰上少說也有十來躺遠征行動，也沒有任何人去照料亡者。

我的立場是，亡者就跟生者一樣，都屬於山的一部分。假如我們只有一直講述成功事蹟、對亡者隻字不提，那麼，經驗不足的年輕登山家便不會相信，這些在世界最高峰上的趣味活動到底有多麼危險。說不定，甚至連我們自己在山上都會漸漸失去對現實的感知。近幾年來，我幾乎在每座 8 千公尺高峰上都會「遇到

兩位失蹤奧地利籍登山家的最後紮營帳篷；梅斯納爾與卡莫蘭德於此之後尋獲一只遺體。圖中前景右側為納志・薩必爾。

亡者」；這些山也由於遇難登山者而圍繞著駭人故事。我沒有真的把那些照片或部分照片公開，因為有人給我錢。你們也是部分原因。另外，或許也是因為這些照片會使一些人不再去爬山。

　　愚蠢的不是那些知道這種登山方式會招致生命危險卻仍執意前往的人，而是那些不願知道與死亡相關的事、不願正視自己也可能會在高山上喪生的人。

那兩位奧地利人在哪？我們提出一堆可能臆測，但無法得出確鑿答案。

當晚，天候驟變。到了早上，暴風在帳篷周遭呼嘯，山上四處圍繞著烏雲，再也看不見我們上方的加舒爾布魯木峰峰頂。我們不顧暴風肆虐與能見度低落，照常出發，想要在峰頂金字塔下緣地帶尋找那兩位奧地利人。雖然希望不大，但我們還是這麼做了。在山上時，我們無須向自己證明這項行為的正確與否，一切就是如此不辯自明。

我們繞過坡道到右側，朝向加舒爾布魯木峰的東北稜線前進。就在那道山脊下方的一塊岩石下，我們發現一具已無生氣的軀體——是失蹤的其中一人！他以半坐的姿勢臥躺，似乎在等待某人，想必是在紮營夜宿時睡著、死去的，但另一個人在哪裡？

我們沒有觸碰死者，只為他拍了幾張照片、記下他的裝備細節，這樣之後才能通知家屬、向他們說明。接著我們繼續搜尋，相信一定可以在更高處找到第二位失蹤者。雖然他的部分攀登軌跡已經被風吹散，但斷斷續續仍可以清楚辨識，我們因此能夠依循他的路徑走好一段路。軌跡最後在峰頂下的一處石階消失。我們能夠在暴風與濃霧中於 7 月 24 日成功找到通往加舒爾布魯木 2 峰頂端的路，全多虧那條路徑一路引導我們向上，領著我們攀越如刀鋒般銳利的峰頂稜線，抵達最高點。

然而，我們的處境在下山時開始變得戲劇化。我們原路折返，但有一大段軌跡已經被隨風而來的新雪覆蓋。我們應該要在山脊上

謝爾·可汗與納志·薩必爾（後）在霧中攀登加舒爾布魯木2峰的峰頂稜線。梅斯納爾的一生正是如此，皆在這種「稜線」上來回遊走。

某處攀回西南岩壁，但我們在山脊上突然變得不知所措——必須離開坡頂的那個點究竟在哪？我們全都記不清楚這條路線到底是在哪塊突岩、哪片雪堆，或是其他定位輔助物轉向。

我們開始發狂似地找路。有一次是在太低處轉彎，又有一次在太高處。當我們發現自己走錯路時，才體認到要在上面「尋死」是多麼地容易。我們花了很久才終於找到正確的路線，沿著安全的路徑回到最後紮營處，獲得重生。

當你遇到這種險境時，每一座8千公尺高峰都很難爬，包括加

舒爾布魯木 2 峰這種平常相對簡單的山也是如此。當登山者遇上暴風天候，但沒有足夠體力迅速下山的話，很快就會落入致命處境。而假如你不夠謹慎或運氣不佳，所有 8 千公尺高峰都可能對你的生命造成威脅。

我們在隔天爬回基地營，並在那裡將死者的筆記和影片交給那兩位奧地利人的夥伴。直到此刻，對於這場悲劇究竟怎麼會發生，我們仍然沒有確切答案。

兩年後，1984 年，當我和漢斯・卡莫蘭德計劃連攻兩座加舒爾布魯木峰時，我再度採取當年攀登加舒爾布魯木 2 峰的路線。我們原先的目標是以反方向橫跨兩峰：先登上加舒爾布魯木 1 峰、由北壁下山，接著，再從波蘭稜線與一般路線之間的陡峭山壁上升、沿著一般路線下返。如此一來，我們就可以把最簡單的部分留到連攀行程的尾聲。不過，後來因為加舒爾布魯木 1 峰西脊上有雪崩的風險，我們決定將兩峰縱走的順序顛倒；那是漢斯的主意。於是，我二度依循一般路線登上加舒爾布魯木 2 峰峰頂——算是已知領域。

相較於我第一趟的經驗，這次攀登算簡單。當時的天氣可說是最佳狀態，雪況也不錯。但後來我們也知道，攻下加舒爾布魯木 2 峰只是這項行動的部分成就；我們知道，在連攀行動的第一座山上不該把精力用盡，只能在這座 8 千公尺高峰上耗費一丁點兒體力。

這次，我想要再次找出 1982 年那名死者，替他埋葬。世人並沒有忘記這位年輕人，與此同時，我也認識了他的家屬，他們明確

表達希望他能留在山上。如果要執行救援，難度肯定極高，也勢必會很危險，而且極為昂貴。

我知道在這段期間有許多遠征隊行經他的所在位置，但沒人願意稍微打斷攀升行程，將遺體投入任何一道冰川裂隙中。同樣地，我和漢斯在攀升的途中也沒這麼做。我們不確定自己有沒有足夠的時間，也不想在這項大膽的冒險行動之初就接觸亡者；我們的內心仍需要維持平靜，才能保有純淨的熱情追求自己的目標。

不過，我們在下山時就有停下來，用冰斧砍斷亡者周圍的冰。過程中，他的遺體稍微滑落到下方山谷，我們再將他埋於更低處的裂隙裡。這件事耗了我們很多時間跟精力，但這是必要的。所有前來攀登加舒爾布魯木2峰的人，都一定會經過這名亡者；天氣好的時候，都可以看到他。在這個海拔高度、又在石塊蔭下，如果要等他風乾到足以被風帶走的程度，可能需要好幾十年的時間。

在橫跨加舒爾布魯木2峰的過程中，我們只遇上一個危急時刻——更貼切來說，是幾個危急鐘頭——事情發生在我們隔天準備攀越介於法國、波蘭路線之間的山壁途中。這面山壁是攀升路段裡最極致的「自殺路線」——底部呈現凹狀、四處佈滿冰峰，因此，不論是雪崩或所有冰峰斷裂，都會聚集至同一處。但我和漢斯在下山時，以奔跑的方式在清晨順利克服山壁崩塌的險境。當時，冰川仍算相對堅硬，儘管如此，我們當然還是很清楚自己冒著多大的風險。由於我們選了最好的時段，才能將暴露於危險之中的時間相對縮短，但再怎麼說，確實還是處於龐大的危機之中。

位於紮營區之下的較高路段相對簡單。我們邊下降邊繞到左側，也就是我們前一天將亡者埋葬的地方。我們以挺胸但面朝下方山谷的姿勢跨越那片覆雪岩壁。我們由一道堆滿老雪的肋稜往下，進入冰峰群之間那非常陡峭的通道，名符其實地遭到冰峰「四面埋伏」。在攀越那些高聳冰塔的過程中，我們想都不用多想，就能直接感受到整個身軀確確實實地暴露於危險之中，尤其是背部——它們隨時都可能會崩塌。

存活——雙峰縱走

漢斯・卡莫蘭德

在我看來，這趟連續橫跨兩座加舒爾布魯木峰，算是目前為止人們執行過的所有行動裡，數一數二困難的挑戰。同時，若就登山風格而論，它也是所有 8 千公尺高峰行程中最純淨俐落的。

其中最重要的評斷標準，是我們在極高峰上所需的冗長時間。我們不只是在阿爾卑斯式登山上及地形層面，開拓出新境界（在這四段上、下山的路程中，有很大一部分都是較鮮為人知的領域），在心靈方面亦然。此外也牽涉到其他元素，例如在這類「壯遊」中會遇到的醫療、心理及材料技術等層面的回饋。

在死亡地帶徘徊八天之久、期間完全沒有回到基地營的行為，並不等同於危急時刻的加成。事實上，這長達一週的恐怖苦差事——睡眠狀況不佳、全程沒有使用固定繩索、對該地認識有限——

無法用任何已知的登山語言加以描述。「你必須……」、「這需要……」、「你絕對不能……」在這裡都不再算數。我相信，在所有突破既有疆界的全新情境當中，不管是在山上、藝術上或科學上，都意味著對既有的標準常態及其語義的小型革命。

萊茵霍爾德幾年前出版過一本書，名為《與梅斯納爾一起成為登山家》（*Bergsteiger werden mit Reinhold Messner*）[1]，是一本登山專書，提出負責任之登山行為的「十誡」，包括鞋底具備良好抓地力的鞋子、備用內衣褲、身分證明、兩條普魯士繩、衛生紙……等，可說是「阿爾卑斯式登山教教理」。該書所教導的態度，正是萊茵霍爾德在他的登山學校裡所傳達的理念。

但他本身在理念的執行上卻荒謬至極。看看我們去加舒爾布魯木峰的情況，真的滿好笑的。我們沒有攀岩吊帶或攀岩座椅，也沒有指北針、沒有安全帽。我們的裝備裡確實有蠟燭和醫藥箱，但 20 公尺長的輔助繩（6 毫米）稱不上是繩索吧。

所以現在是一個不信教的神父帶領他的信徒上路？兩個攀登異教徒，連最基本的教條都不能遵守？

當然不是這樣。事實上，這項加舒爾布魯木峰縱走計畫，無法以經典阿爾卑斯式登山的遊戲規則實踐。其中只有背包不能被移除，而且必須根據安全理論家的戒律加以準備。

為了這趟縱走──佔了我們人生中的八天──我們廢止了「梅斯納爾式古蘭經」（畢竟我們在巴基斯坦）的遊戲規則。我們將所有書本教條拋諸腦後，以嘗試一些家常菜食譜本來應該做不出來的東西。

我們的成功證明我們是對的，而當我現在回顧當時橫跨行動中的一些情景時，發現其實當時的用意在某種程度上來說，正在於延伸課本裡所教的啟示，沒有試圖重新評量規則，只是添加補充內容。

當我們開始從加舒爾布魯木 2 峰峰頂下山時，是我們攀登的第四天；那天，我們準備越過一道陡峭、崎嶇的懸掛冰川。無庸置疑地，那樣的領域禁止我們使用理智思考。我們之所以能夠安全下莊，是因為我們在一大清早就去爬堅硬的結冰。前一天，我

們捨棄掉一整個下午的時間，因為我們需要最划算的鐘頭數來進行這段下降，那就是清晨時分。爬下去的時候，我們沒有使用任何安全設備。我幾乎沒遇過任何登山家可以跟萊茵霍爾德一樣，如此迅速、熟練地在下山途中把冰斧弄得「乒乓乒乓」。

兩天後，萊茵霍爾德在從加舒爾布魯木 2 峰峰頂懸雪處下降的過程中，真的飛出去了。沒錯，他真的就這樣向後踩空，然後不見。我認識一些人──訓練有素的運動攀登家──他們遇到這種情況時，只有等到山壁底端才有可能停下來。

至於萊茵霍爾德，他在空中把自己拋來拋去，面朝下方深淵跳躍了好幾公尺，然後安全降落在陡峭、結冰的岩質平面上。我絕對不是要讚美那個年過 40、同時被各種病痛纏身的中年男子，但反應力和平衡感真的不是在運動用品店裡買得到的。

到了最底部時，處於那片平坦冰川跟前的我們，差點被崩落的亂石謀殺而亡──有一座巨大的岩塔從山脊高處墜落，崩石從霧中奪出、衝向我們。那我們怎麼也還能逃過一劫？純粹是運氣好！

我們不斷被指責的，是這類旅程所傳遞的訊息，還有我們所做的好示範或壞示範──大家的觀點不同。人們認為，該行為應該會促使許多年輕人跟著投入這種型態的冒險、這種風險之中。萊茵霍爾德始終不承認這項控訴，而把矛頭轉向每個人類個體的選擇自由與理性思考。

不管是在任何生活領域中想要做出一番表現，都不是靠處方籤就能達成的，也不能從誰身上轉移給另一個人。才華、智慧、本能與努力的總和，通常只夠用在一項活動上──就這麼單一一項任務。準確評斷自己的斤兩正是關鍵所在。

當有人能在喜馬拉雅山脈難度最高的路線上走跳將近 20 年，而且基本上沒有發生過任何意外，那從任何角度來看都是一個特例，模仿不來。甚至連從不缺席的好運，都不只是漂亮的印花。如果有人可以跨越所有障礙，他當然也可以為這些障礙寫書，目的不是要拆除障礙，而是證明它們確實存在。

你的教科書──親愛的萊茵霍爾德──源自於累積多年的經

驗，而那正是其價值所在。你在寫這些「定位輔助」給所有挑戰極限的年輕人時，只忘了寫一條戒律，也就是第 11 條：「只準州官放火，不許百姓點燈。」用白話文來說就是：「神能做的事，一般人不能。」[2]

漢斯．卡莫蘭德
（七座 8 千公尺高峰登山家）

等我們終於抵達最底端，從那面陡峭山壁跑回開闊的加舒爾布魯木谷之後，才開始有類似「罪惡的喜悅」的感覺。它們沒有抓到我們！可以鬆一口氣了。跟山壁保持一段適當距離之後，我們坐在背包上準備小憩，再度抬頭回望，在腦中描出剛才下山的路線，震懾不已。我們成功從這道冰溝下來了！連我們自己都不可置信。

當我想到每次爬完 8 千公尺高峰自己有多累時，我至今還是想不通，我們怎麼有辦法完全沒休息地連續攀完兩座 8 千公尺高峰。1970 年，我在南迦帕爾巴特峰上近距離面對死亡；1972 年，完成馬納斯盧峰後，我很沮喪、燃燒殆盡；1975 年，攻下隱峰、我的第三座 8 千公尺高峰之後，我飽受精神錯亂之苦。但現在，從加舒爾布魯木 2 峰下山之後，我依然神清氣爽、精力充沛。這想必是因為我們打從一開始，就一直為自己做心理準備，以迎接整趟縱走行程；我們知道在完成第一座 8 千公尺高峰之後，真正的折騰才會降臨。

不過 在心態上的轉變之外，也多虧了登山領域的強力發展。

舉凡在氣溫 10 度的條件下攀登、在阿爾卑斯山脈連攀多重山壁
——好比說，單天完成馬特洪峰、艾格峰和大喬拉斯峰三者的北壁
——還有獨攀 8 千公尺高峰，這些在十年前都是人們無法想像的，
現在卻列在許多「職業登山家」的方案清單中。那麼，連爬兩座 8
千公尺高峰有什麼好辦不到的？我們能走到今天這一步，都要感謝
不斷改良的裝備和安排精妙的飲食。但不管是在這裡或其他地方，
我從未為了登頂而用藥；我拒絕用藥，就像我拒絕使用氧氣面罩、
攀岩耳片一樣，還有很多人抱持虛假理想、為了把自己高捧為英雄
而使用的那些虛幻豪語。

　　橫跨加舒爾布魯木雙峰的行動，絕對是我在 8 千公尺高峰上最
大膽的冒險之一。但不管是專家或外行人，都無法正確地領會它、
評價它，或許是因為這項行動本身就難以理解吧。

　　如今在回顧加舒爾布魯木峰縱走時，我知道這項行動將會引領
一波風潮，還有無數類似的可能性仍等著人們去開發，例如連攀洛
子峰和聖母峰，或是任何兩座相鄰的 8 千公尺高峰。連續攻下干城
章嘉峰的五座峰頂也是有可能的——其中四座超過 8 千公尺高——
雖然目前前去挑戰的隊伍皆無功而返。如果想要一鼓作氣橫越馬卡
魯峰、洛子峰和聖母峰，應該也有辦法達成；或許現在還無法，但
再過十年想必不成問題。當然，恆久不變的前提是，需要有這麼一
個人不光有足夠的技巧，同時具備必要的經驗，而後者勢必得透過
經年累月的累積才有辦法達成。

　　希望人們未來能不擇「好」手段地一一解決這些挑戰，意思是

說，不要仰賴其他遠征團隊或幫手所設置的儲備物資，或是別人準備的路線。不然在邏輯上，就不能算是我和漢斯・卡莫蘭德在加舒爾布魯木 1、2 峰上所做的示範的延續了。

由加舒爾布魯木1峰西脊望向喬戈里薩峰峰頂，即圖中第一道曙光灑落之處，而月亮仍高掛空中。

加舒爾布魯木2峰
發展史重要日期

地理位置：喀喇崑崙山脈、巴爾托洛慕士塔格山脈
東經 76° 39'，北緯 35° 46'

1909　義大利阿布魯佐（Abruzzen）公爵的遠征團隊由北側（瑟拉通道）及喬戈里薩峰，前往探索加舒爾布魯木群峰；義籍攝影師維托里歐 · 瑟拉也有參與這項行動。

1934　由瑞士籍登山家岡瑟 · 奧斯卡 · 迪倫弗斯率領的國際遠征隊，在研究加舒爾布魯木 2 峰的可能登頂路線時，登上南側約 6250 公尺之高度。

1956　以弗利茲 · 莫拉維克（F. Moravec）為首的遠征行動，經由西南稜線，達成加舒爾布魯木 2 峰的首次攀登。待一系列小型後勤鏈建立完成後，塞普 · 拉赫[3]（S. Larch）、漢斯 · 維倫帕特（H. Willenpart）與莫拉維克前往東脊攀登，於海拔約 7 千 7 百公尺處紮營一宿，並於 7 月 7 日抵達峰頂。此次探勘及後續行程為加舒爾布魯木 2 峰攀登史上重要的準備工作。

1975 夏天，由尚－皮耶 · 弗烈薩馮（J.-P. Frésafond）率領的法國團隊，於史上首攀路線以東攀登南肋稜，創下第二次攻頂紀錄；一名隊員於行動中不幸喪生。

第三次攻頂紀錄（亦屬部分跨攀行動）由一支波蘭隊伍完成，隊長為亞努許 · 奧尼斯凱維奇（J. Onyszkiewicz）。其中，隊上三名成員從加舒爾布魯木 2、3 峰（後者 7 千 6 百公尺高）之間的鞍部啟程，於 500 公尺高且崎嶇多石的西北山壁上開闢全新登頂路線，並依循一般路線順利下山。不久後，另三名成員採取先前奧地利籍登山家的路線，抵達最高頂。

三天後，兩名波蘭籍登山家亦成功攻下加舒爾布魯木 2 峰，隸屬汪達 · 盧凱維茲所帶領的遠征隊；該行動的主要目標原為加舒爾布魯木 3 峰的首次攀登，但隊上的男性遠征小隊表現尤其出色。

1979 據稱，一支智利遠征隊的兩名成員經由一般路線登頂成功。

7 月，加舒爾布魯木 2 峰成為德籍登山家萊茵哈德 · 卡爾攻下的第二座 8 千公尺高峰。

加舒爾布魯木 2 峰也於同年分別成為兩名奧地利籍登山家——漢斯 · 薛爾與庫爾特 · 迪姆伯格——所蒐集的第三座及第五座 8 千公尺高峰。

1982 7月24日，梅斯納爾偕同兩位經驗豐富的巴基斯坦籍登山家謝爾・可汗與納志・薩必爾，經由西南稜線，寫下第八筆攻下加舒爾布魯木 2 峰的紀錄（登頂次數的計算愈來愈困難，因為傳至歐洲的資訊不甚精確，且未經許可便前往攀登的案例愈來愈多，即所謂的「黑攀（Schwarzbesteigung）」，所以此資訊僅能視為概數，但數據不包含已證實未成功的「峰頂攀登」行動。）

同年夏天，來自法國的莉莉安與莫里斯・巴拉德（L. und M. Barrard）夫婦登頂成功。

1983 史帝凡・沃納（S. Wörner）率領一支瑞士遠征隊前往加舒爾布魯木 2 峰，以作為其三座 8 千公尺高峰連攀計畫的第一站。其中，他們採取西南稜線路徑，而沃納、腓德立克・葛拉夫（F. Graf）、亞弗雷德・梅爾（A. Meyer）、艾哈德・羅瑞坦、馬塞爾・魯迪及尚－克勞德・索能維爾登頂成功。

同年夏天，波蘭團隊以三天時間攀越較長的東脊，登上最高點。其中，弗伊特克・克提卡與捷西・庫庫奇卡以加舒爾布魯木 1、2 峰之間的鞍部為起點，開拓新路線；此前，兩人便已攀過加舒爾布魯木 1 峰。

1984 梅斯納爾與卡莫蘭德依序連攀加舒爾布魯木 2 峰及 1 峰（隱峰）時，於 2 峰下山途中開拓新路線：峰頂區路段與前一年波

蘭隊伍的路線重疊，但兩人隨後依循新路徑進入加舒爾布魯木谷，即加舒爾布魯木 1 峰西北山壁的起始處。

同年夏天，一位法國人與一位瑞士人由加舒爾布魯木 2 峰峰頂，以滑雪方式下山。

1995 此時，加舒爾布魯木 2 峰已成為人們最常攀登的 8 千公尺高峰，經常有多支遠征隊於一般路線並行、互助。

1996 尚－克里斯托夫・拉法葉獨自前往攀登加舒爾布魯木 1 峰及 2 峰（詳見加舒爾布魯木 1 峰）。

2006 一支瑞士遠征隊成功達成北壁左側的首次攀登，隊上成員包含烏里・斯特克與漢斯・密特爾（H. Mitterer），但當他們抵達東峰時，認為雪崩風險過大，而放棄繼續前往主峰。

7 月 29 日，繼班尼迪克・博姆及塞巴斯提安・哈格完成第一次攻頂攀升之後，他們一路滑雪下至冰溝處。兩人隨後於 8 月 3 日進行高速攀升，並以滑雪方式下山返回一號營，全程共計 17 小時。

2007 一隊「AMICAL alpin」旅行團遭逢雪崩意外（由西南側一般路線攀升至三號營途中），四名團員不幸喪生。

義大利籍登山家卡爾・溫特齊爾薛及丹尼爾・貝納斯柯尼（D. Bernasconi）經由東北山柱成功攻頂。與此同時，同樣來自義大利

的隊友阿奇里・科姆帕紐尼於將近 8 千公尺處，繞至西南稜線，接著由一般路線登上峰頂。

2011 2 月初，雷納托・莫洛、丹尼斯・烏魯布可與柯瑞・理查斯（C. Richards）成功完成首次冬季攀登。

---

1 本書尚無中文版，書名為暫譯。
2 原文所引用的拉丁諺語「Quod licet Jovi, non licet bovi」直譯為「朱彼特（羅馬神話的眾神之王，相當於希臘神話的宙斯）獲允能做的事，公牛不見得能被允許」，在英文中常譯為「Gods may do what cattle may not（神能做牛所不能）」，與「只準州官放火，不許百姓點燈」同樣指明雙重標準的存在，地位顯貴者可以做的事，並非所有人都被允許去做，唯拉丁諺語本意並無任何褒貶。
3 本名為約塞夫・拉赫（Josef Larch），綽號塞普（Sepp）。

由加舒爾布魯木2峰眺望加舒爾布魯
木谷（攝於1982年）。

梅斯納爾與卡莫蘭德於加舒爾布魯木
雙峰縱走（1984年）途中，將罹難
喪生的奧地利籍登山者（1982年）
下葬於冰中。

加舒爾布魯木3峰與2峰西南側。

上圖：1984年，卡莫蘭德攝於加舒爾布魯木2峰峰頂。座落於他身後的是加舒爾布魯木1峰，亦即他們兩人於三天後在同一趟壯遊中抵達之處。

左圖：梅斯納爾攝於加舒爾布魯木2峰峰頂山脊，距峰頂下方1公尺處（1984年；朝北拍攝新疆一景）；他在兩年前攀登這段路程時遇上暴風雪。

下圖：卡莫蘭德正從加舒爾布魯木2峰峰頂啟程下山，僅距峰頂幾公尺遠；他在圖中朝北眺望（攝於1984年6月25日）。

9　布羅德峰

8047 公尺
喀喇崑崙的寬廣之峰

布羅德峰 8047公尺

○ B₂

○ B₁

BC △△△

布羅德峰西側。圖中所標示的路徑及紮營點,為梅斯納爾與納志·薩必爾及謝爾·可汗於
1982年選擇的路線,他們除了在最底部採取一段變化路線之外,其餘路程皆依循前人首次
攀登路線(1957年)。布羅德峰屬於低度開發,僅主峰群的三座高峰較多人攀登,另外仍
約有五、六條首次攀登的潛在路線。

上一頁雙頁面:由第一紮營點眺望布羅德峰一景;圖中下方為哥德溫－奧斯騰冰川的寬廣
河道,以K2峰(右)為源頭,流向肯考迪亞。

布羅德峰
只能略估的高度

「巴爾托洛冰川的風景絕美無比，我稱之為喜馬拉雅的香榭麗舍大道。試設想一條冰晶大道，約略 60 至 80 公里長——不可思議地長——然後即便你走了整整一天的時間，眼前的景致依然完全不變。」

馬瑟・伊夏克（Marcel Ichac）

1982 年夏天，在我、納志和謝爾踏上加舒爾布魯木 2 峰的幾天後，我們前往布羅德峰，或是當地人早期所稱的「寬廣之峰（Falchen Kangri）」。首先，在少數幾位幫手的協助下，我們將基地營移至他處。我相信我們可以在兩、三天內就爬完這座山，於是決定等天氣好轉後再行動。

當時，我的兩位巴基斯坦夥伴跟我一樣適應良好，出乎意料地成為理想搭檔。剛開始，由於他們在登山方面不像弗里德爾那般訓練有素，當然想不到可以跟他們一起依照我們兩人的原訂計畫，繼續連攀布羅德峰，畢竟那時候尚未有人嘗試過這項挑戰。

我們希望能依循布爾路線攀登——就在赫爾曼・布爾登頂的整整 25 年後，我總算有這個機會追隨他最後一趟攻頂行動的步伐。事實上，我在南迦帕爾巴特峰、聖母峰、K2 峰上，還有之後的道拉吉里峰與當前的布羅德峰上，嘗試複製史上首次攀登的路線並不是巧合。我想，我這麼做應該能展現出我對那些先驅的敬重。

從阿爾卑斯式登山史的角度而論，我對布羅德峰抱有高度興趣。1957 年，布爾、施穆克、迪姆伯格及溫特史德勒就是相中這裡，作為第一座嘗試「阿爾卑斯式登山法」的 8 千公尺高峰，而且在當時就已經於大部分路程中確實實踐。他們沒有雇用高山挑夫，藉此顯示人類在登山方面又向前跨了一步，同時也證實，即使不用高山營帳依然可行。而讓我更加欽佩的是，他們四人一度發現主峰路途還很遙遠、當天無法抵達之後，便於峰前路段折返，下山回到基地營，之後才在第二次嘗試時登上主峰。

儘管我現在歷經病痛、儘管弗里德爾缺席，一旦攀上布羅德峰之後，這趟單季完成三座 8 千公尺高峰的帽子戲法就要完結了。

我們在雪況良好的條件下出發，從基地營開始以由左環繞的方式攀升，跳過布爾及同伴當時使用的一號營，但山壁上仍時不時能看見固定繩索的殘骸。我們在整整 3 千公尺高的陡峭岩壁中間，入住第一處紮營地。

隔天，正當我們準備輕鬆上路時，意外看到兩位登山者從山上朝著我們走過來。因為我知道當時只有我們有布羅德峰的登山許可，所以我非常驚訝，但當那兩人走近時，我們馬上認出他們——

捷西・庫庫奇卡和弗伊特克・克提卡。這兩位波蘭登山家名列世界頂尖好手,從 K2 峰繞道至布羅德峰,並以阿爾卑斯式攀登這座山;在更之後才有人在 K2 峰上嘗試這種登山法。簡單聊了一會兒之後,他們兩人就繼續下山了,我們也啟程繼續攀升。

如果可以的話,雖然我們的背包裡背了大概 20 公斤的東西,但其實原本應該第二天就能抵達峰頂,不過我們又再次紮營過夜。我們在完成史上首次攀登的前輩的最後營地附近,將當天早上於第一紮營處拆卸的帳篷再度組建起來。隔天,8 月 2 日,天氣極佳。儘管中峰與主峰之間的凹口看起來十分寬闊,但我沒有任何一刻質疑過這項計畫成功的可能。從那裡開始,我們就一路沿著稜線攀升,而峰前路段的路程確實遙遠。就這樣,我們越過那質地易碎且愈趨平坦的岩質山脊,踏上最高點。

對我而言,布羅德峰相較之下並不成問題,或許是我登過的所有 8 千公尺高峰中最簡單的。若跟大規模的經典阿爾卑斯山脈之旅相比,也沒有比較吃力,就攀登技術而論,甚至更簡單。雖然客觀上來說,它絕對不是難度最低的 8 千公尺高峰,但對我來說——這完全是主觀感受——如果將難度、條件及天候狀況納入考量,它確實是最輕鬆的。

登頂時,天上高掛著一抹輕盈的雲,但天氣也都沒有轉變。我們一路上從未因為外來影響或體力削弱而陷入絕望情境。儘管如此,從這座峰頂眺望出去的景色依然如此壯觀,有如來自別的星球一般!而座落於 K2 峰以北正前方的是中峰,雖然它的高度也差不

多將近 8 千公尺，但可以很清楚地辨識出它屬於次級峰。

　　全部 14 座 8 千公尺高峰共有這麼多座次級峰，但如果要挑其中一座來爬，在地理上並沒有什麼重要性足以讓登山家前去挑戰。不過，若是座落在跨越疆界途中的山峰，作為相對應的 8 千公尺高峰主峰的群山之一，那就別有一番魅力。

　　有太多人就只因為這些 8 千公尺高峰的高於 8 千公尺，就賦予它們特別的價值。「8 千等級（Quote 8000）」現已成為一種商標，好像光有這個標籤便足以作為品質保證似的。這種觀點多麼膚淺啊！事實上，一趟登山行程的價值無以衡量，「8 千」僅僅是一個數字，而在數字背後的向來是一整座山、一項經驗。

　　回到基地營時，我們仍未感到精疲力盡。如果真要的話，我們可能還有辦法繼續爬第四座、或許甚至第五座 8 千公尺高峰。正是在那一刻，我才下定決心要把所有 8 千公尺高峰攀完，而且我希望能成為達成這項目標的第一人。沒錯，我就是這麼想的，但並不是要跟庫庫奇卡或迪姆伯格競爭或什麼的；他們當時距離這項終極目標仍太遙遠，無法超越我。當時，我只是一度動念想到這個點子，後來向一、兩個人提起過，但那卻引發一場雪崩來襲，終至我自己無法招架。當大眾媒體開始竊用我的計畫時，這場 8 千公尺高峰「競賽」被加油添醋為人與人之間的相互較勁，但實際上，這場被人建構出來的較勁並不存在啊！將這個新點子——爬完所有 8 千公尺高峰——付諸實行，並不是我在接下來幾年內的唯一目標，甚至不是我的首要目標。相反地，它更像是指導原則、更進一步的可能

性，最後呈現出來的結果應該是一項總結。

正如我之前在加舒爾布魯木2峰上的經驗，在這趟布羅德峰之旅中，我跟當地登山家一起創造的經驗都很不錯。大家都知道在巴基斯坦、西藏和中國境內，都有至少能力與我們相當的人。現在我終於獲得證實，在接下來的幾十年裡，當地人在他們境內山峰的表現若沒有超越我們，最起碼都足以和我們相提並論。一來，他們勢必比我們更加適應環境；二來，他們在高海拔地區幾乎都比歐洲登山者更強。他們也跟我們一樣能夠取得科技技術。

回顧歷史，阿爾卑斯式登山源自歐洲，而我們在亞洲經常以殖民主的姿態對待當地人。在過去，當地人向來常被定位為挑夫、幫手；在未來，他們勢必將努力成為獨立自主的阿爾卑斯式登山家，或甚至是登山嚮導。但無論如何，相較於以往，喜馬拉雅地區的人民未來都將於他們自己的山峰上，在登山方面扮演更加重要的角色。

現在的情況是，在尼泊爾執行的許多遠征行動中，主要工作皆由雪巴人完成，而在喀喇崑崙山脈則是巴提人。據傳，聖母峰上的全部路線甚至全都是雪巴人提前準備，好讓「老爺們」在那些設妥的登山道上開啟他們的「英雄之舉」，搞得好像自己是沿著繩索路徑攀登似的。

目前，雪巴人與巴提人的薪資皆過低，尤其是那些在基地營之上工作、肩負主責的人。如果接下來的幾年內，當地高山挑夫能在敬業精神之外也開發組織技巧，那我將十分樂見。他們必須在社會

政治方面自我組織；他們必須學會，當全體一齊發聲時將能擁有多麼重要的聲量，而且他們享有話語權；他們應該要為自己的辛勞工作爭取公平的工資。

長遠而言，我希望巴提、雪巴與西藏高山挑夫，能夠發展成某種形式的喜馬拉雅登山嚮導。當喜馬拉雅登山活動最後分割為兩套不同原則時，他們就會有工作了。一方面，我覺得，以後那裡會有很多由歐洲旅行社籌劃的一般路線遠征及旅行團行程，而當地人可以帶領較無經驗、沒有經過什麼特別訓練的「冒險家」前往峰頂。另一方面，以後遠征行動的目標應該會愈來愈不尋常。來自世界各地才能出眾的厲害登山家，在這些山上開拓新路線時，也將不再需要高山挑夫的協助。他們的目標將不只是尋找新路徑、挑戰跨疆攀登、連攀相接山嶺，更將為自己設下許多限制，才能產出新風格。今天的不可能，將成為明天的動機。所謂創新者，是那些勇於比我們現在在喜馬拉雅山脈所做的一切再多跨出一步的人，而不是那些比別人更快將早已有人做過的事再複製一遍的人。

繼這次成功在登山史中寫下第一筆 8 千公尺高峰帽子戲法紀錄之後，我的意識持續成長，為我帶來經濟上的成就，但同時也帶來一些附加陷阱。此時，我已經變成「公眾人物」，開始被人更密切地觀察。這讓我在規劃實際生活時，愈加難逃持續受人干擾，同時也讓我愈來愈無法空出必要時間，投身於新點子及全新遠征目標的構思與實踐。

於是，相較於先前我被迫投注全力在某件事上，我開始學會在

雪巴人安‧多吉攝於干城章嘉峰峰頂。他日後於聖母峰遭逢致命意外。

那方面限縮自己——那就是「工作」。假設我一開始在一年當中花了三個月進行遠征，並花九個月賺錢維持生計、資助這些遠征，那我希望能漸漸翻轉這種關係。換句話說，我希望未來能有九個月的「空閒時間」，然後只「工作」三個月。對我而言，工作同時也跟外在規範有關，亦即約定行程、妥協與公眾性。可惜的是，產出工作無法與這些規範加以切割。

　　我有三次跟當地人一起登上 8 千公尺高峰的經驗：1982 年與安‧多吉攻下干城章嘉峰，他是我所認識的雪巴人之中最厲害的一位；1982 年與謝爾‧可汗和納志‧薩必爾前往加舒爾布魯木 2 峰與布羅德峰，他們兩位都是罕薩人。比起跟歐洲登山家一起進行的遠征行動，我在這幾趟遠征之旅中感覺自己肩負著更多責任，

薩必爾（左）、梅斯納爾及可汗於啟程前往加舒爾布魯木2峰與布羅德峰之前，攝於達蘇（Dassu）。

原因是當地人的登山能力不及我們。但因為我知道他們對於山的態度、他們的能耐與意志，所以他們的參與並不是一項負擔，甚至完全相反。我從喜馬拉雅和喀喇崑崙當地登山者身上學到很多。他們看待環境的方式與我們不同，在直覺上比我們優秀。針對這一點，道格・史考特曾分享一些想法（詳見第 143 頁）。

安・多吉、謝爾和納志三人都深受登頂所吸引，不然我一開始也不會邀請他們一同參與攻頂行動。不過在他們眼裡，這些雄偉的山峰有其神聖性，必須予以敬重。而介於這股敬意及登上最高點的願望之間，他們比我們這些歐洲登山者感到更加不安，不像我們這麼冷靜。我們在思考上比較理性，也能夠比較果決地在峰頂上設立停損點。在歐洲，我們已經從長達兩百年的現代阿爾卑斯式登山

史中累積許多經驗，在技術上算是訓練有素的攀登者。但相較之下，他們住在山中。

不管是跟安・多吉或是納志和謝爾，我都不能挑戰難度極高的路線。為了安・多吉，我們在干城章嘉峰上事先準備好路線、設置固定繩索，否則他無法達成。我們只有在最後一段路，確定他有辦法攀登時，才使用阿爾卑斯式登山法。安・多吉本身曾在沒有戴面罩的條件下，兩度攻下聖母峰，以及干城章嘉峰。他是第一位沒有借助人工氧氣、成功攀上母國境內兩座最高峰的尼泊爾登山家，也是唯一一位寫下這項紀錄的雪巴人。但安・多吉在挑戰第三次登上聖母峰的過程中，不幸喪生。

至於謝爾和納志，他們現在依然持續進行登山活動。納志不只成功攻下 K2 峰、加舒爾布魯木 2 峰和布羅德峰，也在故鄉巴基斯坦境內攀過許多較小座的 6 千公尺高峰。謝爾則曾三度踏上加舒爾布魯木 2 峰峰頂。

存活——大山經驗

庫爾特·迪姆伯格

1957 年，在赫爾曼·布爾於喬戈里薩峰那片濃霧瀰漫、寬達數公里遠的雪原上，不幸遭逢冰裂意外之後，我試著尋找進入山谷的路；在那趟路程中，我想必已經用掉七條命。1986 年夏天，當我和茱莉·特利斯（Julie Tullis）嘗試攻下 K2 峰峰頂時，不只是我的這位女性夥伴，我們七人隊伍裡的另外四位登山家也不幸喪生；在那長達數天的暴風雪與那段永無止盡的下山路途之中，我一定又上繳另一條命了。光是「永不放棄！」這句話並無法解釋「倖存」這件事——我常常這麼想著。

即使我和梅斯納爾的登山方式不同，而且其實也無法相比，但我知道，我們能夠存活有很大一部分都多虧我們嚴謹遵守那些我們認為是正確的規則，不論別人究竟是否認同，而且那也很可能涉入「感覺」的領域，遠與「理智」無關。只要想到有人可以這麼常在喜馬拉雅的大山上朝著峰頂前進，尤其又能夠克服危急情況回到山下，我就無法抑制自己對他的欽佩之情——也就是那個爬完 14 座 8 千公尺高峰的人，他有時候甚至是以難度最高的路線完成挑戰，然後仍一次又一次地存活下來。

「唯有當你再次回到地面後，那座 8 千公尺高峰才屬於你，因為在那之前，你屬於它。」我曾在日記裡如此寫道。

對我而言，大山就像人一樣，每一座都有不同個性，也有脾氣和心情，每天都會改變。山可能會喜歡我，也可能不會。一旦我跟山之間建立起關係，我便希望透過攀上它的峰頂，使我的生命與它產生連結。我稱之為「內心聲音的規則」，有時說好、有

時說不，並且能夠辨別出正確的日子。即便我自己沒有清楚認知到，但能夠活到現在一定常是多虧了這條規則。

其他同屬這類的是某種沈思狀態，那是一種形式的放空，不但可以讓人待在帳篷裡撐過長達數天的暴風，就算位處高海拔的輕便紮營帳也行。正是多虧了它，我才能在 1986 年夏天 K2 峰的那場慘劇中倖存。最後但也同樣重要的是「理智」。在每一次攀登之前，都要清點必需裝備——沒錯——而我想說的是，雖然老掉牙，但務必提早評估所有可能性。我的繩索搭檔茱莉——我最後幾年幾乎都跟她一起在 8 千公尺高峰上拍片、攀登（我們成立了「世界最高攝影團隊」，在三趟遠征之旅中，從北方及東南方拍攝我們夢想中的山—— K2 峰）——在跟我一起登山時，我們兩人一起達到罕見的完美境界。在考量「創意登山」之必要性的同時，我們也必須納入安全這項需求。對我們來說，重點不該只放在速度上，即使速度是 8 千公尺高峰運動攀登近期的一項發展方向。但最重要的是，我們必須特別留意滯留在高海拔的可能性，而在必要時，當然得儘速下山。我們在 K2 峰上，兩度將我們自己的四號營帶至 8 千公尺範圍內的山肩。假如我們當時能夠按照計畫在 8 月 3 日進行攻頂行動，那茱莉現在應該還活在世上。

我想，非常重要的是，所有爬上如此高處的人都應該謹記，8 千公尺以上的範圍不可能會有任何救援，而且在上面絕對不能比必需天數多花任何一天。如今，在一些 8 千公尺高峰路線上，可以看到許多遠征隊伍。一方面確實帶來國際合作的可能性，但同時也潛伏著危機。

我相信，在我們這個時代裡存活的一項關鍵，在於那些爬上如此高處的人，眼中不能只有目標，同時在實踐行動時也要具備高度批判能力。梅斯納爾稱我為「活過 8 千公尺高峰登山史上所有時期的唯一一人，而且依然活躍」，而我必須說，我確實見證了非常多的轉變。

庫爾特・迪姆伯格
（六座 8 千公尺高峰登山家）

由K2峰基地營望向布羅德峰（圖中左側為中峰，經常被誤稱為第15座8千公尺高峰；右側為主峰）。

布羅德峰
發展史重要日期

地理位置：喀喇崑崙山脈、巴爾托洛慕士塔格山脈
東經 76° 34'，北緯 35° 48'

1982 「布羅德峰（Broad Peak）」現行名稱是由威廉・馬丁・康威（W. M. Conway）帶領的英國實地考察團隊所命名；原名為當地語言中「寬廣之峰（Falchen Kangri）」之意。

1909 來自義大利的維托里歐・瑟拉將山峰北側、西側及南側的照片帶回家鄉。

1954 秋天，由卡爾・赫立高弗所率領的德奧聯合遠征隊首先前往布羅德峰。相較於條件較利於攀登的西肋稜，他們選擇挑戰西南岩壁上較為危險的溝壑及一道冰壁，途中曾發生多起事故。11月初，該團隊不得不於海拔約 6 千 9 百公尺處終止行動。

1957 一支來自奧地利的小型遠征隊在馬庫斯・施穆克的帶領下，成功首度攻下布羅德峰。其中登上峰頂的成員為實力堅強的四

人繩索小隊——布爾、施穆克、迪姆伯格與溫特史德勒。他們既沒有雇用高山挑夫，也沒有使用人工氧氣，並在海拔約 6950 公尺以下區域，自行處理三座高山營帳所需設備。在第一次嘗試攻頂、抵達「錯誤峰頂」之後，他們返回基地營修復體力。6 月 9 日，他們終於成功在第二趟嘗試中登頂成功。18 天後，布爾於喬戈里薩峰失蹤，至今仍下落不明。

1975 以亞努許・費倫斯基（J. Ferenski）為首的波蘭籍登山家依循 1957 年的奧地利遠征路線，抵達位於覆冰西肋稜上方的鞍部，接著再經由岩質東南山脊登上中峰（8016 公尺）。下山時，成功登頂的五人當中，三人不幸喪生。

第二次攻下主峰的紀錄於同年由兩位日籍登山家完成；他們採取的路線與史上首次攀登路線相同。

1978 繼兩年前的行動失敗作收，亞尼克・塞紐爾再度回訪布羅德峰進行挑戰。這次，他與喬治・貝騰堡（G. Bettembourg）於第二趟攻頂行動中，沿著一般路線攀越綿長的峰頂稜線，攻頂成功。

1982 8 月 2 日，梅斯納爾完成他於該年內的第三座 8 千公尺高峰，與兩位巴基斯坦登山家薩必爾與可汗，經由一般攀升路線的入山變化路線登上布羅德峰峰頂，為史上第六次成功攻頂紀錄。

1983 繼前一年嘗試攀登之後，義籍登山家雷納托・卡薩洛托這次經由高難度的北脊，成功創下北峰（7千8百公尺）首次攀登紀錄。

6月底，波蘭籍女性登山家於布羅德峰寫下女性登山史中的全新紀錄——克莉絲提娜・帕莫斯卡（K. Palmowska）與安娜・徹溫斯卡（A. Czerwinska）只花兩天時間，便於沒有使用人工氧氣及高山營帳的條件下，成功抵達主峰峰頂。

瑞士籍登山家馬塞爾・魯迪及法籍艾哈德・羅瑞坦，與波蘭登山家同天登頂。隨後，參加瑞士連攀三座8千公尺高峰登山行動的隊員——葛拉夫與沃納、皮耶・莫蘭（P. Morand）與索能維爾——也依序兩兩登頂成功。

1984 克提卡與庫庫奇卡由西邊依序完成布羅德峰縱走（北峰、中峰、主峰）。

喀喇崑崙山脈的「較低」8千公尺高峰儼然成為登山家將許多不尋常點子付諸實踐的遊樂場。舉例來說，波蘭籍登山家維利斯基於一天內成功攻下布羅德峰峰頂：凌晨2點由基地營（4千9百公尺）出發、下午4點登頂、晚間10點半返回基地營。這位年輕的高性能運動家以獨攀方式，完成全程3150公尺高度落差的多數路段，但由於1983年的多趟「破紀錄攀登行動」，攀登路線已開闢完成，並設有安全設施、備有糧食及營區，維利斯基的行動因此不能算作全然獨立的8千公尺高峰之旅。此外，自1957年起，該路線上的

許多路段已經毫無冰雪覆蓋。

1994 卡洛斯 · 卡索利歐在攻頂行動途中，於布爾路線右側開拓一條獨攀路線，該路線隨後以他為名。

1995 志在尋找未開發之地的探險家，多次嘗試從中國一側（經由北峰或中峰）攻下布羅德峰主峰，但皆失敗作收，隨後將興趣轉至西岩壁。儘管如此，每年都有愈來愈多觀光團列隊前往一般路線登山。

2006 在一趟名為「跟隨布爾的腳步（Auf den Spuren von Hermann Buhl）」的遠征行動中，奧地利籍登山家馬庫斯 · 克朗薩勒（M. Kronthaler）攻頂成功後，不幸於下山途中遇難喪生。隔年，克朗薩勒的弟弟葛歐格（Georg）成功將遺體由高處帶回。

2008 俄羅斯登山家法勒里 · 巴巴諾夫（W. Babanow）與維克多 · 阿法納席夫（V. Afanasiev）順利完成西北山柱的首次攀登。

2010 一支西班牙團隊經由西壁登上北峰與中峰之間的鞍部，成功達成布羅德三峰連攀。

2013

3 月 5 日，來自波蘭的亞當 · 別萊茨基、亞瑟、馬利克（A. Malek）、馬切依 · 布瑞別卡（M. Berbeka）與托馬斯 · 科瓦爾斯基（T. Kowalski）創下首次冬季攀登紀錄，但布瑞別卡與科瓦爾斯基並未成功返回四號營。三天後，兩人宣告死亡。

7 月，五名伊朗籍登山家於西南山壁開闢伊朗路線，其中三人成功登頂卻未平安歸來，隨後同樣宣告死亡。

上圖：由兩座布羅德最高峰之間切口望向峰前路段及主峰一景。

左上：由肯考迪亞（西南側）望向布羅德峰一景；圖中左側頂部寬闊者為中峰、右側為主峰。此攀升路線通往兩座山巒之間的切口。

左下：巴提挑夫攝於巴爾托洛冰川。在1982年遠征行動中，梅斯納爾首先將遠征物資運至布羅德峰山腳下的一處儲備位置。

薩必爾手拿巴基斯坦國旗，攝於布羅德峰峰頂（1982年8月2日）。

薩必爾於布羅德峰峰頂下山途中稍作休息；疲勞、發燒及軟雪使他步伐蹣跚。

布羅德峰基地營一景，圖中為隨隊廚師羅西・阿里。梅斯納爾的所有遠征行動中，皆備有一座團隊帳篷供全體團員共食。

10 卓奧友峰

8201 公尺
綠松石女神

卓奧友峰 8201公尺

△ C_3 1982

△ C_2 1982

△ C_1 1982

梅斯納爾連續兩度造訪卓奧友峰——於1982年12月前往東南山壁,即奧地利的艾迪‧科博穆勒(E. Koblmüller)與亞洛伊斯‧福特納(A. Furtner)所開拓的路線(1978年),並於1983年春天進行第二趟行動。其中,梅斯納爾及其南提洛遠征隊在1982年冬天時,於峰頂之下約7百公尺處無功折返。五個月後,他偕同達賀與卡莫蘭德,經由西南岩壁抵達最高點。

上一頁雙頁頁面:卡莫蘭德與達賀攝於通往邊嶺的鞍部下方;越過該嶺後,便能跨疆抵達卓奧友峰西南岩壁。

卓奧友峰
跨越兩個世界的人

「太遲了嗎？登山現在正變成一場商業競賽。個人的自動自發與創意已經被一成不變的自吹自擂儀式所取代、由製造商所資助、受到社福機構背書，並透過大眾媒體加以宣揚。」

羅伯・伍德（Rob Wood）

摘自《山岳（*Mountain*）》

1980 年 2 月 17 日，波蘭籍登山家順利於冬天攀上聖母峰，寫下史上首筆紀錄，但官方起初並未將這趟攀登視作冬季攀登。根據尼泊爾的準則，一定要在 12 月 1 日至 2 月 15 日之間執行才算數。不過，對我來說，那依然是人們第一次成功在冬天攀登 8 千公尺高峰的行動。

隨著尼泊爾政府開始在冬季月份發放該國最高峰的入山許可，也為人們開啟全新的玩樂選項。雖然對於在冬天不擇「好」手段攀登 8 千公尺高峰的可能性，我剛開始抱持懷疑態度，尤其是無面罩

攀登，但我還是想在 1982、83 年嘗試第一次挑戰。截至當時為止，人們還未曾在冬天的那幾週內「正式」攻克任何一座 8 千公尺高峰。

不過，當我們在 12 月試圖攀越卓奧友峰東南岩壁的同時，日本登山隊就已經在 12 月初成功登上道拉吉里峰。他們在清楚認知冬天極端條件的情況下，計劃這趟雨季後的冬季攀登。他們 11 月時便著手執行前置作業，趕在冬季開始之前，將較低處的營區搭建完畢，如此一來才能在 12 月初攻頂。但我們並不想在卓奧友峰上採取這項策略——那是偷吃步。

除了五位登山家之外，我另外邀請兩位南提洛藝術家參與這趟遠征之旅，包括畫家路易斯・史特赫（Luis Stecher）與作家布魯諾・拉納（Bruno Laner）。他們兩人的任務，是以各自的方式，將他們對於大山、對於人與自然之間的對立的印象紀錄下來。於是，這場「巴洛克式」的卓奧友峰冬季遠征成為全新體驗，可算是我的一項資產。

我們這些攀登者往往都是在回到基地營之後，就可以變得比較放鬆。沒錯，當我們大家一起坐在大頂的共同帳篷裡討論至深夜時，我就能把山完全遺忘。我們談論的內容不只是登山或 8 千公尺高峰，我們也會聊到神、聊到世界。

等我們在堺其爾山谷（Gokyo-Tal）深處完全適應環境之後，我們就出發攀登洛子南壁下方的島峰，直到 12 月 1 日才展開真正的攀登行動。隊上全體登山者皆順利離開基地營；由於狀況良好，

我們進展地十分迅速。山上較低區域的寒冷和風況，並沒有為我們帶來太多負擔。一直到了海拔 7 千 5 百公尺處——我們原本希望可以開始進行攻頂的地方——我們才被新雪絆住。

我在準備這趟遠征時，犯了一個思考上的錯誤。我的想法是，在面對冬天的西北暴風時，我們一定能在東南山壁上保持安全。相較之下，在這個時節裡，從西藏吹來的風會橫掃高山上其他所有方向的岩壁——這會是最大的阻礙。這種現象也稱作「噴流」，於山峰高處可造成致命傷害。可是，我希望在反方向的岩壁上，也就是滑流位置，能夠順利趕出進度。

而實際情況確實也是這樣，直到我們攀入那些新雪不斷滑落的通道。當時，我們只注意到頭頂上方高處隨風而起的揚雪，但當我們發現自己在卓奧友峰那平坦的東南山壁上陷入嚴重危機時，雪層已經深及腰部了。首先，要在如此大規模積雪當中挖出一條路上山，根本不可能。除此之外，我們也覺得那道坡段會崩塌。爬在最上方的我跟漢斯・卡莫蘭德決定「放棄近在眼前的峰頂」。勉強繼續攀升太過冒險、太過吃力——恐懼擊退了我們。

每趟 8 千公尺高峰遠征，終究都只是我與自己的對抗。比起從峰頂向外遠望，反觀內心其實更為重要。不管怎麼說，我是最不會隱藏野心的人，但對我而言，登山的首要宗旨在於探尋，不是鬥爭、沒有要跟「裸岩」宣戰，也不是在跟別人較勁。此外，它也是我把原本構思出來的東西付諸實踐的嘗試。

在 1982、83 年的這趟卓奧友峰遠征途中，我們常常路經萊茵

位於堺其爾山谷的萊茵哈德・卡爾紀念塔（Tschorten）；左後方為卓奧友峰。

哈德・卡爾幾年前不幸喪生的位置。當年，他參與沃爾夫岡・奈爾茲率領的遠征隊，挑戰在雨季之前攀越東南山壁、登上峰頂。但在真正的峰頂山壁底部，海拔約 6 千 5 百公尺處，兩人一大清早碰上出乎意料的冰崩事件，卡爾的性命便是在那場意外中被奪走。

　　他們倆當時距離峰頂還很遠，但充滿信心、充滿對生命的熱情。由於那場意外，奈爾茲中斷遠征行程。至於為什麼像卡爾如此成功、同時又如此自我要求的登山家，會選擇在這種暴露於危險之中的地點紮營，至今仍沒有人知道答案。繼續探討思索這場悲劇已經沒有任何意義；任何有血有肉的登山者都知道自己生於危險之中，即便他們無意自尋危險、自投羅網。

我們整整比卡爾和奈爾茲多爬了 1 千公尺的高度，但這項成就也改變不了同樣挑戰失敗的事實。

　　這趟冬季遠征是我第一次跟漢斯在高山上搭檔。我在幾天時間內，很快就對這位年輕的南提洛登山家產生高度信任；我之前只曾對少數登山家如此信任。他不但實力堅強，對他來說，一切都十分自然而然。正如同布勒、弗里德爾，或是我弟弟岡瑟過去那樣，他之於我的意義不單只是攀登夥伴。於是，我在 1983 年春天再度邀請漢斯，跟我一起回訪卓奧友峰。此外還有米赫・達賀，他也是德國最傑出的高海拔登山家。

　　為了 1983 年的遠征行動，我事先取得卓奧友峰西南側的攀登許可。山的這一側相對簡單，唯獨較難進入。尼泊爾政府開給我一項條件，要我不能從囊帕拉山口（Nangpa-La）入境西藏。於是，我們從索盧坤布縣的南崎巴札（Namche Bazaar）前往泰姆（Thame），接著進入囊帕拉山口下方山谷，即雪巴民族於 17 世紀時，由西藏進入尼泊爾的喜馬拉雅通道。

　　我們在那條通道下方一段距離以外的地方搭設基地營，海拔高度約為 5 千公尺。到了那裡之後，我們放原本在囊帕冰川下方、一路跋涉穿越及胸雪層的犛牛回去，接著於囊帕拉山口上建立第一處高山營地，算是某種形式的主要前進營。我們打算從這裡翻越囊派戈蘇木峰（Nangpai Gosum），進到「我們」的山的西南岩壁。那個地方有條小通道，一個相對容易進入的切口；如果由它的另一側下到西藏，就可以避免越過禁區。就這樣，我們繞道前往卓奧友

1983年位於囊帕拉山口下方的前進基地營；圖中後方可看到囊派戈蘇木峰。

峰。雖然我們跨入遭禁的世界，但我們是以合法手段達成的——我確實遵守旅遊部負責人向我下達的指示，也有走到核准路線。但由於沒有雪巴人隨隊，我們背負很重的行李。

我們花了三天攀上峰頂，途中沒有遇到什麼特別事件，也沒有過於困難的情境。米赫、漢斯跟我在最後一天往回走了很遠的路，超過 1 千公尺的海拔高度差。山頂上那極致寬闊的峰頂平台尤其遙遠，好像永無止盡似的。走在那片被雪波紋弄皺的雪原上時，我們看到每一座最高的山丘，都以為是峰頂，但在它們之後往往還有突得更高的地形，一座接著一座。難道沒有終點嗎？

落石

卓奧友峰東南山壁上最困難的路段，是介於海拔 7 千至 7 千 4 百公尺之間的冰壁，我們不敢從科博穆勒和福特納 1978 年登頂時所採取的山溝攀升——它落在一處雄偉而危險的冰峰段下方，由那裡上山可能會遇到致命危險。於是，我們沿著它的右側前進，可是那道山壁幾乎呈現垂直狀態。一道道突起的冰條就像黏著在山壁上似的，而且中間都堆滿了雪！整個看起來好像一坨巨大的奶霜，但不是奶油做的，而是過量的白雪。那段攀登要求極致專注。

我跟漢斯・卡莫蘭德、漢斯・彼得・艾森德（Hans Peter Eisendle）和弗伊特克・克提卡花了十天的時間，為那條路線裝架安全設備。然後，我發現自己跟漢斯抵達山壁的最後路段了，它的傾角開始慢慢往後斜去。此時，我只在漢斯下方 40 公尺處，身上綁著安全繩。一向謹慎攀爬的漢斯，在垂直岩塊下方繞至左側，進入一道山溝。忽然間，有一塊如同桌子大小的巨石，從上方遠高於我們的地方落下。我眼睜睜看著它從山壁上脫落——先是下滑，接著在空中彈跳了好幾下，飛越漢斯，然後直接朝我衝來。我好像受到催眠似的，就這樣看著事情發生。而且我被繩索困住，無法鬆脫，甚至連用刀子都沒辦法及時把繩子弄鬆，那塊石頭朝我飛來的速度實在太快。

我如同一個被判死的人，一直等到最後一刻、石頭就在我的頭頂正上方時，我才成功把自己拉到一旁。而那塊巨石從我身邊呼嘯而過，只相差幾公分的距離，幾分鐘後便於山壁底端的巨大冰川盆地消失無蹤。

為了攜帶物資而爬在比較下面的保羅・漢尼（Paul Hanny）也一樣，有如被那塊石頭下咒似地直盯著它，看起來就像他在設法使盡全身念力，想把石頭從我這邊引開。危機解除之後，他深吸一大口氣，飽受驚嚇的臉色就跟我自己一樣蒼白。

一直到後來，我才認知到在卓奧友峰上的那一刻有多麼危險。

如今回想時，那塊巨石的模樣又再度浮現在我眼前。我可以看見它是怎麼鬆落的、到底是怎麼朝我飛來的。而且就跟當時一樣，我知道假如我一直等到最後一刻才有辦法確實躲開的話，那我只會有一次存活的機會。

　　你只能等到最後一刻，才能確定石頭墜落的方向；唯有在正確時機做出正確轉向，才能決定是生、是死。

但我們辦到了，於 5 月 5 日站上最高點。我們幫彼此拍照，然後下山，隔天又回到囊帕拉山口南邊的前進基地營。

　　踏上這趟遠征之前，我們不像上一次一樣，有時間可以悠閒地研究這座山、寫寫東西或讀讀資料。我們很快就啟程攀登，忽略了其他一切細節。我想，以前應該從來沒有任何遠征，像這樣沒有事先進行高度適應，又以這麼短的時間攻頂成功。不過，我比較不喜歡這種一直呈現移動中的型態。對我來說，在登山活動中，沉思這件事已經成為非常重要的一部分，也是我時不時「突破人類極限」的必要條件。

　　在 1983 年的這趟春季遠征之旅當中，我不但跨越了中國和尼泊爾之間的界線，也越界進入另一種新的人生。山上的危機、在大自然中的生活，對我來說，已經成為某種必須、自然的存在。我就像個成癮者一樣戒不掉它。我變得無法忍受不得不在歐洲久待的日子；我需要好幾星期、好幾個月的時間，生活在喜馬拉雅山脈的孤獨之中，可以是獨自一人，或是只跟少數幾位友人。

　　當時，那已經是我生命的一半了。回到歐洲時，唯有當我能夠把自己沈浸在某處的課堂裡，我才會感到同等的快樂。一方面，我需要獨處，另一方面，我向來又很喜歡回到文明世界、回到其中的「工作」與日常壓力。我是一個被自身想法驅動的人，必須一直動才能保持身心健康，但同時又需要中場休息，隨後才能夠帶著新點子、來一場大爆發。那時候，我有一半的人生是在喜馬拉雅的全然孤獨中進行，而另一半的人生則處於中歐都市的繁忙生活步調裡。

我追尋著高度與深度——我需要這種對比，不只是在山上。

在那幾年當中，從一個極端轉換至另一個極端，對我來說是如此地自然。我可以不痛不癢地從前一天的飯店生活，馬上換成隔天的帳篷生活，而且過程中也不會覺得犧牲到任何東西。

其他人會覺得自己在這種「雙重生活」裡看到矛盾，但我從不認為有什麼相互抵觸的地方。因為每當我受夠那些約定行程、滿腹質疑的人、忙碌匆促的步調時，我早已再度上路。就很多層面而論，亞洲的生活節奏徹底顛覆了我的生命。我的「神」再度變成山峰、溪流、雲朵。那裡的人總是好奇地觀察著我，正如同我充滿好奇地觀察他們一樣。隨著我一次又一次地回去，他們不需要說服自己去相信我很愛他們的國家、他們的山脈，他們可以親眼見證。我接受他們的某些儀式，從 1981 年開始就一直戴著天珠項鍊，然後跟康巴人或喀什米爾人表現得一樣熱情。喜馬拉雅也是我的家。

梅斯納爾的頸上掛著一顆天
珠（下圖），兩側為石化珊
瑚，是他在定日、卓奧友峰
北側山腳下得到的。相傳，
天珠具有神奇力量，為靈魂
的晴雨計。當地各處居民經
常觸摸他的珠子；許多人將
梅斯納爾視為自己人。

存活——並不斷自我審視

賀伯特・提奇

　　自從我們——我、提洛人塞普・約赫勒和赫爾穆特・霍伯格（Helmut Heuberger）跟雪巴人巴桑・達瓦・拉瑪——完成卓奧友峰的首次攀登後，至今已經超過 30 年了。當時，8 千公尺高峰競賽才剛開始，我們的成就大概落在中等位置——在那些高於神奇的 8 千公尺界線的高峰當中，卓奧友峰是第五座被攻下的山。順帶一提，它現在又「長大」了——我們去爬的時候，它的官方高度是 8153 公尺，現在被記為 8201 公尺。這是因為喜馬拉雅山脈正在成長嗎？有新的測量法？還是兩者皆是？

　　而與此同時，我也經常在外行動。由於遠征次數不斷增加，我已經數不清自己去喜馬拉雅爬過幾次山了。或許我——嚴格來說我自己不算是登山家——對於這種阿爾卑斯式行程的興趣還不夠高。過去，我常長時間住在尼泊爾裡，但甚至連在那裡進行過的成功遠征或「被噩運纏上」的遠征，我都記不太清楚細節了。

　　不過我們有一次花了整個晚上在聊「我們的」卓奧友峰，挖掘出很多往事。那是我時隔好幾十年後，在加德滿都附近的巴克塔普爾（Bhaktapur）與我們的嚮導巴桑再度重逢。從他經常遙望的眼神可以看出他將不久於世，而確實，他幾個月後便於大吉嶺去世。那段共同經歷的回憶讓他整個人醒了過來，我們從夜晚聊到白晝——畢竟，我們可是曾經一起在喜馬拉雅的某座山上度過幾個月的時光啊，當年，那裡與世隔絕、非常不友善。

我和巴桑的這次長談發生在 1982 年，就是萊茵霍爾德首度挑戰卓奧友峰的那一年。關於那趟行動，我們當時幾乎一無所知。即便是現在，在寫這些句子的當下，我也不是很清楚萊茵霍爾德在卓奧友峰上取得之勝利的細節。不過，我也不需要那些，就能知道他的成就有多麼偉大。

　　舉我們所謂的死亡地帶來說，任何想爬 8 千公尺高峰的人，多少都必須撐過那些地段。在那裡，生命會變成一種令人興奮、雀躍不已的經驗──至少我在我們的攻頂行動中是這樣的感受。雖然思考會變得比較混亂，但那個視野──我說的不只是遠眺的視野，也包括反身自省的審視──都變得愈來愈透徹。那能讓你忘卻日常生活中常讓人備感艱辛的細節。這可能聽起來有點互相矛盾，但多數曾經攀越 8 千公尺高度的人──現在這種人很多──都能證實這項經驗。

　　前往峰頂的途中，我們在四號營──高度只有 7 千公尺，但毫無遮蔽地暴露於暴風之中──經歷了糟糕的一夜。當晚帳篷支柱斷裂，帆布壓在我們身上，有如漁網住魚隻那般。我們那時候覺得自己無法起身抵抗那個「漁夫」，氣旋的威力實在太過強勁。

　　無可否認地，現在的裝備已經大幅進步，而經驗教導我們新的存活可能。自古至今都有一些登山家從更加惡劣的情境倖存。從今天的角度來看，我們當時或許只是陷於一個尷尬的處境，但我還記得那時候閃過我腦中的許多孤單念頭。如果沒有卓奧友峰上的這座四號營，我的人生可能會變得相對貧乏。

　　我現在想到萊茵霍爾德・梅斯納爾時，在四號營度過的那幾個小時又回來了。對他而言，卓奧友峰只是那十幾座最高山峰裡的其中一座。無庸置疑地，比起我們待在那個營區裡的時間，他一定曾經撐過更多危急時刻。在我看來，他在這種臨界情境中所獲得的外在視野與內在洞察，就跟「完成所有 8 千公尺高峰之紀錄」同等珍貴。

賀伯特・提奇
（創下卓奧友峰首次攀登紀錄者）

卓奧友峰南側。梅斯納爾與南提洛遠征隊於1982年冬天前往挑戰的東南山壁（1978年）由右下方對角延伸至峰頂。

卓奧友峰
發展史重要日期

地理位置：尼泊爾喜馬拉雅、馬哈蘭格 · 喜瑪爾
東經 86°40'，北緯 28°06'

1952　一支英國團隊前往探索卓奧友峰西北方入山口。艾瑞克 · 西普頓（E. Shipton）、艾德蒙 · 希拉瑞與瓦歷斯 · 羅威（W. Lowe）攀升至約 6 千 8 百公尺處的巨大冰障止步。

1954　由賀伯特 · 提奇率領的奧地利小型遠征隊成功創下卓奧友峰首次攀登紀錄。其中，提奇——儘管嚴重凍傷——以及塞普 · 約赫勒與雪巴嚮導巴桑 · 達瓦 · 拉瑪於 10 月 19 日，在沒有使用氧氣罩的情況下，經由西脊與西壁登頂。

與此同時，法籍女性登山家克勞德 · 科根（C. Kogan）與瑞士籍登山家雷蒙 · 蘭伯特（R. Lambert）在未取得許可的情況下嘗試攻頂；他們在提奇的隊伍完成攀登後開始攀升，但於暴風中攀至約 7 千 6 百公尺處止步。

1958 在克齊・班沙赫（K. Bunshah）帶領的印度遠征行動中，雪巴人巴桑・達瓦・拉瑪，以及來自錫金邦的索南・嘉措（S. Gyatso），依循奧地利隊伍的路線，創下登上卓奧友峰峰頂的第二次紀錄。此外，一名遠征隊成員死於肺炎。

1959 法籍登山家科根參加國際女性遠征隊，再度前往卓奧友峰，卻與一名比利時籍登山家及兩名雪巴人，於四號營因雪崩不幸喪生。

1964 德籍登山家弗利茲・斯坦姆伯格（F. Stammberger）參與魯迪・羅特（R. Rott）的「滑雪遠征」，聲稱創下第三次登頂紀錄，但因登頂照片疑點重重，至今仍飽受爭議。回程時，由於夥伴亞洛伊斯・圖爾邁爾（A. Thurmayr）與葛歐格・胡博（G. Huber）體力不支，斯坦姆伯格不得不將他們留在四號營，自行下山。救援隊於九天後才成功抵達他們的所在位置，但為時已晚，兩人皆已喪生。

1978 奧地利籍登山家艾迪・科博穆勒與亞洛伊斯・福特納未經授權，逕自登上峰頂，並成為攀越高難度東南山壁的第一組人馬。

1982 春天，幾位德籍、奧籍與瑞士籍登山家計劃經由東南山壁登頂，但不幸壞運纏身——萊茵哈德‧卡爾於帳篷內因冰崩喪生，沃爾夫岡‧奈爾茲也由於這場意外身負重傷；奧斯瓦爾德‧奧雷茲罹患腦水腫，必須飛往蘇黎世治療，而魯迪‧邁爾（R. Mayr）則硬撐著牙痛前往昆德（Kunde）的希拉瑞醫院就診。

1983 繼梅斯納爾於冬天因為惡劣雪況而挑戰東南山壁失敗後，他於春天再度回到卓奧友峰。5月5日，梅斯納爾與卡莫蘭德及達賀經由西南岩壁攻頂成功，其中部分路段為新開闢路線，創下第四次登頂紀錄。

1984 春天，以薇拉‧可馬科瓦（V. Komarkova）為首的捷克斯洛伐克、美國及尼泊爾聯合遠征隊當中，兩名女性登山家與兩名雪巴人登上峰頂。
秋天，南斯拉夫隊伍攀至南柱約7千6百公尺處。

1985 冬天（2月12日、15日），一支波蘭團隊於庫庫奇卡的帶領下，依循1984年南斯拉夫隊伍的路線登頂成功。
春天，中國隊伍沿著一般路線攀至最高點；西班牙團隊亦然。

1986 春天，波蘭登山隊攀越西南稜線，抵達峰頂。
同樣地，一支國際遠征隊也經由西南稜線成功登頂，其中包含三趟

攻頂攀升行動。

秋天，羅瑞坦率領的瑞士遠征隊挑戰西南山壁失敗，一名成員（皮耶－亞朗 · 史坦納〔P.-A. Steiner〕）不幸喪生。

1988 斯洛維尼亞登山隊完成北壁首次攀登。

1990 9月20日，克提卡、羅瑞坦與托耶完成西南山壁首次攀登。

1991 數名俄羅斯籍及烏克蘭籍登山家成功經由東北稜線登頂，並完成卓奧友峰縱走。

1996 西班牙籍登山家奧斯卡 · 卡迪亞齊（Oscar Cadiach）與奧地利籍塞巴斯提安 · 胡赫史坦納（Sebastian Ruchsteiner）成功攀上北脊（「自由西藏」路線）。

2001 秋天，挪威籍登山家兼藝術家蓋爾 · 延森（G. Jenssen）於攀升途中，一邊收錄山上的環境音，亦即田野錄音，並於幾年後出版。

2006 一支斯洛維尼亞團隊以新路線攀登西南山壁。

2009 哈薩克籍登山家伯瑞斯 · 德德施科（B. Dedeschko）與丹尼斯 · 烏魯布可，於東南東壁開拓全新直達路線。這趟首次攀登榮獲金冰鎬獎（Piolet d'Or）；此外，繼這項行動之後，烏魯布可成為史上第九位在沒有使用人工氧氣的條件下，攀完所有 8 千公尺高峰的人。

2019 人們開始在卓奧友峰上進行步道登山。在所有 8 千公尺高峰之中，卓奧友峰的一般路線安全度最高，且難度最低。

卡莫蘭德於1982年12月陪同梅斯納爾首次挑戰卓奧友峰，並於1983年攻下個人第一座8千公尺高峰。

雪巴婦女，攝於索盧坤布縣。雪巴人將卓奧友峰視為一座聖山。

年邁犛牛涉過新雪，前往位於囊帕拉山口下的基地營途中（攝於1983年）。

面具舞者，攝於卓奧友峰山腳下的泰姆修道院（索盧坤布縣）。泰姆每年皆舉行一次嘛呢仁度祭（Mani-Rimdu-Fest），通常時值五月。

南崎巴札的新雪。此處為雪巴人的主要城鎮，同時也是旅遊中心。

卡莫蘭德與梅斯納爾攝於卓奧友峰西南岩壁。

卡莫蘭德於冬天攀登東南山壁。山壁底部的薄冰增加攀升難度，而上端的崩塌吹雪導致繼續攀登幾乎成為不可能的任務。

達賀與梅斯納爾攝於卓奧友峰峰頂（1983年5月5日）；拍攝方向為北（西藏）。

11 安納布爾納峰

8091 公尺

人類史上首座 8 千公尺高峰

安納布爾納峰 8091公尺

B_2
B_1

C_2

C_1

安納布爾納峰西北山壁遍布困難且非常危險的路段，尤其遇到降新雪時。C1營區下方冰溝的開裂程度並未特別嚴重，可以繞至左側岩塊，避過絕大部分的冰溝。峰頂稜線冗長且毫無遮蔽。在梅斯納爾與卡莫蘭德於1985年首次攀登的路線左側，為托耶與史坦納的繩索小隊兩度挑戰失敗的路徑，是很迷人的挑戰選項。除了史上首次成功攀登的極度危險路線（1950年）之外，安納布爾納峰上的所有路線都很陡峭、困難，但山峰上的所有岩壁皆已充分開發完畢（北壁共有五條路線，南壁約有五、六條）。

上一頁雙頁面：下過新雪後的安納布爾納峰（圖中最左）、山肩及山嘴（背景中的岩塔）；暴風將雪堆吹下西南岔口的岩壁。

安納布爾納峰
「門檻」在於肚子

「在 8 千公尺高度上，氧氣比一般情況減少三倍。也就是說，
為了再喘一口氣，你只需要全身的意志力——整個身軀都專注
於單一目標上：下一口氣。等過了幾分鐘、呼吸漸趨規律之後，
你才會開始再度活著。」

莫里斯・埃爾佐

　　若要說在山上重複別人比我早十年做到的事，相較於其他人，
我不覺得自己執行下一趟這類任務的速度有比較快。不過，說到往
前跨出新的一步，我的動作確實比所有前輩都來得更快。我想要嘗
試新事物，而那就是我的品質意識。

　　當喜馬拉雅登山發展剛進入第二階段——經由難度最高的山壁
登上最高峰——我便參與其中，於 1970 年攀越南迦帕爾巴特峰的
魯泊爾山壁。到了 1985 年時，人們已經攻下大多數的高難度岩壁，
只有一些仍沒人前往挑戰。人們更只有在少數幾面山壁上，以失敗
作收，而安納布爾納峰的西北山壁正是其中一例。

安納布爾納峰——不論是巧合或命運——一方面，是人類在1950 年就成功攀完的第一座 8 千公尺高峰；另一方面，它的南壁也在 1970 年成為第一面被攻下的巨大 8 千公尺高峰山壁。我在1977 年準備前往南壁進行遠征時，從道拉吉里峰過來，途中探索了喜馬拉雅山脈數一數二困難的山面——西北山壁。當時，我就已經體認到這道呈現凹狀的雄偉岩壁有多麼危險，希望能在 1985 年春天前去挑戰。我組了一支隊伍，覺得有一點小機會能跟他們一起成功攀越這座山壁。

隊上有來自提洛的萊茵哈德 · 希斯托（Reinhard Schiestl）、斯瓦米普瑞姆 · 達爾沙諾（Swami Prem Darshano）跟南提洛人漢斯 · 卡莫蘭德、萊茵哈德 · 帕柴德（Reinhard Patscheider），其中帕柴德曾在約五小時內的時間攀完艾格峰北壁。另外還有攀登速度更快的托馬斯 · 布本多爾夫（Thomas Bubendorfer），他也很想跟我一起去爬安納布爾納峰山壁，但可惜我必須拒絕他，因為他不太適合我的團隊——在這種遠征行動中，隊員之間不只必須相處融洽，還得互相激勵。

挑選隊員的過程中，我發現年輕攀登家對於這種形式的遠征的看法，跟我們 15 年前已經不一樣了。對他們來說，重點不只在於山壁本身，也帶有行銷成分。而這也可以理解，畢竟你的名字能夠透過一趟成功的遠征提升價值，收入亦然——合情合理。

隨著競爭愈演愈烈，現在檯面上有很多優秀的專業登山家。這樣很棒，但我不喜歡的是那種新型態的「假懂」，到處「兜售」半

紀念安納普爾納峰上眾多亡者的銘牌（擷取拍攝）；基地營位於北壁底端。

真半假的消息。其中，有些人在銷售他們的行程時，會挾帶曖昧可疑的資訊。他們為了要在現今眾多登山者中脫穎而出，但其實自己根本比不上那些人，就拿自己的作為與早期前輩相提並論。有些人會假造獨攀消息，但他們宣稱的「壯舉」如果沒有外界幫助或長時間的事先準備，根本不可能辦到。另外還有一些人的遠征計畫最近登上報紙版面，因為他們聲稱要帶一個三歲小孩一起去登馬卡魯峰。

我不想再繼續回溯、舉出更多具體案例了，但我只是必須要說，在登山圈裡，流傳著許多不正確的資訊，想要從誇大、聳動的報導之中辨別出真正的創舉，已經變得愈來愈困難。自古以來，不同時代裡都有江湖騙子橫行，但過去，這些行為比較常被辨識並指認出來。

1985 年春天，我們從加德滿都開車前往波卡拉（Pokhara），再經由塈爾帕尼通道（Gore-Pani-Pass）進入甘達基河谷（Kali-Gandaki-Tal）。接著，我們攀越超過 4 千公尺高的岩質山嶺圖洛貝金（Thulo Begin），抵達安納布爾納峰山腳。這趟長途步行困難重重，除了遇到下雪之外，挑夫幾度威脅罷工。途中，有幾個挑夫不想繼續走，我就把他們開除了，然後給其他人添加鞋子和夾克等裝備，並另外安排接駁服務，浪費了很多時間。

我們終於在 4 月初抵達山壁底端。為了尋找便宜的地方搭建基地營，我和萊茵哈德‧帕柴德領先在前。當我直接近看那道山壁時，我原先所懷抱能夠成功攀越的希望幾乎頓時歸零。若不是萊茵哈德堅持留下來挑戰看看，或許當時我會轉而考慮一般路線，也就是 1950 年的法國路線。

一座大山的真正「門檻」通常並不會在山壁上遇到，而是在我們的體內、我們的內心——孤獨、對恐懼感到害怕、經常出現無力感——我在安納普爾納峰山腳下的這些感受尤其強烈。通常就是這些情緒會剝奪我的熱情、勇氣，再進一步搶走我的力量。一旦上到山壁開始攀登時，我的心理就會變得比較穩定。當我有所進展時，即使只是一步、一步慢慢前進，或是當我遇上困境時，那些猶疑就

會消失──沒錯──我就再也沒有空間容納那些情緒了。

我知道自己可以忍受寒冷，而迎面襲來的風使我激昂。一早爬出睡袋之後，這些恐懼和疑慮隨即消散無蹤。它們是我在破曉時分、在山壁底端，也經常是在籌劃、準備行程時的抑制閾值，但上路之後，它們便幾乎不復存在，即使當行動變得無法衡量，不知道結果如何亦是如此。

我們在安納普爾納峰的策略如下：我跟漢斯先探路，直抵山壁底端，在那裡搭建第一座高地營，接著前往法國路線探勘。我們想在高度6千公尺位置留下一小處物資儲備，如此一來，回程時若遇到緊急狀況，就能使用這條路線。當然，我們不知道，自己究竟有沒有辦法成功從困難的安納普爾納峰西北山壁再度歸來。當我決定留在這面雄偉岩壁的凹狀中心進行攀升之後，希斯托、帕柴德跟斯瓦米普瑞姆 • 達爾沙諾，便出發搭設山壁較低路段的繩索措施。他們展現充分技巧，尤其兩位萊茵哈德，以喜馬拉雅「新手」來說，速度極快。

進行準備工作期間，我跟漢斯兩度從遠方觀測山峰，其中一次是由一般路線，另一次是從對向坡，內心同時感到驚懼又刺激。等另外三位回到基地營休息時，我跟漢斯便攀上山壁搭建二號營。此外，我們也希望能馬上釐清，究竟是否有辦法繼續採取阿爾卑斯式登山法，或是有沒有必要在山壁上半部也裝架固定繩索。兩天後，營區駐紮完成，暫時是單人帳篷，位於一面垂直冰牆下方、冰川裂隙邊緣，雖然不是理想地點，但至少算安全。從這裡向上延伸就是

梅斯納爾位處西北山壁最上面三分之一路段；卡莫蘭德攝。

峰頂山壁了，既陡峭又危險。

　　由於所有必需配備與糧食都已經裝在背包裡，我們隔天便繼續攀升。我們一路上維持靠右，爬到第二座大冰峰，攀登的速度比原先預想的還快。過程中，漢斯運用一連串困難的小幅橫渡技巧，成功躲過密集的岩架；原本由下方觀望時，那段岩架看似無法攀越。

　　下午時，我們移動到一處遠高於陽台狀冰質地形的粒雪坡上，進行第一次紮營——雷暴迫使我們止步。隔天，我們從那裡繼續前進3百公尺，但再度因為雷暴而停下來紮營。4月24日，我們逮到機會，也不管暴風就大膽挑戰攻頂。

　　我們在沒有確實預先探路的情況下，開始攀登峰頂稜線——毫無遮蔽！相較之下，稍早在山壁較高三分之一路段，必須繞過第二座大冰峰的難度較高。而峰頂稜線其實並沒有特別鋒利，但質地脆弱，算是這條路線上的關鍵點。我們沿著陡峭、裸露的路段不斷上升，有時候走在山脊左側、有時候爬到右邊。這裡介於西北山壁與南壁之間，平坦的地勢少之又少。然後又遇到熱帶氣旋！

　　我們不是只有在峰頂區域才受到這股「怒氣」襲擊——我指的是那股強勁的西北暴風，不斷威脅著要把我們吹落山脊。但其實它從早上就已經開始穩定增強，我們在那幾小時裡不斷將自己推向能力極限，而且之後當然還得回程下山。但總算抵達峰頂了！

互為鏡像

　　漢斯在安納普爾納峰的峰頂稜線上爬在前方。風從我們的左側吹來，即西北方。在我們的右側，也就是滑流之中，雪幾乎呈現垂直狀地懸掛在山壁上。我不敢貿然闖進這種大規模積雪裡，因為它們可能會連帶著我們一起崩落。暴風使盡全力地撞擊著我們，讓人在山脊上幾乎無法站穩。漢斯堅定不移地向前爬，而我時不時就對他喊些話，希望他能停下來。但我的聲音一出口就被風堵住，他聽不懂我在說什麼，於是義無反顧地不斷前進，我就

梅斯納爾攝於安納普爾納峰峰頂稜線。在這最後2百公尺高度差的路段中，暴風與寒冷將他們推向極限。

這樣跟在他身後。

　　正如我開始起疑，覺得有危險將近，漢斯也預測到了。他聽到危險，因為他聽到暴風的聲音；他嗅到危險，因為他聞到脆裂的岩石；他感覺到危險，因為陣風不時如鞭子般抽打著我們的臉。

　　在這種情況下，有漢斯在我身邊、可以看著他，對我來說是很大的幫助。當我看到他沒有被暴風吹走，讓我冷靜許多；知道他還有力氣繼續攀升，也給了我力量。我看著他，就好像看著鏡中的自己。我跟隨著他的動作，透過他知道自己的狀態。在這種無條件的攀升中，危險不斷增加，但恐懼並沒有隨之高漲。要不是我腦中清楚刻寫著自己身於團隊之中的意識——即便只是一支最小的團隊——要不是我把自己寄託在另一位夥伴的力量裡，那我可能早就從山脊跳下去了。

　　攻頂後，我們隨即下山。我們帶上帳篷，呼喚其他人上前幫忙。唯有這麼做，我們才能夠活下來。

　　下山途中，情況變得愈來愈危急，山壁上開始出現大規模降雪，幸好有帕柴德和希斯托上山來找我們。他們在山壁中段帶領我們穿越相對平坦的寬大廊道、在營區內照顧我們，並在夜裡協助我們撐下去。崩雪不斷掃過我們的帳篷，若不是帕柴德每小時都會去鏟雪，或許我早就在疲倦中被大量白雪悶死在帳篷裡。

　　這裡的峰頂範圍內似乎有一條規則——風險隨著高度增加而變大。但我們在下山時，決定不能夠以理性邏輯來解釋事情，而這項決定後來也證實是對的。

　　大雪之後，大夥兒一起回到基地營，我們的身體狀況在那裡很

快就復原了。那時，我跟漢斯期待著第二繩索小隊能有機會登頂成功。帕柴德和希斯托處於極佳狀態，具備一切登上山頂的必要條件，而斯瓦米普瑞姆 ・ 達爾沙諾也想陪他們。雖然他們三人一起行動，但他們剛開始的進度頗為出色。

但到了海拔約 7 千 2 百公尺高度時，也就是山壁愈趨陡峭的路段，他們發現積雪過多而折返。不過，就在他們從那裡開始下降時，帕柴德犯了一個「錯誤」——他陷入雪洞、絆倒、失去平衡，接著向後傾，從那面冰壁往下跌落 4 百公尺。很幸運地，就在他險些墜到一座超過 1 百公尺高的斷冰之際，他成功丟棄背包，在最後一刻緊急煞車，否則必死無疑。

當時，山壁籠罩在濃霧之中，我從下方並沒辦法看到意外發生經過，是後來他們三人回到二號營時，我們才得知帕柴德又再次逃過一劫。但這位靠著自身努力拼出一番成就的登山家，最終沒有成功熬過的是：墜落、露宿冰天凍地之中、在陡峭冰壁上遺失冰爪。僅管如此，他的存活藝術也已經優於其他許多頂尖登山家了。

他們三人決定放棄再度嘗試，下山回到基地營。他們已經發現，適用於喜馬拉雅山脈的規則不同於阿爾卑斯山脈。有鑒於這裡的規模、這裡的重重危機，光有技巧和耐力是不夠的，同時還要有一些運氣。若想要順利抵達峰頂，就必須符合上述所有條件。

整體來說，現在的 8 千公尺高峰遠征大概有一半的成功機率，而另一半的行動則會以失敗作收。至於那些跟我們在安納布爾納峰上一樣，選擇挑戰如此困難目標的小型遠征，成功率甚至不到一

半。截至此時，加上安納普爾納峰西北山壁，我已經在 8 千公尺高峰上創下十趟首次攀登紀錄；我在喜馬拉雅走跳的這 15 年間，成功接踵而來。不過，我同樣也經常放棄；在這段期間裡，我也在 8 千公尺高峰上遇過十次失敗經驗。

每當我意識到自己不夠厲害、耐力不足時，我都會增加自己的訓練強度。我的意志就是藉由多年訓練鍛鍊而來，還有從登山活動本身練就而成。失敗激勵我精進，促使我在跨出下一步時超越過往成就。唯有增加自己的專注力、投注的心力，以及能力，才有辦法走到這一步。

就表面來講，我的行動已經不如 1978 年時那麼有趣了；這種行動變得太過頻繁、太容易成功。相較於我自己無法忍受長期沒有臨界體驗的刺激，我並不是那麼在意行動本身。此時，我的動機跟 1970 年在南迦帕爾巴特峰上時已然不同，事實上，我的動機無庸置疑地變得更加強烈，毫無退出的跡象。

比起攀岩，攀登 8 千公尺高峰的必要條件較不在於力量和技巧，其所要求的反而是耐力與意志力、存活能力與直覺力的最佳組合。要能在正確時刻做出正確的事，只能透過幾十年的經驗習得。這類遠征行動也能跟環法自由車賽（Tour de France）或環義自由車賽（Giro d'Italia）相比──這種環賽同樣需時數週，而最不需要的就是職業單車手。

攀登 8 千公尺高峰正如藝術，不管你是否跟我一樣在經濟定義上為職業登山家，亦或只是業餘，並不重要。職業的並不比業餘的、

不比任何做其他工作的人擁有更多時間可以訓練。不論你現在是利用空閒時間訓練、趁著年休遠征，或是把時間切割分配到山上、課堂上和行政管理上，也都不重要。唯一重要的，是你究竟多麼認真地看待你所做的事，並且能夠發揮多少創意。

身為一個直接從登山活動、間接由登山「廢料」來資助遠征及生活的人，我在歐洲的大多時間也都坐在工作桌邊。或者，有時候會站在講台上、有時候跟商業夥伴協商、有時候則會設計裝備的改良。這份工作需要投注非常多專業精神才有辦法成功，而另一方面，專業精神既費神、費力又耗時，但這些元素又得花在訓練上。

對登山家而言，唯有當你一而再、再而三地強迫自己訓練，並藉著自身執念將自己推向能力極限，這樣才能夠改寫極限，不論是你本身的極限或「阿爾卑斯式登山極限」皆然。竭盡自身全力意味著保持動能、為之忘我——唯有這麼做，在歷經好幾個月的工作與準備之後，站在山壁下的你，也才會有辦法突破可能產生的心理「門檻」。這就是征服孤獨、恐懼與無力感的唯一方法，而事實上，這些感受比世界上所有的攀岩岩點都更加難以克服。最好的情況是——如西藏人所說的——神明賜予我們好運和好機會。但這些都是額外紅利，若要成功，你必須為自己創造出必要前提；成功的先決條件絕對不是從哪裡憑空冒出來送給你的。

存活——最困難的路線

亨利・席蓋雷

安納布爾納峰在喜馬拉雅遠征史中佔有重要地位，為什麼呢？

我們這裡所指的是 1950 年。回顧歷史，英國人曾多次前往聖母峰嘗試運氣，也成功攀上 8 千 5 百公尺的高度，但在 1950 年以前，尚未有人登上任何超過 8 千公尺的峰頂，換句話説，仍沒有 8 千公尺高峰被攻下過。而就在那一年，一支法國遠征隊將安納布爾納峰設為目標。當時是一個絕佳的時間點，甚至連前往基地營的路線都還沒有人探索過。

就這樣，他們尋出路線、搭起高地營。某天，兩人離開五號營——莫里斯・埃爾佐與路易・拉雪納爾——天氣良好，但非常寒冷。兩人在歷經無數小時之後抵達峰頂，成為史上首次攀至超過 8 千公尺的峰頂。不過下山路程十分戲劇化——雪崩、紮營地、凍傷——他們的腳趾和手指都必須截肢。

這條史上首攀路線位於山峰北側，蜿蜒穿梭於岩質肋稜及崎嶇冰川之間。隨著冰川不甚平衡的發展，成塊的冰時不時會伴著懾人巨響由冰川崩解、墜落。連續數日惡劣天氣引發巨型雪崩，摧毀坡道上的萬物，以及鄰近山嶺與隆起地的一切。試設想：光是這條路線，在十年間就有超過 25 人死亡！

後來，這座山的南側也被「征服」了。1970 年，克里斯・鮑寧頓率領英國隊伍前往攀登這面陡峭山壁。他們成功經由極度困難的通道爬到 7 千公尺以上的高度；於此之前，人們認為那是不可能的事。下山途中，隊上一名成員由於落冰而身亡——又是一起悲劇。

如今，西方國家已經沒有國家遠征隊了。裝備變得更加輕便，氧氣瓶遭到「廢除」。1984 年，當我和夥伴試圖在安納布爾納峰北側開闢新路線時——落在主峰以右一段山肩以外，我們暱稱它為「無名峰頂」——我有兩位睡在同一頂帳篷內的好友，被雪崩拋至深淵之中，至今仍未被尋獲。

　　自從 1950 年以後，許多遠征團隊前往挑戰安納布爾納峰，開拓出十幾條變化路線與全新路線，只剩西北岩壁仍未被攀越，連最大膽的人都因其外觀而退卻。它除了是雪崩的聚集地之外，陡度很大，碎裂岩塊也構成障礙，還有懸吊於上、狀似陽台的冰質地形。此外，一道具有非常多裂隙的冰川在山壁底端蔓延，光要抵達山壁就是一個問題，看起來就像禁止攀登似的。

　　我在一篇發表於 1983 年的文章裡寫道：「這道山壁非常陡、非常高（基地營只能建於 4 千公尺高的位置，所以這條路線的高度差超過 4 千公尺）。有鑒於遠征登山目前的狀態，它代表著一個嚴肅、大膽的目標；由於落石與雪崩，它無疑地非常危險。」

　　1985 年，梅斯納爾想要去爬安納布爾納峰。他大可以從北壁的一般路線、用以往的速度攀登，輕而易舉地達成他在 8 千公尺高峰上的「第 11 次勝利」，但他拒絕這個簡單且有把握能在兩、三天內成功辦到的選項，決定前往西北山壁。而在這趟堪稱典範的遠征行動中，意志堅定的他決定採取一條複雜的直達路徑。他們搭了兩處營地，然後他又另外紮營度過兩夜，接著登上峰頂。

　　不管在任何時代，都會有少數幾位阿爾卑斯式登山家表現尤其卓越；這些人或多或少都會針對大自然中的問題提出有趣解法。不過，那些拒絕簡易途徑、以原創且優雅解法克服這類問題的登山家更是少見；只有這些人能成為日後潮流的創新者、先驅者。他們以精彩而輕鬆的姿態，創下他人不可能達成之舉，卻也經常遭致一般人或嫉妒之人批判——梅斯納爾便屬於這群人。

　　在阿爾卑斯式登山家當中更加稀有的，是那些在如此多元領域中皆領先於當代同儕的人，包含徒手攀登、涉冰、喜馬拉雅登山等——梅斯納爾便屬於這群人。

　　而那些歷經如此悠久生涯但熱情依然不減、持續執行絕妙壯

舉的動力依舊不滅的阿爾卑斯式登山家，又是多麼地罕見——梅斯納爾便屬於這群人。

最後，阿爾卑斯式登山家裡少之又少的，是那些知道如何運用文字及圖片將經驗以良好品質捕捉下來、進一步讓他人一同參與的人——梅斯納爾也屬於這群人。

梅斯納爾真的就是「那個」超群出眾的登山家。這就是事實，但這項陳述尚不足以形容他。最重要的是，他是一個有格調的人、一個超凡出眾的人類。

亨利 ‧ 席蓋雷（Henri Sigayret）

（安納布爾納峰登山家、遠征隊隊長）

安納布爾納峰北側一景。

安納布爾納峰
發展史重要日期

地理位置：尼泊爾喜馬拉雅，介於甘達基河與馬沙陽蒂河之間

東經 83° 49'，北緯 28° 36'

1950　截至此時為止，安納布爾納峰幾乎尚無人前往探索。以莫里斯・埃爾佐為首的法國遠征隊，由其原先目標道拉吉里峰前來，也必須自尋入口。他們從西邊進入安納布爾納峰以北的冰河盆地，之後在該地擬定出一條登至新月形冰川的可能攀升路徑。隨著雨季逼近，他們沒有多餘時間可以浪費。埃爾佐與路易・拉雪納爾便在鞋具不足的情況下嘗試攀升，並於 1950 年 6 月 3 日抵達峰頂，使安納布爾納峰成為人類史上首座登頂成功的 8 千公尺高峰。然而，回程卻完全跟勝利之途扯不上邊。遠征隊隨隊醫生賈克・奧都（J. Oudot）仍必須在回程長途步行途中，為其凍傷的手指與腳趾進行截肢治療。

1970　史上第二次攻下安納布爾納峰主峰的紀錄，由一支英國遠征隊寫下；他們依循史上首次攀登路線行動。

不久後，唐・威蘭斯（D. Whillans）與道格爾・哈斯頓便創下第三次成功攀登紀錄。他們當時與一群優秀的阿爾卑斯式登山家組隊，其中包含克里斯・鮑寧頓，計劃挑戰史上首次由難度極高的南壁攻下安納布爾納峰。他們共設置 4 千 5 百公尺長的固定繩索；新興喜馬拉雅登山風格獲得驗證。

1974 由約瑟夫・昂拉達（J. Anglada）率領的西班牙遠征隊創下首次成功登上安納布爾納峰東峰的紀錄，標高 8026 公尺。

1977 幾位荷蘭籍登山家於安納布爾納峰北側開拓新路線，向左繞過「新月形冰川」；其中三人成功登上峰頂。

1978 一支美國女性遠征隊同樣採取荷蘭路線，其中兩位隊員及兩位雪巴人成功抵達峰頂，但一位英籍及一位美籍女性登山家不幸墜谷喪生。

1979 在法國滑雪遠征隊當中，兩位隊員經由史上首次攀登路線登上峰頂；伊夫・莫朗（Y. Morin）於滑雪下山途中遭逢致命意外。

1981 在理夏德・薩佛斯基（R. Szafirski）的率領之下，一支波蘭遠征隊攀上南壁右柱。其中，兩位成員創下中峰的首次攀登紀

錄，標高 8051 公尺，並成功開闢新路線。

以吉野弘（H. Yoshino）為首的日本遠征隊當中，兩名隊員兩度經由英國隊伍的南壁路線登頂。

1982　一支英國團隊於南壁上的鮑寧頓路線右側找到全新攀升路線。途中，艾力克斯 · 麥金泰爾遭到落石擊中喪生。幾年後，兩名西班牙籍登山家以阿爾卑斯式成功完成這條難度極高的路線。

1984　繼前人多次嘗試橫越東脊之後，一支瑞士團隊也大膽前往挑戰。其中，艾哈德 · 羅瑞坦與諾伯特 · 朱斯（N. Joos）只花了三天時間，便登上東峰峰頂，接著行經中峰、抵達主峰，再依循荷蘭路線下山——成功以阿爾卑斯式登山法完成安納布爾納峰三峰縱走。

1985　梅斯納爾與南提洛登山家卡莫蘭德一起攀越當時仍未被攻克的西北山壁，並於 4 月 24 日登上安納布爾納峰峰頂，完成史上第 12 次登頂行動。

1988　由約瑟夫 · 內哲卡（J. Ne erka）與因德里希 · 馬提許（J. Martiš）所組成的捷克繩索小隊，經由困難的冰地路線攀上西山肩，並繼續依循梅斯納爾與卡莫蘭德的路線，登上峰頂。

1996　一支國際遠征隊（隊長為米歇爾・科漢齊克〔Michal Kochanczyk〕）總算成功完成西北山柱的首次攀登，攻下主峰；這條路線比法國路線更為安全，此前曾有人多次前往嘗試。

1997　阿納托利・波克里夫（A. Bukrejew）不幸遭雪崩奪命。截至 2000 年代為止，不幸於此峰喪生的 60 名罹難者當中，三分之二的成因為雪崩。就攻頂行動而論，致命意外高達百分之 38，為所有 8 千公尺高峰之中機率最高者。

2002　拉法葉與阿伯托・伊努亞特吉（A. Iñurrategi）經由東脊登頂成功，並達成創舉──沿著原路下山！

2006　斯洛伐克籍登山家彼得・哈默（P. Hámor）首度依循黑岩峰（Roc Noir）以右的路線，攀越南壁，並橫跨東脊及北壁抵達峰頂。

2007　斯洛維尼亞籍登山家托馬茲・胡瑪（T. Humar），沿著南壁最東緣的新路線抵達東脊，並由此繼續前往東峰。

2013　10 月，亞尼克・葛拉齊亞尼（Y. Graziani）與史蒂凡・貝諾瓦（S. Benoist）於安納布爾納峰南壁，沿著鮑寧頓路線右側攀登；烏里・斯特克先前便已多次挑戰此路徑。

斯瓦米達爾沙諾（原名為路基·里瑟〔Luggi Rieser〕），1985年安納布爾納峰遠征隊一員，正在尼泊爾與一位來自印度的宗教導師談話。

挑夫與斯瓦米達爾沙諾正走在一座吊橋上，準備越過甘達基河；他們從北方出發前往安納布爾納峰。

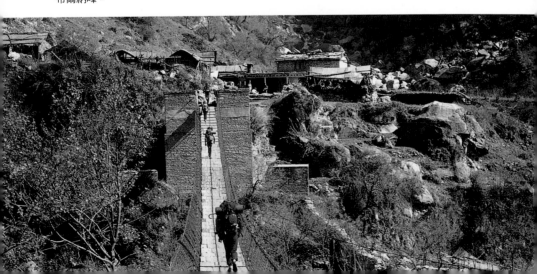

上圖：位於安納布爾納峰西北山壁之下的一號營；在帳篷附近的人是帕柴德、卡莫蘭德、斯瓦米達爾沙諾及希斯托。

左圖：希斯托攝於安納布爾納峰一號營下方的冰溝中。

右圖：挑夫攝於圖洛貝金下方；圖洛貝金為前往安納布爾納峰的必經之地。

希斯托在沒有使用繩索的情況下，突破邊
緣冰隙下方的裂縫。

離開混合型山壁、進入第一處冰台的裸
冰，約為海拔6千公尺位置。

12　道拉吉里峰
8167　公尺
白色山峰

道拉吉里峰 8167公尺

C₁ 1977

B₂ 1985
C₃ 1984

C₂ 1984

B₁ 1985

C₁ 1984

BC

從登山活動的角度來看，道拉吉里峰是8千公尺高峰中數一數二有趣的山，時至今日亦然。梅斯納爾1977年時挑戰南壁失敗，1984年則挑戰東北支脈失敗（1960年的史上首攀路線），隨後於1985年時，與卡莫蘭德一起成功完成東北支脈。

至今，人們已經爬過道拉吉里峰的十幾條獨立路線，以及數量相當的變化路線，但未來也仍有至少十幾種能夠挑戰首次攀登的選擇。由於山上經常天候惡劣，因此被視為尤其危險的山峰。

上一頁雙頁面：由南方墎爾帕尼通道望向道拉吉里峰一景；右側為土庫其峰（Tuktche Peak）。真正的南壁尚未有人成功攀越。

道拉吉里峰
破紀錄比賽

「人體是種無與倫比的東西，非常完美、非常堅韌，而我相信，人在任何領域都能大幅地將該能耐再繼續推進。」

尼可拉 · 吉捷（Nicolas Jaeger）

當我 1985 年爬完安納布爾納峰之後，馬上就興致勃勃地想要前往道拉吉里峰，甚至可以說是一種執念。在安納布爾納峰上時，我感覺到自己和漢斯 · 卡莫蘭德還有更多能耐，可以繼續往前跨出另一步。

這時候，評論家就會問：那在道拉吉里峰的一般路線上，這個「另一步」是什麼？如果他們只考量到這座山的難度，這種提問確實有理。不過，我們的計畫是一口氣從甘達基河谷登上峰頂，期間沒有任何休息日；在我們之前，還沒有人這樣做過。在體能方面，究竟有沒有可能「馬不停蹄地」從 2 千公尺高度攀上峰頂？至少我們已經有裝備了，只需要再把安納布爾納峰遠征用過的東西拿來運用即可。

在我身為登山者的生涯當中，我曾為這類遠征開發許多新興器材設備——帳篷、鞋子、冰爪——所有品項都盡其可能地輕巧，同時具備穩定性。其中很多是我自己的品牌，然後我再將它們供給製造商。那些生產這些產品、把它們帶到市場上的人，就成為我的簽約夥伴。

當然，並不是所有配備對大家而言都實用。例如在阿爾卑斯山脈紮營時，就不適合睡在高山營帳裡。高山營帳防風，可以用在降雪地區，但不適用於雨中；在喜馬拉雅山脈的高海拔處，外界的濕氣並不成問題。

我 1978 年在聖母峰上使用的塑膠鞋就是自己開發的。當時還有人取笑那雙鞋，但現在整個登山界都穿塑膠鞋爬山。相較於皮製鞋，塑膠鞋在高海拔處更快乾。它們的內襯大多不像傳統鞋子那樣有被壓縮過，可以大幅預防凍傷情形，而理想材質應為「Aveolit」，這種材質比毛氈或毛皮更能確保絕緣效果。

買家本身當然必須知道自己想要什麼。如果有人在傾盆大雨中，坐在高山營帳裡全身濕透，並不能責怪賣家；如果你在巴塔哥尼亞（Patagonien）使用 8 千公尺高峰營帳，那要怪的是你自己的愚昧，而不是設計者。

當我們一爬完安納布爾納峰，隨即就轉向道拉吉里峰時，我心裡很清楚，我們正冒著太快就連續攀登兩座 8 千公尺高峰的風險。那不只累人，也是過度耗損運氣的行為。每個人都有好運，但只能用到一個特定的點。如果把運氣用盡的話，攀登就會變得危險，我

們就再也不能使用那些在瀕危情境中攸關生死的運氣儲量。或許我們會太過疲累、太過耗損而無法繼續攀升。

　　一開始，漢斯對我的想法並不是那麼有熱誠，他寧可回家。當時天氣不好，而且雨季即將來臨。可是，我在前幾年已經兩度挑戰道拉吉里峰失敗了，我想要藉著這次嘗試，省去第三趟從頭開始的長途步行路程──我們就站在山腳下啊！

　　1977 年，我和奧圖 · 威德曼（Otto Wiedemann）、彼得 · 哈伯勒爾及麥克 · 柯文頓（Michael Covington）一起前往南壁進行第一次挑戰，只抵達 6 千多公尺高的位置，是一次極度危險而困難的冒險。基於我們當時的經驗，其實應該有辦法攻下那道幾乎每天都被雪崩橫掃的凹面高牆，但我們剛開始沒有準備要嘗試山壁的左緣或右緣，希望能攀越中段。後來要改變路線就太遲了，於是挑戰失敗。時至今日，依然沒有人成功攀上這面岩壁。

　　這裡的入山口到峰頂之間，矗立著大約 3 千公尺高的山壁。相較於高度幾乎只有一半的艾格峰北壁，道拉吉里峰南壁的岩塊更為嚴峻、更加危險。「不可能。」專家如此判定，而這正是為什麼我會覺得道拉吉里峰南壁如此迷人、如此具有挑戰性的原因。「幾乎不可能。」在 1977 年春天前往探索之前，我這樣對自己說。第一次見到它時，我就希望能馬上攻克它──找出攀登路線、率領隊伍前往，然後爬上去。

　　如同先前的所有 8 千公尺高峰行動，比起嘗試本身，峰頂對我而言並沒有那麼重要。重點是那座山壁──世界上數一數二高聳、

尚未有人成功攀越的岩冰混合山壁。它呈現完美的沿線形狀；它魔幻似地豎立於尼泊爾那熠熠發光的藍、黑色叢林之上，聳入海拔8千公尺以上那晶瑩透徹、氧氣稀薄的死亡區域之中。

不過，上面的空氣並不是永遠清澈，也沒有一直維持穩定；道拉吉里峰經常處於惡劣天候中。從北方、從西藏而來的暴風，常以時速2百公里的風速掃過峰頂，並在山脊上吹起長達數公里的揚雪。日落時，晚霞常讓整座山看似著火一般，它便有如一座噴發中的火山似的杵在那兒。

沒錯，道拉吉里峰就像一座火山。我是在它的南壁上掛了四星期後，才知道這件事的——起初是用眼睛看出來的，後來則是親身體驗。那時候有太多崩雪由峰頂山壁落下，我們因此學會恐懼。回顧當初，我們四人都是自信滿滿的登山者，原先目標克服最後幾場山峰冒險。我們本來就知道，尼泊爾丘陵地區的濕氣，會被道拉吉里峰的凹狀硬冰高牆阻擋下來，並在幾分鐘內就會在上方凝結，然後把山壁變成地獄。但我們不知道的是，在四個禮拜的時間裡，只會有兩天攀登日可用——我們久久不願相信這件事。

於是，我們一而再、再而三地嘗試挑戰這座山壁，直到有一場雪崩差點把我們吹下山壁，我們才決定放棄這趟遠征。那時候，光是氣壓就足以把我們逼走。假如雪崩落在我們身上，那我們大概就會葬身雪中，而且永遠深埋其中。

我們很快就體悟到，從山壁中段攀升的原定路線過於危險，大家都在考慮要改由南柱進行攀升——雖然那裡看起來更為陡峭，但

位於道拉吉里峰南壁底端的基地營。

也似乎比較安全。我們是在山柱和山壁之間進行攀登的途中放棄嘗試的。

我們有很多粉絲、贊助者，甚至連本來要為這趟道拉吉里峰南壁行動拍攝紀錄片的攝影師，都不願意承認我們確實無法攻下這面山壁。隨後還有批評的聲音——那些人自己從來沒登上 8 千公尺高峰過，都知道應該要怎麼做。至於其他人，打從一開始就「知道」我們的行動本來就是瘋了。從山谷出來以後一直到後面，要講都很簡單。

事實上，我們所有人都一樣。不只是外人和在旁觀察的攝影

師，甚至連遠征隊員在山壁上跟在安全的基地營裡，想得都會不一樣。回到家時，我們常會無法理解自己是如何「逃開」危急時刻的。像是威德曼，他當時是德國國防軍登山嚮導（Heeresbergführer），也是隊上最年輕的人，「在最後幾天裡，對這道巨大山壁及其嚇人的雪崩，心生無比恐懼」。不過，當他回來之後、已經抵達機場時，他卻覺得自己是「不夠強悍的登山者」，質疑自己是否「進攻得太少」。

不，他並沒有進攻得太少，但他同樣也沒有冒太多險。要在成功的行動與全然的自我犧牲之間找到適切的中介點，是偉大登山活動當中的一樣藝術。假如我到今天還活著，並不是因為膽大無畏，而是因為我基本上就是一個心懷懼怕的登山者。

對我而言，登山──「征服無用之物」──是一種兼具創意與趣味等特色的運動型態，並不是宗教的替代，更不是戰爭遊戲。因此，我既不會以軍隊般的準確度來規劃、率領行動，也不會決定我的夥伴們的部署。我們四位登山者在道拉吉里峰上，都有相同的投票權，而且每個人都跟我一樣，必須為遠征的結果負責。

啟程前，我也沒有強迫夥伴簽署任何合約，要求他們必須絕對服從，或加諸任何出版禁令。為遠征募集大量資金、為團隊提供最好的設備和糧食、帶領他們前往山區，甚至是攀登頂端最危險的通道等，我都將這些事視為自己的職責。

融資方面，只能透過與媒體和電視台簽約、來自產業的支持，以及私人贊助者的幫助。很自然地，這其中就會衍生出期許，但我

必須承認，我從來不對這些期許抱持太大希望。打從一開始，成功的機率就很微小，而別人不該期盼我們採取敢死隊的設定——好比說，秉持「墳墓或峰頂」的格言行動——就只因為我們準備好要去挑戰「幾乎不可能」的事。

我們去爬道拉吉里峰並不是為了人類，不是為了電視頻道或任何其他機構，也不是為了哪個國家或什麼組織，只是為了我們自己。如果我們透過新聞和電視等大眾媒體，接受了那些時空遙遠的觀眾，那並不表示我們要扮演英雄；我們並沒有準備好要像英雄般犧牲自己。

我一向不願意配合大眾媒體，去餵養大家對於登山的那些陳腔濫調、常見想像——蔑視死亡、不顧後果、男人的遊戲。我想，在接下來的幾年內，我可能還會再回去爬道拉吉里峰南壁，但我不是要去玩什麼介於墳墓和峰頂之間的英雄遊戲，純粹只是出於好奇。但如果要再去道拉吉里峰一次的話，那我還是會秉持跟第一次一樣的風險管理原則；如果要自殺的話，我可以想到更簡單的方法、沒那麼美的地方。

1984 年，我跟沃爾夫岡‧奈爾茲一起回到道拉吉里峰；我參加他所率領的南、北提洛混合遠征團隊。我參加這次行動的背後動機，是希望能夠橫跨道拉吉里峰，但最起碼我應該可以從一般路線登上峰頂。不過，這次行動同樣沒有成功。剛開始我們太小看那段攀升了，後來一直下雪，幾乎沒有停過。由於雪崩的威脅，我們好幾度不得不回頭。有一次，我們的帳篷甚至全部被吹倒。最後，當

我們爬上最後營區、準備好要攻頂時，惡劣天候又再度把我們趕下山。

直到第三次嘗試，我才成功擲出漂亮的一球。1985年5月初，我和漢斯・卡莫蘭德從甘達基河谷出發，行經丹普斯（Dhampus）通道和法國通道，抵達山峰北側的基地營。我們只在那裡待了一晚，接著在5月13、14及15日，以阿爾卑斯式攀越東北稜線，登上峰頂。

其中，有一道崎嶇不平的冰溝阻擋了前往東北支脈的去路，但要繞過它並不容易。我們攀登時靠得非常右邊，介於冰地與岩塊之間，好幾次都必須翻過垂直的岩質平面，還兩度懸吊在扶手繩上，以開關回程路徑。相較於前一年，以及我們第一天爬到6千多公尺高度的路線，我們在東北支脈上選擇的起始處又更加偏右。攀登的第二天，我們繼續堅持，下午時抵達紮營處，差不多正是我們一年前過夜的位置。這次搭架帳篷比較沒有那麼困難，因為帳篷比較小，所以剛好可以符合那塊我們稍加整平過的平台。

這趟壯遊的末段為關鍵所在。當時在峰頂區域有激烈的放電現象，我們就如同字面上所說的那樣冒出火花。冰斧和冰爪發出嗡嗡鳴聲、頭髮直豎，在岩塊上也能夠感受到陣陣嘶聲。四處都不斷迸出火花──山脊與天空之間、夾克與手套之間、岩石與冰爪之間。

有如奇蹟似地，雖然我們直挺著身子在那道鋒利的稜線上前行，卻絲毫沒被閃電擊中。基於攀登技術上的理由，我們通常只會像這樣一路前進，不能總是低頭朝下。即便登上峰頂之後──介於

兩座突起的較小岩角之間——也沒有遇到任何事，我們自己幾乎都難以置信。但我們其實隨時都可能喪命，所以在長達幾小時都沒被閃電擊中後，一股刀槍不入的感覺便油然而生。走投無路的我們開始放手一搏，就跟我六天前在甘達基河谷時一樣，決定要參與這次在道拉吉里峰的「破紀錄」遊戲之後，就變得意志高昂。

山無關乎公平與否——就只是危險

我們在道拉吉里峰峰頂時沒有被閃電擊中，讓我們自己感到十分驚訝。幾個月後，當我在西藏的旅途中，得知我弟齊格飛遭到雷擊時，再回想起來更是對自己能夠倖存感到詫異。總而言之，我還活著、而他死了，在我看來很不公平。

當時，齊格飛是我在南提洛創立的登山學校的校長。他在跟客人一起爬瓦久蕾塔峰群（Vajolettürmen）時，遭到閃電擊落，當場摔下山壁，跌到隘谷裡失去意識。他們找到齊格飛時，他還活著，但幾天後在醫院往生。齊格飛是一位優秀的登山家，創下幾次首次攀登紀錄，但他一輩子從來沒有追求過任何極端經驗。

相較之下，我在過去 25 年來，每年至少會挑戰一次「瘋狂的事」。我一次又一次地嘗試將自己的登山生涯，朝向可能的極限推進。我不斷向前——剛開始志在挑戰難度愈來愈高的山壁，後來開始攀登一座比一座高聳的山峰——我需要愈來愈危險的冒險體驗。而齊格飛一向刻意避免這些東西，跟我完全相反。

他在山上散發著對於生活的熱情，以及鮮明的自我形象，我從沒想過他會遭逢任何意外。作為一位登山嚮導，他不只對自身安危負責，也將同行登山者的安危視為自己的責任。儘管如此，他仍然遭致雷擊，而不是我。雖然我待在道拉吉里峰峰頂區域的那幾個鐘頭裡，暴露於雷擊意外的機率或許比他一生加總起來更高，我卻安然地逃過一劫。

如果我去到瓦久蕾塔峰群、齊格飛所在的位置，可能也會遇上意外，但我卻不在那裡；當時，我在西藏的岡仁波齊峰（Kailash）上、全世界最神聖的山上。

我現在並不是在說山喜歡誰、不喜歡誰。山沒有對我們好，也沒有對我們不好。山是活生生的龐然大物，而對我們人類而言，它們無法預測、無法以科學完全理解。它們沒有意志、沒有感知；它們無意吸引我們，但也沒有想要擺脫我們。

它們提供我們人類創造體驗的大好機會。而因為它們比人類來得無止盡地大，它們歷來都是一種取得經驗的危險媒介。相較

道拉吉里峰一號營區（攝於1984年）。將梅斯納爾與卡莫蘭德困住、使攀升困
難重重的，正是這些不斷落下的新雪。

於山，我們不僅渺小，我們的直覺開發程度低落、我們的耐力為
時短暫，而我們的力量表現有限。因此，大山一直都會是我們人
類能夠加以運用的媒介。

梅斯納爾攝於道拉吉里峰東北稜線（1985年）。圖中左下方為法國通道，其後為隱密谷（Hidden Valley），再更為左後位置則為多波（Dolpo）。

「職業登山家」

　　一個由頂尖登山家所組成的新興公會，成功地以某種形式，將凱旋而歸的登山行動推銷出去。而這股潮流在半世紀以前，也曾以另一種形式存在。當時，登山嚮導以首次攀登紀錄及參加遠征隊等方法，為自己打響知名度，進一步為自己帶來為數眾多且品質良好的顧客。另外，許多登山家會寫書、攝影、錄製影片、舉辦演講，並以此賺取小量收入，或許甚至是一筆薪水，或是一點能夠貼補那些費時耗資的登山行動的小錢。

　　梅斯納爾在高峰上的非凡表現，成功將登山活動變為一項職業，而就商業化層面而論，更使先前的其他登山活動顯得遜色。梅斯納爾的遠征行動，已經形成一種得以跟其他領域的職業運動相提並論的行銷概念。

　　無庸置疑地，在這種努力成就稀奇冒險的過程中，像是「比賽」爭取成為登上世界所有 8 千公尺高峰第一人的紀錄等，都違反了登山的某些倫理原則，也勢必造成額外的危急時刻。不過，在這些獵取紀錄的行為背後，其技術及體能層面的確也有令人欽佩的品質──姑且不論對那些「登山明星」而言，達成紀錄究竟有多麼簡單，再怎麼說，他們在面臨關鍵時刻的時候，也都是獨自一人，必須歷經龐大無比的困境。

卡爾・艾伯（Karl Erb）
節錄自《體育資訊》（Sport-Information）

我一生中至少被誤判死亡兩次。這次，除了我們那些待在基地營等候的雪巴人之外，沒有人知道我們就在這場雷暴之中，站上道拉吉里峰的峰頂。

　　我很確定，相較於我們歐洲那裡，閃電在喜馬拉雅地區的危險程度少上許多。在阿爾卑斯山脈，如果遇到空中電壓這麼高的情況，我根本不敢踏出山屋一步。但在道拉吉里峰上的狀況截然不同；我們當時聽到打雷和低鳴聲，在更南邊的地方還看到火光，但在山上這裡，顯然沒有任何閃電落下。

　　我們在登頂當天回到最高紮營處，在那裡睡了一晚之後，白天回到基地營。

　　常有人問我，這種登山活動是不是不會變成常態，我的答案是：在8千公尺高峰上，沒有什麼叫做常態。那在峰頂上的心情、感受為何？一樣地，每一次都不同。針對我自己立下的目標，我每次都必須構思出適合的全新計畫。假如天氣轉變、假如我體力不足，那我每過一個鐘頭，就得改變策略。至於我在8千公尺高峰峰頂所歷經的感受，也是如此變化多端！如果登上峰頂的體驗永遠都一樣的話，那我就只需要爬上去一次過就好了。許多登山者宣稱，站上峰頂可以更接近神、站上峰頂會感到快樂，但那類的渲染力讓我感到很厭煩。

　　站在峰頂時，除了全然的平靜之外，我也會感受到徹底的絕望。其中，讓我衝擊最大的，是沈浸於一片虛無之中的經驗。不過，大部分的時間，我都掛心著要及時下山，這件事使我感到憂慮、佔

據我的思緒。而與希望相互連結的是恐懼——希望能避免在這種暴
露於危險的情況下待太久。

存活——同論道拉吉里峰

麥克斯・艾舍林

梅斯納爾能在道拉吉里峰上存活下來，我會將之歸因於他先前在其他8千公尺高峰上，所獲得的出色遠征經驗。

當然，其中也包含大量的運氣成分，像是他第一次嘗試挑戰這座山時，決定前往極度危險的南壁，卻能在十分戲劇化的返途中，安然無恙地回到山下。梅斯納爾得以從道拉吉里峰全身而退的能力，在七年後的第二次挑戰中，又再度展露——基於極端惡劣的天候，他選擇「不惜一切代價地」及時折返。那是很艱難的決定，先前花在行前準備、行政官僚和長達數天的徒步跋涉的時間及金錢，現在全都浪費了。

但梅斯納爾是很精明的策略家和經濟學家，用上數週的時間去對抗大自然那逼人的龐大力量，並在暴風裡、在極高的位置「燃燒自我」，這有多麼不划算，他不會不知道。他具備那種沉著，能夠耐心等候，接著再於正確時刻，以其優雅的速度、耀眼的風格「出擊」。

正是因為這些多方位能力，讓他終於能夠在第三度進攻時，成功登上峰頂。當梅斯納爾說道，自己在毫無遮蔽的峰頂稜線上「有如奇蹟似地」沒有遭到雷擊，真的一點也不錯。但他也必須把這項「奇蹟」歸功給自己，因為他之所以能夠成功逃脫、存活，並享受所有登山的樂趣——沒有樂趣的話，阿爾卑斯式登山一事根本也不會「發生」——也是因為他非比尋常的體能，以致能夠達到那般速度。

梅斯納爾向來具備那種恬淡自適與信念，知道自己還會有時

間及能力，在未來的某一天——或許是幾年後——再度回到當初撤退的地方，因為他不只是一位優秀的登山家，也是一位出色的策劃人。正如他將偉大登山之舉化為可能那般，他憑藉著同等的勤奮、同樣嚴謹的紀律，透過難度相當的商業及媒體相關工作，為自己的遠征事業建立必要的經濟基礎，讓許多人為之稱羨。

　　梅斯納爾也不必因為自己達成經濟目標，而感到難為情。他並不是平白無故就得到這些東西，唯有辛勤工作與鋼鐵紀律，才讓他享有其所應得的成功。

麥克斯 · 艾舍林（Max Eiselin）
（1960 年道拉吉甲峰遠征隊隊長）

道拉吉里峰南側一景。

道拉吉里峰
發展史重要日期

地理位置：尼泊爾喜馬拉雅、道拉吉里 · 喜瑪爾
東經 83° 30'，北緯 28° 42

1950~1959 法國、瑞士、阿根廷及奧地利接連派出遠征隊前往道拉吉里峰，共計七趟行動，並於 1949 年取得首批航空攝影圖。當時，所有目標挑戰北側的行動皆止步於 8 千公尺門檻以下，證實這條人稱「梨墩（Birne）」的路線確實尤其困難，共有三人不幸喪生。

1960 一趟由麥克斯 · 艾舍林所籌劃的瑞士遠征之旅，成功創下首度經由東北稜線登頂的紀錄。四位瑞士籍登山家——恩斯特 · 弗瑞（E. Forrer）、阿爾賓 · 薛爾伯特（A. Schelbert）、米歇爾 · 沃謝（M. Vaucher）、休 · 魏伯（H. Weber）——以及奧地利的迪姆伯格、德國的彼得 · 狄納（P. Diener）與雪巴人尼瑪 · 多吉（Nyima Dorje）、那旺 · 多吉（Nawang Dorje），分別在「沒有氧氣」的情況下，於 5 月 13 日及 23 日成功登頂。其中，遠征隊成員及設備先是搭乘小飛機「雪人號（Yeti）」前往東北山坳。

1969 以博伊德‧艾弗雷特（B. Everett）為首的一支美國遠征隊再度前往挑戰危險的東南稜線，但隊上五名團員及兩名雪巴人不幸喪命於這條「自殺路線」。

1970 秋天，日本登山隊於大田德夫（T. Ohta）的率領下，依循史上首次攀登路線，成功創下第二次登頂紀錄。

1973 一支由詹姆斯‧莫里席（J. Morrissey）帶領的美國隊伍，經由東北稜線，成功創下第三次登頂紀錄。

1975 由雨宮節（T. Amemiya）率領的日本遠征隊之中，兩名成員及三名雪巴人不幸於南柱上的一場雪崩意外身亡。

1978 春天，一支日本遠征隊成功完成西南山柱的首次攀登；隊上一名成員不幸喪生。
來自日本的另一趟雨季後遠征行動，經由南壁與東南稜線登頂，但隨後隊上四名成員遇難身亡。

1979 以約迪‧彭斯（J. Pons）為首的西班牙團隊，完成另一趟由一般路線登頂成功的行動。

1980　春天，克提卡起初率領一支波蘭遠征隊前往東壁進行攀登，其中包含英籍與法籍登山家，但並未攻頂成功，幾天後才經由東北稜線登頂。

1980　繼首次成功攀登的 20 年後，艾舍林前往道拉吉里峰展開一趟「開放式」遠征行動，隊上 17 名成員當中有 14 人成功攀越東北稜線，抵達峰頂。其中，時值 59 歲的弗利茲・盧赫辛格，創下攻克 8 千公尺高峰的最年長紀錄，而雪巴人昂里塔（Ang Rita）則第三度站上道拉吉里峰峰頂。

1981　在一趟日本遠征行動中，一支三人小隊嘗試以阿爾卑斯式手法攀登東壁，其中禿博信（H. Kamuro）獨自登頂成功。
秋天，南斯拉夫登山隊經由南壁攀上東南稜線，於高度約 8 千公尺處止步作收。

1982　日籍登山家小泉章夫（A. Koizumi）與雪巴人萬褚（Wanchu）創下道拉吉里峰首次冬季攀登紀錄，小泉也因此躋身8 千公尺高峰登山家之列。

1984 秋天，一支法國團隊於西南山柱上攻頂成功。

捷克斯洛伐克隊伍成功創下西壁的首次攀登，但在下山途中，隊上一人不幸墜落喪生。人們在隨後幾年內，陸續於西壁開拓數條難度極高的路線。

波蘭登山隊成功於東北稜線完成冬季攀登。

1985 5月15日，梅斯納爾與南提洛登山家卡莫蘭德，於嚴峻雷暴天候之中，攀越東北稜線，登頂成功（第20次登頂紀錄）。

冬天，一支瑞士隊伍經由東壁及東北稜線，成功抵達峰頂。

1993 5月11日，一支俄羅斯、英國聯合登山隊，於北壁開拓出一條直抵峰頂的路線。

1999 托馬茲・胡瑪獨自於八天內攀越南壁中段，而他所開闢的路線，其危險程度屬喜馬拉雅山脈之中數一數二。但胡瑪在峰頂下方不遠處改走一般路線，尚未登頂便折返下山。

2007 在一趟西班牙遠征之旅中，愛娃・瑪爾蒂內（E. Martínez）成為首位登上道拉吉里峰的墨西哥女性登山家；另有兩人於下山途中不幸喪生。

2010 弗瑞、薛爾伯特與魏伯於史上首攀 50 週年紀念日，重返道拉吉里峰基地營，進行週年慶祝遠征行動，並拍攝電視紀錄節目。然而，眾人很快便喪失歡慶心情——三名中國團隊成員於五月中不幸身亡。

2014 基地營受埋於一場雪崩之中，導致數名人員身亡。

上圖：由安娜布爾納峰望向道拉吉里峰一景；圖
中右側未完整拍攝的峰頂為尼爾吉里峰（Nilgiri
Peak）。

左上：座落於道拉吉里峰北側山腳下的基地營。

左下：卡莫蘭德與梅斯納爾於基地營享用早餐。
1985年時，他們只在登頂前後於這頂帳篷內各宿
一晚，共計兩晚。

1984年，梅斯納爾參加南北提洛遠征隊，前往道拉吉里峰挑戰東北支脈，並放棄攻頂作收。而他在1985年時，與卡莫蘭德僅花三天時間，便登頂成功。

卡莫蘭德即將登頂前的身影。當時上空發生放電現
象,他和梅斯納爾皆有聽到電壓所產生的嗡嗡聲響。

1985年,梅斯納爾與卡莫蘭德於
東北支脈上的第一紮營處。

13　馬卡魯峰

8463　公尺
巨大黑影

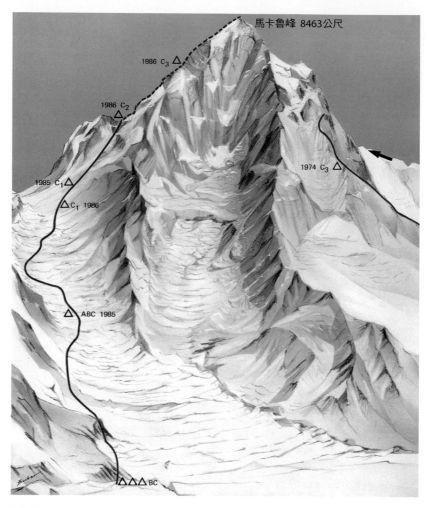

馬卡魯峰 8463公尺

1986 C₃

1986 C₂

1974 C₃

1985 C₁

C₁ 1986

ABC 1985

BC

梅斯納爾曾四度造訪馬卡魯峰。首先，他於1974年挑戰南壁失敗；南壁一年後由他人攻下（即1975年南斯拉夫路線）。1981年，他預計前往東南稜線的行動，甚至還沒開始就結束行程。1985／1986年冬天挑戰一般路線（1955年）同樣失敗作收，隨後終於在1986年，與穆施萊克納及卡莫蘭德一同沿著一般路線登頂成功。人們現已在馬卡魯峰上，經由10條不同的獨立路線完成首次攀登，另有數條變化路線，但也仍有許多精彩的潛在首攀機會待人發掘，尤其是西壁、東北岩壁，以及北岩壁（即西藏側）。馬卡魯峰是繼洛子峰之外，另一座「具備前景的8千公尺高峰」。

上一頁雙頁面：梅斯納爾與卡莫蘭德攝於馬卡魯峰峰頂（1986年9月26日）；圖中最右側為聖母峰峰頂。

馬卡魯峰
平靜步向終點

「毫無疑問地，馬卡魯峰是數一數二艱難的挑戰。」

　　　　　　　　　　　　　　　　　艾德蒙・希拉瑞

「唯有當梅斯納爾終於完成他的最後一座 8 千公尺高峰，人
們對這些山峰的猛攻才會告結。」

　　　　　　　　　　　　　　　　　艾哈德・羅瑞坦

　　每當我的遠征行動失敗時，我通常在回家途中，都會抱持著想要再回來挑戰那座山的目標。而在馬卡魯峰上，我曾失敗過三次。

　　1974 年，我和沃爾夫岡・奈爾茲跟其他幾位奧地利籍登山家，一起前去挑戰馬卡魯峰南壁。我們爬到約 7 千 5 百公尺處，但我們不夠強、我們的策略失敗，於是不得不放棄——我們在山壁上輪流執行準備工作的速度不夠迅速，也沒有及時轉換到比較簡單的路線。時至今日，沒辦法成為第一個攀越馬卡魯峰南壁的人，依然讓我感到相當遺憾——姿態多麼優美的山壁啊！多麼清晰的路線啊！

南壁於一年後，由南斯拉夫團隊成功攻克；他們找出一條精彩的路線、理想的攀升途徑。雖說如此，我也沒有因為當時的失敗而沮喪，我們只不過是丟失一次機會而已。

1981 年，我跟道格・史考特一起回到馬卡魯峰，想從東南端翻越峰頂，再往西北端過去。那原先會是一個全新的潛在冒險機會——兩人搭檔、採取阿爾卑斯式，由這座高聳的 8 千公尺高峰底端一路登上峰頂，接著從另一側下山返回平地。

但那趟行動也沒有將任何計畫付諸實現。當年，我們已經攀上扎姆朗峰中峰（Chamlang-Mittelgipfel），打算把那段路程當作橫跨馬卡魯峰之前的高度適應行程，而就在那時，我得知女兒蕾拉於加德滿都出生的消息。她被放在保溫箱裡，我沒有想太多就匆促決定放棄馬卡魯峰，迅速趕回尼泊爾的首都加德滿都，兩天後就到了。儘管我覺得對道格很不好意思，因為他這樣就沒有夥伴了，但我那時候已經太過焦躁。那一刻，我的孩子對我而言，比所有 8 千公尺高峰加總都來得重要。

在第三趟行動中——時值 1985、1986 年的冬天，我弟弟齊格飛去世的幾個月後——我和漢斯・卡莫蘭德想要嘗試挑戰馬卡魯峰的首次冬季攀登。在那之前，尚未有人在冬天且沒有使用面罩的條件下，登上較高大的五座 8 千公尺高峰過。而那次，我們希望以兩人編制，依循 1955 年的法國路線攀越山的西北側登頂，隨後原途下山。不過，我們在稍低於馬卡魯拉山口（Makalu-La）處，也就是馬卡魯 1、2 峰之間的通道，以失敗收場——馬卡魯 2 峰是位

於這座大山以北的一座次級峰——我們只抵達 7 千 5 百公尺高度。

　　就在那趟遠征的幾個月前，我得知弟弟齊格飛在西藏的死訊。相較於另一個弟弟岡瑟 15 年前於南迦帕爾巴特峰遇難身亡的事件，這則消息對我的衝擊並不像當年來得那麼巨大。那時候我還非常年輕，覺得生命似乎永無止盡。死亡尚未進駐我的思緒，一次也未曾想過。而現實以如此磅礡的方式重擊我，使我必須花上數年的時間才有辦法去接受它。1985 年，當我得知齊格飛在西藏、在這個死亡被視為生命的一部分的國度裡去世時，我能夠比較冷靜地接受這則消息，接受這件無法理解的事、其實是件不辯自明的事，儘管我為之感到痛苦。

　　我媽媽已經在山上失去兩個兒子了，但她依然沒有試圖阻止我繼續踏上遠征之旅。她只要求我答應她，如果我把世界上最高的 14 座 8 千公尺高峰都完成之後，就不要再去爬 8 千公尺高峰了——從那以後，我就不該再去攀登 8 千公尺高峰了，而正因為我知道媽媽理解我，所以我能夠一次又一次地離開。

　　1986 年秋天，我第四度來到馬卡魯峰，這次是跟漢斯一起。我計劃在這個秋天、在同一趟行動中連續爬完馬卡魯峰和洛子峰。在我啟程的前兩年——出發後不久更是如此——大眾媒體大肆炒作「8 千公尺高峰上的競賽」，尤其是我和庫庫奇卡之間的「對戰」，導致外界很多人以為我唯一在乎的事，就是成為爬完全部 14 座 8 千公尺高峰的第一人。甚至連瑞士的馬塞爾 · 魯迪，都被有意無意地「賣成」這趟所謂最後衝刺的其中一位競爭者。大家不斷地說，

他們兩個會在我的陰影下攀登大山。

　　這場競爭──報紙專欄和頭條正是如此吹捧、許多門外漢因而如此認為──至少對我來說並不存在。我承認自己有野心想要成為登上全部 14 座 8 千公尺高峰的第一人，但並沒有把它想成跟別人互相比較的戰鬥。我所追求的是卓越，重點是將點子付諸實現，從來不在於與他人競賽。我不是那樣的人；當其他人對我而言甚至還稱不上「競爭」時，我就已經這麼想了。

　　還有一件事：如果其他登山者聲稱他們活在我的陰影下，那從根本上來說就是錯的。我想把話鋒轉向來說，他們或許還站在我的光芒之中呢。由於媒體對 8 千公尺高峰的興趣，還有大眾對於我這個人的分歧意見也功不可沒，才會有如此眾多人口對登山這項活動變得愈來愈有興趣。如今，就連名聲較小的阿爾卑斯式登山家，都能從私部門取得贊助以支持他們的冒險。或許這要感謝我多年來所做的公關工作，而且誰不會為了在大眾媒體上博得更多關注，而拿自己的作為來跟我比較呢？這不只發生在義大利、德國或日本，在波蘭、蘇聯、西班牙跟法國也一樣。

　　我以悲喜參半的心態看待這件事，但這並不是因為那讓人感到半愉快、半不悅的熱潮，而是因為我們的行為如今被更加膚淺地看待，而且經常過於片面。

　　當時，我是個夢想家，現在也依然是。當一個想法在體內閃過，這種感覺就好像力量自發性地提升了一樣，而且年復一年地變得愈來愈強烈。我可以感受到一路通至腳趾的放鬆、胸腔裡的解放，即

便我讓自己陷於危險之中，那種感覺仍像深呼吸一般舒暢。當腦中形成新點子時，我就會變得有如著魔似的，被那個點子控制、支撐、驅使，自由便消失無蹤。

那些聲稱我在計劃冒險時、是全然出自於算計結果的人，並不懂這種情感大噴發的感受。精打細算的人大多膽小，很少有辦法橫跨疆界。我對於那些失去理智的玩家比較有興趣——他們的出身不像尤里西斯，但他們任由自己被引誘到那樣的道路上，而那些誘惑來源可能是好奇或抱負，並不是金錢，更不是嫉妒。

1986 年以前，怎麼沒有人在單一季裡登上兩座高聳的 8 千公尺高峰呢？我們想要達成這件事！我們想要在兩個月之內，不戴面罩的情況下，爬完世界前五高峰當中的兩座。其中最重要的是精力，而精力只會由熱情而生。畢竟，沒有哪個狙擊手有辦法撼動海克力士之柱（Säulen des Herkules）[1] 吧！

穆施萊克納與梅斯納爾攝於馬卡魯峰峰頂。「能跟朋友一起站上最高點感覺好棒，信任讓人感到非常安心。」

到了 1986 年夏天，就在我成功攻下馬卡魯峰的前幾週，羅瑞坦和托耶成功在 43 小時之內，從北方登上聖母峰再下山；他們靠坐在地，從峰頂一路滑下山。這項開創之舉幾乎沒有得到媒體認可，但對我來說，它的價值比十幾座 8 千公尺高峰加總起來高上許多。

1986 年秋天，一開始馬卡魯峰基地營裡只有我們，後來電視台的團隊加入，還有「健走國際」的重要組織幹部來跟我們一起進行其中一趟遠征，大家處得和樂融融。然而，十天後大概又有另外五、六個遠征隊抵達。他們全都有取得入山許可，但允許的內容是馬卡魯 2 峰上的其他路線。儘管如此，他們幾乎毫無例外地，都從我們早已準備好固定繩索的路線，前往馬卡魯拉山口。

遠征行動相互重疊的這項事實，在近年內，已經徹底改寫了 8 千公尺高峰的登山活動。尼泊爾、巴基斯坦和中國幾乎毫無節制地發給 8 千公尺高峰遠征許可，而且通常都是同時發給單一相同路線。這個現象造成品質大幅下降。

我和漢斯跟弗里德爾做了三次嘗試，才終於登上馬卡魯峰峰頂。第一次攀升時，我們抵達馬卡魯拉山口；我們之前在冬天時就已經到過那裡。不過，我們在稍微高一點的地方發現實在下太多雪了，沒辦法攻頂。當時的雪況讓人望之卻步；我們仍未完全適應環境，但如果我們在峰頂平台可以找到像冬天那種硬質的雪或冰的話，那就應該還是有辦法抵達最高點。就這樣，我們撤退回到基地營。

第二趟嘗試的時候，我和漢斯攀上海拔約 8 千公尺的高度；弗里德爾身體不適，在稍高於第三營區的位置就折返了。但就在我們才剛進入峰牙下方的大平原不久，我們就被新雪層絆住了。一直等到第三次嘗試，我們才成功踏著冷靜的步伐抵達目的地——冷靜的步伐，就是西藏人所說的「kallipe」。另外，我也從他們身上學到：只有那些謹慎前行的人，才不會在山上絆倒。

　　我、弗里德爾和漢斯從事先便設置好的營區出發，兩天後在海拔 7 千 8 百公尺位置搭建最後紮營處。9 月 26 日，天氣良好，我們從那裡啟程，踏上最後的攻頂路段，並在中午前上氣不接下氣、但步伐冷靜地抵達峰頂。我們有很多時間可以欣賞風景和拍照，我們很享受站在上面的感覺，一點都不覺得疲憊，也不匆忙。此外，我們也覺得自己還有足夠的力氣下山。雲霧看似在我們下方沸騰的那幅奇景、當相機快門聲都停止之後的那股寧靜！漢斯在山頂拿著一罐可樂拍照，這個舉動後來惹惱一些衛道人士，但那個罐子是空的——只有幾個人懂這個笑點。

　　漢斯往下攀回最高營區之後，當天就繼續改以滑雪方式下山，到最後一段路程才用走的回到基地營，那時候已經是天黑了。另一方面，我和弗里德爾負責撤掉最後營地，並將馬卡魯拉山口之前沿途的裝置清空。我們等到登頂的隔天，才跟雪巴人一起爬回基地營，隨後繼續上路。

　　但除了我們之外的其他遠征隊都還在馬卡魯峰上，包括一支波蘭、一支義大利和一支法國團隊，他們當時都採取一般路線，雖然

其中有些人事實上並未取得攀登那條路徑的許可。

　　汪達・盧凱維茲也在那支波蘭隊隊上，她是當時唯一一位完成三座 8 千公尺高峰的女性，包括南迦帕爾巴特峰、K2 峰及聖母峰，可惜她後來挑戰馬卡魯峰失敗。但她依然是一個活生生的例子，證明女性能夠在高海拔上做出一番成就；這對許多男性而言，甚至仍只是個夢。我想，不用十年的時間，就會有女性同樣也達成站上地球 14 座 8 千公尺高峰的這項夢幻目標。

　　我在 1986 年的那趟馬卡魯峰行動中，沒有遇到任何危急時刻。然而，隊上有兩位成員，卻只是憑著大量好運，才勉強從攻頂行動中倖存歸來——我們的攝影師丹尼斯・杜克羅茲（Denis Ducroz）和隨隊醫生朱里亞諾・狄・瑪爾奇（Giugliano de Marchi）。當時，他們心意已決地希望能登上峰頂，我不想拒絕他們。雖然他們兩人在這趟遠征中有其他任務在身，但他們希望能利用我們的休息日，經由事先備妥的路線爬上頂點。我可以理解他們在想什麼，也支持他們的計畫。

　　因為朱里亞諾在馬卡魯峰遠征行程之後，必須馬上回家，所以他很匆忙。他和丹尼斯離開最後營區的時間相對較晚，然後沿著我們的路徑登上 8 千公尺左右的高度。之後，他們必須自己摸索軌跡，簡直是場惡夢。起初，他們約略依循 1955 年的法國路線，但在即將抵達峰頂時卻陷入膠著，因為那時已經是晚上了。山脊上的雪很軟，他們很可能會滑落。當兩人再也無法準確定位時，他們決定回頭，在月光下爬回最高營區。

卡莫蘭德正在跨越馬卡魯峰三號營上方位置；背景為洛子峰及聖母峰東側。

　　他們回來的時候，我們正好在上升途中抵達一號營。他們的樣子讓我嚇了一大跳——不只是因為看到朱里亞諾凍傷，更重要的是，我可以從他們的臉上看出他們身後的狀況。

　　只有專家能夠理解，在海拔 8 千 4 百公尺的高度上，踩入深厚雪層、挖出一條路意味著什麼；只有專家能夠理解，在海拔 8 千 4 百公尺高度、幾乎抵達 8 千公尺高峰峰頂的地方，於夜裡站在覆滿白雪的山脊上意味著什麼；只有專家能夠理解，在夜裡、在月光下，攀越平坦的覆雪岩板而歸又意味著什麼。他們究竟是如何越過陡峭的斷裂地形、穿過雪崩谷地、經過無數雪坡，然後回到營區的，幾

乎連我都無法想通。幸好他們兩人都有保持冷靜，展現出非常可觀的耐力。假如他們當時坐在雪中，肯定喪命，而最壞的情況是，我們可能必須上去找他們，就不能繼續行動了。

但我們在幾天後便繼續行動。我跟漢斯和弗里德爾在前往峰頂的路上，發現馬塞爾・魯迪在下山途中遇難；加上馬卡魯峰，那就是他所攀過的第十座 8 千公尺高峰。

我們從馬卡魯拉山口，就觀察到這位瑞士最知名的高海拔登山家──馬塞爾・魯迪──如何下山。在他之前幾小時登頂的波蘭登山家維利斯基，成功趕在天黑前返回他們的最高紮營地，就在我們的帳篷下方不遠處。他在那裡待上整晚，等候魯迪；很顯然地，魯迪一直到晚上滿晚的時候才抵達山頂。為什麼他沒有回來呢？他墜谷了嗎？維利斯基徒然地等待。由於擔心魯迪可能在峰頂不慎墜落，維利斯基早上便離開帳篷，走來我們駐紮在馬卡魯拉山口的營區。他垂頭喪氣地離開，我們看得出來他很絕望。當他走到距離我們營區大概十公尺之外時，我們對他大喊，跟他說魯迪往這邊過來了──我們看到他正好要從峰頂正下方準備下山。這個消息讓維利斯基興奮地跳入雪中，他把背包脫下、開心地大吼，放下心中那塊大石頭。

我們可以看到魯迪從 8 千 2 百公尺下降到 8 千公尺，他進度緩慢、百折不撓，但顯然也很安全。接著，那細小的身影消失於一道雪脊之後。我們等啊等，也為他準備好茶跟吃的了，但他並沒有過來。

後來，在我們繼續攀升的途中，我們看到魯迪就坐在他營地下方不遠處的雪地上，已經失去生命跡象。從路徑判斷，他是在營地下方的最後這一段路不慎失足。沒有人知道他是怎麼死的，我們只能看出他曾發生意外。不論他是因為摔落或疲勞致死，也不重要了。我們只知道，正準備在這段壯闊的最後衝刺裡爬完所有14座8千公尺高峰的他，被死亡嚇了一跳——他在山上一向不願承認死亡的存在。

　　魯迪又是另一位著名的高海拔山難者；這不是第一起，也不會是最後一起類似事件。不幸的是，回不來的永遠是最成功的人。

　　光是1982到1984兩年之間，全世界最傑出的阿爾卑斯式登山家之中，就有八位在大山上送命。1982年，萊茵哈德・卡爾死於卓奧友峰；他被公認為德國的全能登山家。不久後，彼得・博德曼與喬・塔斯克葬身於聖母峰；他們兩人是現代高海拔登山繩索小隊之中，數一數二出色的搭檔。1982年秋天，艾力克斯・麥金泰爾（Alex McIntyre）於安納布爾納峰南壁上，遭落石砸中而亡；在高難度的8千公尺高峰山壁上，沒有人比他更加始終如一地遵守現代登山風格。1982年12月，加藤保男（Yasuo Kato）同樣在聖母峰上遇難失蹤；他曾分別在春天、秋天及冬天，三度登上這座世界最高峰，但這位最具爆發力的日本登山家，再也沒有從他的最後一趟攻頂行動中歸來。

　　1983年春天，南斯拉夫的傑出登山家尼茲・札普洛特尼克（Nejc Zaplotnik）在馬納斯盧峰南壁底部，於一場冰崩中喪生；

他創下的首次攀登紀錄包括馬卡盧峰南壁、隱峰西脊，以及聖母峰的整座西脊，世界各地都有他的敬仰者。1983 年秋天，禿博信（Hironobu Kamuro）死於聖母峰；他可是曾經獨自攻下道拉吉里峰的男人。自 1984 年 2 月，植村直己（Naomi Uemura）便失蹤於麥金利山（Mount McKinley）；來自日本的他，曾獨自登上數以百座大山，並獨自搭乘狗拉雪橇前往北極，卻在完成這座北美洲最高峰的冬季攀登之後，消失無蹤。

這些人都屬於少數傑出登山家之列，他們個人的成就與經歷加總，都比同一世代的其他人來得更多。在宏偉的阿爾卑斯式登山當中，他們屬於「前十名」或是排行上的前 20 名。正因如此，他們的死訊勢必是一記震撼彈，抑或是一種提醒。那偉大的經典登山活動，已經發展到再也無法評估風險的程度了嗎？對那些追尋全新維度的人而言，上山和喪生之間的跨度，已經窄到只能由運氣決定命運的程度了嗎？根據那句人家常說的標語：每兩人或三人當中，只有一人倖存。

如果是這樣的話，那麼，我們的行為已經不只是「發瘋」了，我們甚至再也無法為自己的行為負責。

我們當中沒有任何人在意是否能成為最優秀的那一個。世界上沒有誰是最優秀的登山家，也沒有誰是最快速或最差勁的。這些態度都只是記者或出版商發明出來的。有些經歷未深的年輕攀登者，或許曾經為自己冠上這種最高級的名號，因為他們知道在登山界沒有在頒發金牌或世界冠軍獎項。唯有人格算數，而在難度不斷

提高的極限領域之中，還有存活。登山不能依據得分或秒數來加以衡量，只能憑藉海拔高度和困難度，給出有限的估算——這可以透過風險控制加以表述。

　　風險愈大，就愈難做出正確的事，而所謂正確，就是那些能讓我們活下來的事。平安歸來就是一切。這時候問題又來了：我們追求的可能性——那來自山壁、經歷、設備、知識的產物——已經美好到我們要盲目奔入陷阱的程度了嗎？身為人類，我們在處理自己的渴望和野心時，是否懷有過多人性了？

　　登山這件事，由點子而生、存在於山上，並發展出屬於自己的生機。唯有當我們能夠在超出風險控制範疇時止步，那才是負責任的行為。若有人將自己暴露於自己也無法避免的危險之中，那樣的人要不是個蠢材，就是在自殺，但絕對不是一個負責任的登山者。我一直努力當一個負責任的登山者，比挑戰世界上的所有山峰都更加努力。

存活 14 次

尾崎隆與兒子尾崎真

之前有很多人認為，梅斯納爾能夠爬完全部 14 座 8 千公尺高峰，是一件可以預見的事；我自己也是。雖然這麼說，但當他成功達成這項成就時，身為一位深受梅斯納爾影響的阿爾卑斯式登山者的我，仍感到非常開心。

現在，隨著我自己開始嘗試追尋梅斯納爾的足跡，他這個人的格局對我來說也變得更加清晰。在小編制團隊或獨自一人、沒有氧氣設備、阿爾卑斯式登山風格、高難度路線等條件下，攻克海拔高度超過 8 千公尺的高峰……這些「梅斯納爾式條件」如今已成為頂尖阿爾卑斯式登山家的行動潛規則。他在那些冒險程度不斷提升的「遊戲」之中，努力拓寬人類的身心靈疆域，同時避免依賴設備和裝置等人造輔助，而他的這般努力已然成為一種新興登山哲學。

當梅斯納爾初從喜馬拉雅登山家的世界中崛起時，這些思想仍十分罕見。在世界級的高峰上，他首先挑戰的對象是自己，而不是山。他的方法充滿浪漫主義與全新點子，是先前人們無從想像的。他發明之、示範之，所以他走過的路才會如此迷人、令人極度敬佩，簡直堪為現代登山史的本體。

為了喜馬拉雅行動而採取系統式訓練的，梅斯納爾是第一人。他會執行「令人屏息」的練習，作為在高峰的極端條件下攀登的事前準備。他正是透過這樣的方式，成功達到身心上無與倫比的堅韌與耐力。

登上全部 14 座 8 千公尺高峰啊——梅斯納爾已經辦到這項不可思議的成就了。對他而言，那想必是一條難走的路。但從他

在 16 年內完成了 29 趟 8 千公尺高峰遠征的紀錄或許看不太出來，還有他那無以衡量的能量——讓他在這麼久的時間跨度裡，依然能夠緊握著自己的目標和鬥志——以及他已然克服的自我懷疑和許許多多次的退縮。最重要的是，這些遠征行動證實了他那完美的身心平衡，而平衡的基礎正是梅斯納爾自身的思想哲學。

在高水準的登山活動當中，也就是在極高海拔的艱困條件下執行的行動，即便你只是在一個點上失誤，等著你的就是必然的死亡。至於有沒有辦法毫髮無傷地度過挑戰，那就取決於阿爾卑斯式登山者本身的自我控制能力，意思是，登山者究竟有沒有本能上、實踐上及精神上的能力，將生與死劃分開來。危險降臨在梅斯納爾身上的次數數以千計，而他一再「攀越那些危險」。那就是他一路以來的藝術，而滋養著這般藝術的，是務必精確評估危險的敏銳見解，以及做出決定的喜悅。其中所需的經驗，是他在高海拔上的豐富歷練不斷累積而來。偉大冒險若沒有極端危險，便不存在，而這跟在冒險過程中存活下來，是兩道互為對立的問題。梅斯納爾證明了活著歸來的可行性，同時還有從「地獄」回來的可能。

至於那些梅斯納爾——以攀登者的身分而論——沒有成功的遠征行動，我很欣賞他面對失敗明確而謙虛態度。遇到無可計算的危險時，他會轉身離開，屢試不爽。梅斯納爾一定是懷著一顆純淨的赤子之心，以那種衝勁去迎向未知。他試著在自己身上探索這件事，並藉此推進自己的可能性。於是，梅斯納爾便為人類挖掘出許多美好的「玩樂可能」，親自用雙手、雙腳與一片真心，將隱藏在我們身上的一座神秘世界演示出來。他所達成的 14 座 8 千公尺高峰這項「紀錄」本身十分重要，但他所辦到最重要的事，是喚醒了世界上許多人心中的夢想、希望，以及冒險精神。

尾崎隆
（六座 8 千公尺高峰登山家）

馬卡魯峰南側及基地營，攝於1974年。梅斯納爾曾三度於此地紮營，包括1974年、1981年與史考特一起，以及1986年冬天。

馬卡魯峰
發展史重要日期

地理位置：尼泊爾喜馬拉雅、馬哈蘭格 ・ 喜瑪爾
東經 87° 05'，北緯 27° 53'

1954 雖然在此之前已有其他遠征行動曾針對馬卡魯峰進行觀測及攝影，但直至此時才有第一支遠征隊前往馬卡魯峰——由威廉 ・ 席里（W. Siri）所率領的美國隊伍。他們原先希望登上東南峰，但最後只抵達 7056 公尺位置。

由於席里及其團隊已率先取得許可，以艾德蒙 ・ 希拉瑞為首的紐西蘭隊伍，打從一開始就必須放棄挑戰東南峰，也因此攀完其餘的 25 座山峰，其高度全皆高於 6 千公尺。此外，他們也探索了馬卡魯峰北側，但希拉瑞與吉姆 ・ 麥克法廉（J. McFarlane）不慎墜入裂隙而身受重傷。

雨季後，一支法國遠征隊於尚 ・ 佛朗哥（J. Franco）的帶領下前往西北側，並於北脊上抵達海達約 7880 公尺高度。

1955 春天，佛朗哥再度返回馬卡魯峰，延續前一年的行動，並大獲成功——隊上全體九位成員及嚮導分為三組小隊，接連於 5

月 15、16 及 17 日登頂成功，且途中未遇任何意外。

1961 希拉瑞率領一支英美聯合遠征隊前往馬卡魯峰，嘗試依循法國路線完成第二次攀登紀錄。他們在攀升時並未攜氧，以作為高海拔生理實驗的部分試驗，但此舉險些讓參與者喪命。行動中，兩位隊員攀至峰頂下方約 120 公尺處止步。

1970 一支實力堅強的日本團隊經由東南稜線，成功攻下這座山，為高度 8010 公尺的東南峰史上首次登頂紀錄。其中，兩位隊員直至主峰峰頂下方 180 公尺處前，只使用少量氧氣，隨後攻頂時便脫卸面罩行動。

1971 春天，羅伯・帕拉哥（R. Paragot）帶領法國遠征隊前往挑戰時，遇上惡劣天候，但他們成功在暴風雪及氣溫甚冷的情況下，攻克難度極高的西柱，並以「最短路徑」創下馬卡魯峰的第三次攻頂紀錄；成功登頂者為貝納・梅耶（B. Mellet）與亞尼克・塞紐爾。

1974 沃爾夫岡・奈爾茲與奧地利遠征隊一同前往南壁，但行動以失敗作收。

1985 秋天，艾力許 · 庫納維爾參加南斯拉夫團隊，第二度挑戰馬卡魯峰。他們採取南壁路線，共進行四次攀升，最終攻頂成功。隊上四位登山家負傷歸來。

1976 在楊 · 策文卡（Jan ervinka）所率領的捷克斯洛伐克遠征行動之中，他們成為首批攀上東南峰下方山柱的隊伍。其中，兩名本國成員及一名西班牙籍隊員，成功攻下主峰。而在下山途中，一名捷克籍隊員不幸身亡，其他人也早已深受嚴重凍傷之苦。

1978 德籍登山家赫曼 · 瓦爾特（H. Warth）率領一支國際遠征隊，包含三名雪巴正式隊員，在行動中不得不放棄原訂的縱走計畫，但仍以三支小隊的編制，經由法國路線成功登上主峰。

1980 春天，約翰 · 羅斯凱利（J. Roskelley）帶領一支美國四人團隊前往馬卡魯峰。他們在沒有高山挑夫協助的條件下，依循1971 年的法國路線進行攀登，隨後羅斯凱利隻身登上高難度的西柱，完成西柱的第二次攀登紀錄。

1982 安德烈 · 裘克（A. Czok）參加波蘭、巴西聯合遠征行動，並獨自攀越西壁，再經由西北稜線抵達峰頂。

1986 梅斯納爾挑戰馬卡魯峰冬季攀登失敗，並於 9 月 26 日與卡莫蘭德、穆施萊克納一同登頂（第 17 次登頂紀錄）。

1995 日本山岳會（JAC）馬卡魯峰遠征隊成功由中國（西藏）側，完成東脊首次攀登。

1997 謝爾蓋・埃菲莫夫（Sergei Efimov）率領俄羅斯遠征隊，前往挑戰難度極高的西壁，隊上五名阿爾卑斯式登山家成功攀越，但其中兩人不幸喪生。

2006 尚－克里斯托夫・拉法葉嘗試挑戰冬季攀登，但至今仍下落不明。

2009 西蒙尼・莫洛與丹尼斯・烏魯布可，成功以阿爾卑斯式、經由一般路線，完成史上首次冬季攀登。

2010 在米斯提斯拉夫・戈爾本科（M. Gorbenko）的率領下，一支烏克蘭隊伍於西南山壁、1975 年路線以左，開拓新路線，行經西柱抵達峰頂。

---

1 海克力士（Herkules）是羅馬神話裡的大力士，而海克力士之柱所指稱的，是分別聳立於直布羅陀海峽歐洲側及非洲側的兩座岬角，相傳由海克力士所建。

尼泊爾皇家政府已准許下述遠征團隊，
於1986年雨季前／後／冬季，前往下述
山峰進行遠征，特此通知。

皇家旅遊部登山部門

遠征許可證

尼泊爾

日期

遠征編號 3-1-馬卡魯峰（1986年秋）

HIS MAJESTY'S GOVERNMENT
MINISTRY OF TOURISM
MOUNTAINEERING SECTION

EXPEDITION PERMIT
NEPAL
2037

No. Exp 3-1-.Makalu (1986 Autumn) S.No. 3   Date:—1986/8/15

It is hereby notified that His Majesty's Government of Nepal has granted
permission to the undermentioned expedition party to carry out the expedition
on the peak mentioned below during pre/post monsoon/winter Season of the
year 19 86

1. Name of the expedition party Messner Makalu Expedition

2. Country of origin   Italy

3. Name and height of the peak permitted to scale Makalu I (8463m)

4. Caravan route   Kathmandu-Tumlingtar-Khadbari-Seduwa-Arun Khola-
Barun Valley- Base Camp.
5. Climbing route South West Side

Subarna Jung Rana
Joint Secretary

蘇巴納・瓊・拉納
聯合秘書

1. 遠征團隊名稱　梅斯納爾馬卡魯峰遠征隊
2. 原籍國　義大利
3. 獲允攀登之山峰名稱及高度　馬卡魯1峰（8463公尺）
4. 隊行路線　加德滿都－圖姆林塔－卡德巴里－席都瓦－阿龍河－巴倫谷地－基地營
5. 攀登路線　西南側

403

馬卡魯峰南側。

挑夫攝於前往馬卡魯峰基地營途中。

隊伍沿著停滯冰川外緣，由最後一處高山牧地，於日間長途步行，前往馬卡魯峰西岩壁底部的基地營。

挑夫於運送物資完畢後，攝於營火旁。

由峰頂山脊眺望馬卡魯拉山口一
景；穆施萊克納及梅斯納爾，攝於
峰頂以右的陡峭隘谷之中。

由聖母峰望向珠穆隆索峰、馬卡魯2峰、馬卡魯拉山口及馬卡魯1峰一景（攝於1980年）。

梅斯納爾攝於馬卡魯峰峰頂稜線，距離最高點不遠處。

1974年，梅斯納爾與奧地利籍登山家同行，首度造訪馬卡魯峰。隨後又曾兩度前往挑戰，直到1986年才攻頂成功。

14 洛子峰

8516 公尺
聖母峰的衛星

洛子峰 8516公尺

C₃ 1975 △

△ C₂ 1980/1986

1986年，卡莫蘭德與梅斯納爾採取聖母峰遠征隊所準備的路線，登上洛子峰峰頂（較低路段與聖母峰相同，詳見第4章）。其中，他們將艾舍林團隊的三號營（C2）作為第二營區使用，接著從該處出發攻頂。此外，梅斯納爾曾於1975年加入義大利團隊，試圖挑戰南壁（左坡），但於第三營區（C3）上方止步折返；1989年時，則依循峰頂瀑布線以右的路徑嘗試攀登。洛子峰開發程度甚低，未來仍有精彩潛能。

上一頁雙頁面：梅斯納爾與卡莫蘭德攝於洛子峰上。由於他們在馬卡魯峰遠征行動中之事前準備工作，因此能夠於三天內順利抵達峰頂（座落於圖中背景雲層下方；攝於1986年10月16日）。

洛子峰
被迫自由

「你或許曾聽聞被祝福的山；那就是世間最高的山。若你真能抵達峰頂，你將只渴求一事，即：下山，並與住在谷裡的人待在一起。人們因此稱之為被祝福的山。」

哈利勒‧紀伯倫（Khalil Gibran）

隨著我在馬卡魯峰上的成功，加上立刻於 1986 年秋天前去挑戰洛子峰的許可證也已經入袋，我知道我即將有機會，總算能把目標清單上的其中一項劃掉。或許，我再也沒有機會於冬天攀登那 14 座 8 千公尺高峰裡的任何一座了。假如我真的可以攻下洛子峰，因此爬完世界上最高的 14 座山，那我希望能謹守自己對媽媽許下的承諾，未來不會再去爬 8 千公尺高峰──至少不要再親自攻頂了。

我在 8 千公尺高峰上，已經幾乎完成所有事了──大規模遠征、小編制遠征、獨自攀登；我曾在春天、夏天與秋天進行攀登；曾經依循一般路線、也有最為困難的路線；曾完成跨疆行動；也曾

以團員身分、參與許多繩索小隊的行列前去登山。可是，我從未在冬天成功登上峰頂過。我經常在 8 千公尺高峰上中止行動、折返，學會了「輸」，但不是放棄，而這拯救了我的性命。

雖然沒有在冬天成功攀上 8 千公尺高峰，我也沒有為此感到難過，即使我曾一度希望，能在所有季節裡都能登上那 14 座中任一座。我在南迦帕爾巴特峰獨攀之後，心中就隱約有個目標，希望能跟伴侶一起登上 8 千公尺高峰；雖然這項目標已經被莫里斯和莉莉安・巴拉德（Maurice und Liliane Barrard）夫婦搶先達成，但我也不為此感到難過。他們兩人——不幸於 1986 年夏天，在 K2 峰上墜谷身亡——在我找到合適的伴侶之前，就把我的點子「一男、一女、一 8 千公尺高峰」付諸實現了。

如今我常問自己，當初究竟是哪來的體力和動力，能夠在成功、在失敗之後，一次又一次重新出發。唯有當身、心、靈上的紀律加總起來，才有可能辦到如此持之以恆的表現，光有野心抱負是不夠的。至於潛在的資金與評價收益，都僅是助力，對我來說並非誘因。

完成馬卡魯峰之後，我們前往洛子峰的路途經過大幅改道。我原先的長途步行計畫，是從馬卡魯峰的基地營——位於兩條海拔 6 千公尺高的通道舍帕尼（Sherpani）與西坳上方——向南繞至巴倫子峰（Baruntse）及洛子峰，進入聖母峰基地營，同時也是洛子峰一般路線的基地營。但因為我們在馬卡魯峰上已經花掉許多時間，又加上天候狀況相對糟糕，我決定跟漢斯和弗里德爾直接一路下降

回山谷。人的血液在較低位置會變稀，必須重新適應較低的高度。另外，我們也必須重新「長肉」，因為我們在馬卡魯峰上失去了部分肌肉量。接著，我們從阿龍河畔的村莊塞多亞（Sedoa），搭乘直升機飛往盧克拉（Lukla），再從那裡徒步上升到洛子峰。

而在 1986 年的這個秋天裡，在洛子峰和聖母峰上行動的有一些瑞士人、一些法國人、一個阿根廷人、一個比利時人跟一個加拿大人。來自瑞士中部琉森（Luzern）的遠征籌辦人麥克斯・艾舍林，組了一團國際商業遠征隊，包含 25 男 1 女，由腓迪・葛拉夫（Freddy Graf）帶隊。此外，速度名列前茅的阿爾卑斯式攀登者艾瑞克・艾斯科菲耶（Eric Escoffier）也在隊上，算是他的獨立遠征行動的一環。艾斯科菲耶想在該年度爬完六座 8 千公尺高峰，而他最主要的目標，是在聖母峰上刷新時間紀錄，雖然最終沒有成功。

當我、弗里德爾和漢斯在 10 月加入這支遠征隊時，馬上就察覺這個國際團隊之中瀰漫著一股緊張氣氛。脾氣溫和的葛拉夫努力取悅大家，他不只把絕大部分的路段都準備完善，也是這支草率拼湊的團體的定心丸。他希望能在瑞士繩索小隊——盧赫辛格與萊斯（E. Reiß）——完成首次攀登的 30 年後，同時攀上聖母峰及洛子峰的峰頂。

那支遠征團隊上有一些非常優秀的阿爾卑斯式登山家，他們把自己的行動「賣給」媒體和企業，以資助團費。但另外也有一些「週末登山家」，打從一開始就不可能登上兩座山峰。儘管葛拉夫盡心盡力了整整兩個月——他大多時候都爬在最上面——但他的努力在

聖母峰南峰上，卡在深厚的積雪之中而功虧一簣。雖然他們已經離峰頂不遠了，但基於安全，他還是決定回頭下山。

以他的年紀，仍能如此精湛地攀登世界最高峰，讓我欽佩不已，並視他為模範。如今我已經 42 歲了，但也不需要放棄登山，依然能夠將我的登山生涯大力推進。

由於當時風勢強勁，又加上我、弗里德爾跟漢斯必須先適應山上的環境，我們就待在基地營裡等了幾天。上路時，我們知道成功的機率大概只比 50、50 多出一丁點，因為風實在太大了。西北烈風已經開始橫掃聖母峰和洛子峰比較高的區域，並捲起飛雪，使得瑞士隊伍不得不止步。艾斯科菲耶會失敗，也是因為這場暴風。而在較低的區域裡，冰溝也開始變得「更加活潑」，每天都會劈開新的裂隙。

我們三人，還有從馬卡魯峰就一直陪著我們、替我們拍攝遠征行動的攝影團隊，沿著瑞士隊伍先前架設好安全措施的路線攀越冰溝，抵達西冰斗（Western Cwm）。當時，瑞士隊伍的營地還在那裡——至少還有一部分啦——夠我們拿來使用。我們在夏天時，就已經先跟艾舍林達成協議，我們付他一小筆費用，就可以在冰溝處使用他的部分遠征裝備。如此一來，我們就能毫無阻礙地攀登洛子峰北側的岩壁。

講到這裡，有些人可能會覺得，我們能夠登上洛子峰峰頂，基本上可以說是站在瑞士隊伍的肩膀上才辦到的。而對於那些這樣想的人，我必須說：沒錯，就是這樣。事實上，我也不在意這件事。

之前我在冬天挑戰馬卡魯峰失敗時，就把洛子峰南壁的攀登許可給丟了。要在單一季節裡嘗試攻下馬卡魯峰跟洛子峰南壁，不單只是狂妄，那是愚昧。而且我希望可以在 1986 年秋天把 8 千公尺高峰做個了結，才總算能有空去追求其他目標。

截至目前為止，所有洛子峰遠征行動，都是跟聖母峰的行動一起並列進行。

而在我終於成功攻下洛子峰之前，我已經遠征過洛子峰兩次了。1975 年春天，我參加義大利團隊，挑戰南壁。那是我所參加過的唯一一支國家遠征隊，由義大利登山會（CAI）所籌辦，隊長為里卡多・卡森（Riccardo Cassin），他無疑是 30 年代最成功的登山家。當時，團隊很慷慨地提供我們充足裝備，但行動最後依然沒有成功。

存活——雪崩劫難

里卡多・卡森

大概午夜時，我聽到巨大的轟鳴聲響和一記碰聲，隨之而來的是強勁暴風。外面有人在呼喊。我打開手電筒，看見坍塌的帳篷。我把它搖一搖，可以感覺到覆蓋於上的厚重雪量。我走出帳篷，看到萊茵霍爾德身上只穿著一半的裝備，而且全身通白。從洛子峰山壁落下的雪崩，形成氣壓及陣雪，使我們的帳篷倒塌，也把雪巴人的帳篷摧毀。

梅斯納爾在馬里歐利諾（Mariolino）的帳篷避難，而我也爬回自己的帳篷，雖然支撐蓬頂的桿子已經壞掉了；我打算早上再修理。

我 6 點左右醒來，天已經亮了。我望了望四周，看到萊茵霍爾德的帳篷攤在地上，雪崩造成的毀壞也全都呈在眼前。接著，我開始檢視山壁，想找出雪究竟是從哪裡崩落，但因為那時候飄著小雪，我沒有辦法清楚辨認出崩落位置。

我回到帳篷再稍微休息一下。不知道時間到底過了多久，我在半睡半醒之間，又聽到非常巨大的轟鳴、一記碰聲，以及把萬物捲起的狂風呼嘯。我的身體被一團很重的重量壓著，那團東西很快速地向前移動。出於直覺，我奮力將雙臂護在頭上。我嘗試起身，但很快又被撂倒。

這場煉獄維持了一段時間後，總算再度恢復平靜。費了好一番功夫之後，我也成功以四肢匍匐的姿態爬出帳篷。一幅驚駭的場景映入眼簾：我們的營區面目全非，一切都被摧毀殆盡，看起來像是蒸氣壓路機把萬物都輾平似的，而覆於其上的，是一層又厚又重的積雪。

我最先看到的人是梅斯納爾和康提，他們倆從頭到腳都裹著雪白粉塵。我們聽到雪巴人的帳篷那邊傳來陣陣呻吟，我跟他們倆便一起前去查看。我們用冰斧及刀子協助他們脫困。有些人只能困難地呼吸著，有些人受了傷，所幸沒有太嚴重。我們拿紙巾努力幫他們稍微擦乾；像他們這樣被雪浸濕全身，很可能會失溫而死。此外，我們也盡快找來一些睡袋，把他們或多或少裹起來，因為實在太冷了。

　　我們放東西的箱子、那些 30 公斤的氧氣瓶，四散在基地營原處的方圓 1 公里以外。我試著聯絡一號營跟二號營的夥伴，但在早上 7 點半以前，也就是我們講好要通訊的時間，一直沒有人注意到我的訊息。

　　當他們終於回應時，我可以理解他們有多麼震驚。他們沒有注意到任何異狀，就連平常用肉眼就可以看到基地營的一號營位置，也沒有發現。因為當時飄著小雪，從上方看下來，四周一片雪白，看似毫無改變。我請求他們盡速趕來救援。

　　與此同時，太陽開始探頭，氣溫逐漸上升。大家試著把自己的東西找回來，接下來的三天也都在繼續尋找四散於冰川上的衣物和個人物品。幸運的是，這場雪崩劫難發生的時候，基地營裡只有五位登山者，以及雪巴人、廚師與助手共約 15 人，否則後果一定更加糟糕。從一號營前來搭救的夥伴，在 9 點半左右抵達。我們詢問雪巴人有無意願繼續行動，他們的回應看起來是好，所以我們就把自己人集合起來，決定究竟要繼續遠征或是回義大利。從二號營過來的四人，還沒抵達……

里卡多・卡森

摘自其著書《登山 50 年》（ *Cinquant'Anni di Alpinismo* ）[1]

Dall'Oglio，於米蘭出版

（1975 年洛子峰遠征隊隊長）

當年那趟遠征途中，我們遇到一些危急狀況。我們的基地營遭到冰崩肆虐，我以為自己鐵定會窒息而死。到了山壁較高的位置時，我們必須攀越一段壯觀無比、覆滿崩雪的坡道，而那些雪層隨時都有可能鬆落、向我們襲來，所幸它們始終維持不動。我們冒著龐大的風險，朝著峰頂山脊的方向前進，但其實我們也已經知道最後將徒然無功。可是，如果我們在北壁上沒有大幅繞道的話，就無法再繼續爬太遠了。

　　此外，我也有一次挑戰洛子峰一般路線失敗的經驗，那就是1980 年，我嘗試獨自攻頂。當時，我唯一的雪巴人達提（Dati）待在基地營，拒絕跟我一起攻頂，我就試著自己爬。他向我解釋，他是出於宗教緣故，所以沒有辦法陪同我。我可以理解，沒有強迫他一定要幫我。

　　這次，我想要在第三度挑戰時做個了結。我、漢斯和弗里德爾在瑞士隊伍的二號營睡了一晚之後，弗里德爾起身爬回基地營。他已經被牙痛折磨好一陣子了；由於空氣的氣體分壓很低，他有一顆牙冠下的氣泡因此引發疼痛，隨著時間愈來愈嚴重。他不得不放棄攻下這座 8 千公尺高峰的機會，不然如果他身體狀況良好的話，肯定有辦法達成。

　　那天早上，我跟漢斯很晚才離開營區。山上的風力實在過於強勁，我們一直到開始天黑，才抵達位於洛子峰山壁中段的三號營，高度 7 千 5 公尺處。我們在瑞士隊那些依然緊扣於地的半毀帳篷裡躺下，但眼皮整晚都沒有闔上。我們希望隔天可以繼續前

進，但又怕在這種程度的暴風裡，不可能進行攀升。

　　儘管如此，10 月 16 日早晨，我們仍舊爬出帳篷，盡一切之能事讓自己穿得愈暖愈好，然後套上冰爪，就開始頂著暴風朝上前進。瑞士隊原本固定在黃色膠布上的繩索，要不是已經鬆脫，就是被風吹掉了。就這樣，我們在沒有繩索輔助的情況下攀登，全只仰賴我們的冰斧跟平衡感。

　　不管怎樣，當時的雪況夠好，讓我們達到不錯的進度。一直快到狹窄的洛子隘谷時——洛子隘谷從左下往右上延伸至峰頂——才發生一次危急事件。那裡有一些地方的積雪深及膝蓋，我們只能費力地緩慢前進。我們在隘谷較高處、兩面陡峭的岩質山壁之間的窄縫時，一度真的名符其實地被往上推——那陣風以一種詭異的力量，從後面朝我們襲來，一下拖、一下推、一下把我們向上擠。

　　有多少次我都暗自希望，遠征途中能有一座電梯，把我直接送到山上的最後一段路，而此時我們正在經歷的就類似那樣。由於那股強勁的風推力，我們彼此之間必須只能前後間隔 20 到 30 步，不然就會被往上吹。畢竟，我們在途中當然需要稍作休息，因為要維持平衡也很費力，甚至連處於站姿時，都時不時會被高舉向上。我以前在攻頂之前的最後 2 百公尺路段，從來沒有像在洛子峰上前進得如此快過。

　　我曾經想過，要在爬最後一座 8 千公尺高峰時，在頂點下方幾公尺處就止步，作為一種致敬的方式。然而，現在處於這場暴風之中，狼狽不堪又飽受摧殘的我，再也沒有心力去執行這件

祈禱存活

在聖母峰下南側，坤布冰溝阻擋了通往西冰斗的路徑；西冰斗，又稱寧靜之谷。依照原本的計畫，達提——達瓦‧丹增‧雪巴（Dawa Tensing Sherpa）——應該要跟我一起穿越冰溝。可是，在我們要開始攀越這段礫石堆之前，達提的太太過來基地營，叫他不要去。她威脅說，如果他違抗她的意思、執意要去的話，那她就要離開他。

幾天前，達提的媽媽也寄了一封信來基地營，哀求她兒子不要上山。信中說道，她去拜訪位階最高的喇嘛，然後他跟她說，達提這次的星象運勢看起來很不好。那位喇嘛老師有預感，覺得有危險在朝達提逼近，所以他最好待在洛子峰的基地營，那裡會比較安全。但如果他登高的話，就會有事發生——嚴重凍傷，也許甚至會死。

喇嘛向那位憂心忡忡的母親保證，會替她弄到護身金剛結。

達提（右）與隨隊護送官員，攝於洛子峰。

那是用線繩纏綁的祝禱，雪巴人和藏傳佛教信徒會將之穿戴於脖子上。達提的太太本來應該是要帶這種護身符來給她丈夫，可是，做一條金剛結需要很多時間。總之，達提就是被警告，不能再繼續攀升。

1981 年時，達提恰好 26 歲。依照西藏人的觀念，對男人來說，26 和 32 歲是不好的年，對女人來說是 25 和 31 歲。到這幾個年紀的時候，他們必須隱居一次，潛心禱告兩、三天。為了做這件事，他們必須跟隨幾位喇嘛，前往一座小丘或山嶺頂端，並在那裡搭建一座小神龕。

達提剛滿 26 歲的時候人在歐洲，回到尼泊爾之後就立刻出發踏上這趟遠征，還沒有時間去做這個祈福儀式。但在他跟我一起步向任何可能的危險情境之前，他應該要先完成祈福才對。

事，光是這種無助的狀態，就足以讓我屈服。我不想當英雄，也不想當什麼反英雄，所以我就跟在漢斯身後繼續向前。

終於到隘谷末端，我們在一個小切口處停下。我們緊抓著砍入雪層的冰斧喘息，深知自己連最輕微的失誤都犯不得，尤其是攀升最後這段冰岩混合的峰牙時。我們的目標是眼前兩座峰頂金字塔的左邊那座，唯有極致專注才有辦法順利攀上。另外，如果我們不想學會什麼是「飛」的話，就必須等暴風暫停才能繼續行動了。

現在，既然已經離開隘谷了，即便倒栽蔥也不足以致命，但在較為險峻的範圍裡仍會吹到風。我們必須奮力使勁地緊扒冰斧，才不會被吹走，雙手完全沒空拍照。除此之外，我們半小時前在隘谷中間段時，就已經發現我們的兩台相機都結凍了。所以，後來我們

卡莫蘭德、沃爾夫剛‧托馬塞特（Wolfgang Thomaseth）與穆施萊克納，攝於坤布冰溝最上端。

一個一個站上峰頂之後，馬上又一一往下逃了。

　　所謂站上峰頂，就是當你停止繼續往上的時刻，但不是因為你累、你怕，或是不想再繼續爬而停止的那種。

　　在那裡，你處於最頂端，而且一心只想著下來——下到溫暖的平地、下到可以休息的平地、下到有朋友在的平地。若把時間拉長來看，沒有人能夠承受待在那近乎真空的空間裡。那上面不只氧氣不足，也沒有足夠的人情溫暖、沒有足夠的理智、沒有足夠的愛。

　　我彎著腰站在那裡，像是一個再也撐不下去的病人似的。腳下的雪又硬又遠——它們離我好遠，但我們之間事實上只隔著冰爪而

已。我在陣陣暴風中閉上雙眼，把身子又蜷縮得更加靠近，全身上下唯一敞開的部位是嘴。每當耳邊的巨大碰撞聲止歇，我就能看到一小片天空，好似磨砂玻璃；玻璃之後，宇宙應該是黑色的吧。隨風而生、有如旗幟般的揚雪倏地垂直升起。至於空氣，則是一股力量，不單只是一種物質。我直覺性地知道自己身處何方，正如那些從不為地點命名的動物一般──我就在那裡，環繞於我周遭的是「地獄」，而其中更為激烈的還有暴風、冷冽與深淵。

你在山頂很快就會感到疲乏，所以趕緊下山吧。待在頂端的那幾分鐘之所以還能忍受，純粹是因為我如今已經知道，我先前花了幾週時間向上探尋的所有「幸福快樂」──而且還用了 16 年一再重複──只存在於山下。

在洛子峰上，我們大膽地冒著暴風攀升，之前我頂多只有在下降時，才曾體驗在暴風中行動過。事實上，在過去的 8 千公尺高峰遠征當中，假如天候狀況這麼惡劣的話，我就不會出發了。那麼，為什麼我們這次會比以往都賣力執行呢？我不知道。只能說，我跟漢斯在攀升時，都覺得是在安全範圍內。唯獨在洛子峰的兩座角峰之間，我們才一度感到片刻遲疑。當時，我們嗅到危險，但即將抵達峰頂的事實，強化了我們的自信。而且，繼續前進意味著畢業啊。

不過，這次在峰頂時，我們沒有時間可以留給喜悅，只想到要繼續下山的恐懼──下山的時候，也務必全神貫注才行。直到隔天克服了冰溝、快要回到基地營的時候，才真的有一股好比「生命之喜樂」的感受浮現。它不是像「太棒了，我們還活著！」那樣，而

是單純因為活著這件事、油然而生的快樂。同時也覺得，總算有空做其他事了。

完成14座8千公尺高峰之後，我並不覺得自己是贏家或英雄。但能實現這麼一個複雜的點子、一項我為自己設下的目標，令我感到滿足。

事實上，要在沒有使用面罩的條件下、以盡可能公正的方式爬完所有8千公尺高峰，這項目標是我本人為自己所制定的。沒有任何人幫我訂立規則，或規定我必須達成什麼數目——除了大自然。由於我已經或多或少達到這項目標了，至少在當下這個時間點，我對自己感到滿意。儘管如此，我也知道，不是只有「沒有成功達成目標是一場悲劇」這句話成立；或許，更大的悲劇在於成功達成目標。

目前來說，我並不擔心我的未來，我還有新的點子、新的目標。8千公尺高峰已經深植於大眾的意識之中，但我對它們已經不再那麼有興趣了。事實上，不只阿爾卑斯式登山者，還有上百、上千萬的外行人也都開始重視8千公尺高峰，重視到不能再更重視的程度。如今，隨著我從全部14座8千公尺高峰存活下來，代表這項事實本身——至少對我而言——也得以存活。而這種冒險方式也活下來了，它成為一項制度、一種習慣，也因此變得落伍。

假如我還想要繼續前進的話，那我就必須在某個地方重新出發、必須再繼續學習。我希望能把自己在其他領域現有的成就，比所有前輩達到的位置，再更往前推進一步。我的路將導往不同方

向。不過，只要老一輩的登山家，以及年輕一輩的登山家，還對我有所批評，那我就能放心地知道自己走在正確的道路上。

如今，對我而言，資助自己的遠征行動已經變得很簡單了。我對這件事感到十分驕傲，堪比其他成就之於我的程度。雖然我還沒找到真正的贊助人，願意無償提供我資金，讓我去追求我的冒險，但我已經簽下許許多多合約、從出版書籍賺得許許多多版稅，讓我能夠「支付」自己最瘋狂的點子。

而在我以歷史為基礎、發展出自己的登山目標的同時，我也從前輩身上學到人生的實際面。我知道，唯有當自己知道前人曾做過什麼，我才有辦法開創新事物。

我看齊的對象包括華特・博納蒂、赫爾曼・布爾、保羅・普魯士（Paul Preuß），甚至連我在發明全新登山風格、商談講師費用，或簽訂廣告合約時，都是以他們為模範。他們三人不只是在登山活動上交出優異的「作品」，他們也為世人示範，自由冒險家究竟能夠如何規劃人生。除了我自己身邊少數幾位朋友，他們三位也一直帶給我最實際的幫助；單憑我自己一個人，不可能達成任何事的。

至於其他提攜我的人、我的讀者、我講座上的聽眾，還有我的粉絲，他們都是洛子峰上的那陣風。若沒有他們的認可，於心靈層面，我可能早已枯竭，不知橫倒在哪裡的路旁；若沒有契約夥伴的信任，於實際層面，我就不能走這麼遠——至少不可能「抵達峰頂」。

1986年，梅斯納爾攝於洛子峰峰頂：「前所未有的自由」。

以上，如果我還沒有給出充分的回應，那就請不要再看我了。走進山裡吧！我們人類總是回答得太多，而且每天都不一樣。而山，它們會為每個人提供其所尋求的答案。

1　目前尚無中文譯本，書名為暫譯。本書原文為義大利，英文版書名為《Fifty Years of Alpinism》，出版於 1980 年。

沉浸於最後一道暮光的洛子峰南側。目前,人們只曾於這面山壁進行過五、六次挑戰,堪為喜馬拉雅地區裡,數一數二精彩的「待解問題」。

洛子峰
發展史重要日期

地理位置：尼泊爾喜馬拉雅、馬哈蘭格 · 喜瑪爾
東經 86° 56'，北緯 27° 58'

1955 洛子峰位於聖母峰以南僅 3 公里遠處，兩山之間以南鞍作為區隔，洛子峰因此被視為獨立山峰。人們起初針對洛子峰的探索，皆屬早期聖母峰遠征之旅的部分行程，而諾曼 · 迪倫弗斯於此年率領一支國際遠征隊，於雨季前，前往探索洛子峰南側，為此山史上首次攀登行動。此外，艾爾文 · 施奈德致力製作洛子峰地形圖。雨季過後，他們從坤布冰川進入洛子岩壁，並於 9 月以短板滑雪方式，穿越整道冰瀑。此外，恩斯特 · 瑟恩（E. Senn）以西盆地為起始點進行攻頂，但於高度約 8 千 1 百公尺處止步。10 月末，該團隊因秋季暴風之故而撤退。

1956 春天，由亞伯特 · 耶格勒率領的瑞士聖母峰遠征隊，也成功於 5 月 18 日創下洛子峰的首次登頂紀錄。其中，弗利茲 · 盧赫辛格及恩斯特 · 萊斯，經由西壁抵達最高點。

1970 一支奧地利團隊於齊格飛・艾伯利的帶領下，經由南脊／東南脊，創下首次成功登上洛子夏峰（Lhotse Shar；東峰，8千4百公尺）的紀錄；登頂者為塞普・馬耶爾及羅夫・沃特（R. Walter）。不過，由於他們所取得的登山許可範圍為洛子峰，該趟遠征行動於官方紀錄上仍屬失敗。至於洛子夏峰本身，奧地利籍登山家諾曼・哈迪已於 1960 年前往挑戰，登上海拔約 6 千 7 百公尺處；1965 年，日本登山隊採取相同路線行動，但於約 8150 公尺處不得不放棄作收。

1973 日本隊伍為史上首批嘗試攀登洛子峰南岩壁者，但行動未獲成功。

1975 春天，一支實力堅強的義大利團隊，於里卡多・卡森的率領下前往洛子峰；梅斯納爾亦為隊上一員。他們成功在南壁上開拓出一條路線，但在峰頂下方約 1 千公尺處、中線以左甚遠的位置，不得不終止行動。

1977 以格哈德・施馬茨為首的德國登山隊及嚮導烏建，由西盆地出發，登上洛子峰；隊上一人不幸身亡。

1979　春天，艾里希‧瓦尼斯（E. Vanis）帶領一支奧地利隊伍，沿著史上首攀路線，抵達主峰峰頂。

秋天，波蘭團隊也採取相同路線，以兩支四人小隊的編制，登上最高點。

1980　法籍登山家尼可拉‧吉捷擬出一系列壯闊計畫，希望能攀越洛子峰的疆界，接著轉向聖母峰，但於南壁約 6 千公尺位置挑戰失敗。吉捷在嘗試攀越洛子夏峰、前往主峰的途中，於山上失蹤，至今仍下落不明。

1981　5 月，艾力許‧庫納維爾率領其他南斯拉夫登山家前往洛子峰南壁，攀上高度約 8 千公尺位置，堪為一大成就！

而在南斯拉夫隊的行動之前不久，保加利亞隊則依循一般路線登上峰頂。

1983　秋天，一支七人日本遠征隊分為三組人馬，於尾崎隆及雪巴人達瓦‧諾布（Dawa Norbu）的領軍之下，成功抵達洛子峰峰頂。

1984　由伊凡‧高爾飛所帶領的捷克斯洛伐克遠征隊，成為史上首支成功攀越洛子夏峰南壁的團隊。

1985　波蘭隊的行動，由於一名成員意外喪生，而於洛子峰南壁約 8 千 1 百公尺處止步。

法國隊伍於南壁上的挑戰行動，同樣以失敗作收。

1986　春天，日本隊沿著一般路線成功攻下主峰。

秋天，梅斯納爾偕同南提洛登山家卡莫蘭德，前往攀登洛子峰，並於 10 月 16 日站上他的第 14 座 8 千公尺高峰（史上第八次登頂紀錄）。

1990　來自蘇聯的 20 人團隊，於南壁開闢出一條最短路徑，其中包含六處營地。10 月 16 日，謝蓋爾・貝爾修夫（S. Bershov）與伏拉迪米爾・卡拉塔耶夫（V. Karatayev）成功登頂，但嚴重凍傷；其路線為喜馬拉雅地區目前難度最高者。

1994　卡洛斯・卡索利歐於 24 小時之內，依循一般路線登頂成功。

1996　法籍登山家香黛兒・莫杜伊（C. Mauduit）成為史上首位攻下洛子峰的女性。

1999 一支俄羅斯遠征隊計劃攀越洛子中部（Lhotse Middle），並完整連攀所有三峰，為史上首次嘗試這項行動的隊伍，但因惡劣天候狀況而挑戰失敗。

2001 一支俄羅斯四人團隊，於謝爾蓋・提莫菲夫（S. Timofeev）的帶領下，成功達成洛子中部的史上首次攀登紀錄。

2007 南韓登山隊成功攀上洛子夏峰、矗立於中央走廊以右的南壁山柱，為此路線的史上首攀。其中，他們於7千5百公尺高度以上所採取的路線，與1984年捷克斯洛伐克隊相同。

2010 丹尼斯・烏魯布可從聖母峰南鞍下方的日內瓦支脈起始，於西北岩壁上開拓出一條通往北脊方向的新路線，接著越過中央走廊，再依循一般路線登上峰頂。

2011 美籍登山家麥可・霍斯特（M. Horst）依序攻下聖母峰及洛子峰，且途中未曾降至高度8千公尺以下位置（即南鞍四號營）；兩趟成功登頂的時間點之間，僅差距整整20小時。

2013　英籍登山家肯頓・庫爾（K. Cool）於春天觀光季期間，接連登上努子峰、洛子峰及聖母峰；當時，這三條以西冰斗為起始點的一般路線，皆為了因應大眾登山活動而已然備妥。

2019　如今人們在攀登時，常將洛子峰與聖母峰相互結合。自從雪巴人將這兩座山的一般路線起點設於南邊（尼泊爾）之後，洛子峰開始蔚為風潮。

兩場雪崩摧毀了位於洛子峰南壁底端的基地營。在卡森試圖以無線電回報劫難的同時，勞倫茲（Laurenzi）與庫尼斯（Cunis）正在努力將他們的帳篷從雪裡挖出。

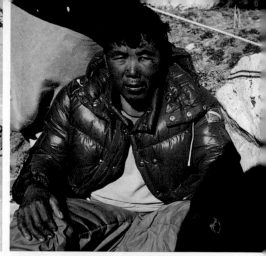

左上及左下：遭受毀損的倉儲帳篷與氧氣
補給；梅斯納爾從中學到教訓，從此之後
只採取輕裝遠征，且不使用氧氣裝置。

右上：負傷的雪巴人，攝於夜間雪崩事件
之後。

右下：梅斯納爾於洛子峰上執行的第二及第
三趟挑戰行動，皆由這座西基地營出發。

右圖：坤布冰溝為洛子峰整趟登
山行程當中，最為危險的路段。

梅斯納爾與卡莫蘭德即將抵達基地營。完成這趟行動之後，卡莫蘭德便已攻下七座8千公尺高峰，而梅斯納爾則是全部14座，其中四座更曾兩度登頂──他們辦到了！

千禧年的8千公尺高峰
人類的狂妄水泄不通

「我們完全掌握了大 8，我們真的掌握住了。我跟你說，我們已經鋪好一條通往峰頂的康莊大道。」

史考特・費雪（Scott Fischer）致強・克拉庫爾

「在身為登山家的這 34 年當中，我深信，這項運動最美的地方在於對自己負責的重要性，也就是說，你必須全然仰賴自己、做出關鍵決策，並且承擔其所帶來的後果。」

強・克拉庫爾

1996 年 5 月，繼人類完成世界最高峰首次攀登的 43 年之後，才剛在地球屋脊上發生的悲劇新聞，佔滿了大大小小日報、週報的版面。上百萬名觀眾能夠隨時追蹤這齣同時於虛擬世界及真實世界──於山上及電視上──上演的戲劇事件，超過 100 小時之久。

這個新時代為山林和野生世界帶來多麼大的轉變啊！1912年，羅伯特・法爾肯・史考特（Robert Falcon Scott）用凍傷的手指，在日記本裡寫下了失敗，以及他的點子、他的人、他的生命

精力之死。而這些書頁，直到半年後才隨著三具凍屍被人發現，接著以書籍的形式出版——也是一直等到那時候，「南極英雄之死」才觸動了一整個世代的讀者。同樣地，法國人於 1950 年在安納布爾納峰上的攀升成就與下山行動，也是在那場險些釀成悲劇的事件發生後的幾個月，才開始為人所知。但在過去這 50 年之間，來自喜馬拉雅山脈的報導，已經變得愈來愈迅速，透過衛星傳送的現場直播也已經行之 20 年。

1996 年，羅伯・哈爾（Rob Hall）在聖母峰南峰瀕死時，與人在紐西蘭的孕妻「透過無線橋接與衛星」通話，而兩人之間的對話在無線廣播電台「現場」播出！這位紐西蘭登山領隊，最終在暴風中、攝氏零下 40 度、氧氣瓶全空的情況下，死於聖母峰峰頂下方幾位亡者身旁。當世人隔天早上一邊喝著咖啡、吃著新鮮麵包，一邊從晨報裡讀著他的最後遺言被寫成一篇指控的同時，哈爾已經陷入失溫狀態並且死去。

哈爾是一位優秀的阿爾卑斯式登山家——行動迅速、經驗豐富，是聖母峰上最成功的登山領隊。直到他於 1996 年 5 月去世以前，哈爾曾經五度站上峰頂，共計率領過數十位顧客在這座山上來回穿梭；沒人像他一樣，曾帶領這麼多業餘者登上世界最頂點過。儘管如此，到了最後，依舊沒有人幫得了他。在他 1996 年的那支「團隊」當中，除了幾位登山領隊和經驗參差的業餘登山者之外，還有強・克拉庫爾。克拉庫爾是一位出色的阿爾卑斯式登山家，也是經驗豐富的記者，當時恰受《戶外探索》（*Outside*）雜誌委託，

為大眾旅遊業主題撰寫一篇報導。

　　所以說，這位克拉庫爾那次在聖母峰上並不是「極限挑戰者」的身分，而是報導者。另外，也因為他在悲劇發生之後，並沒有表現出英雄或右翼人士的姿態，他所出版關於當時聖母峰上事發經過的書，可算是一本時代紀錄。那本書不但講述了倖存者的悲劇故事，同時也指出那座如今已能被編入旅遊目錄手冊的 8 千公尺高峰，現在究竟是什麼情況。事實上，不只是聖母峰──人類最膽大包天、對於最高山的虛榮的終極消失點──就連加舒爾布魯木雙峰、布羅德峰、道拉吉里峰、希夏邦馬峰，尤其還有卓奧友峰都一樣，人們年復一年地為了「列隊登頂」行動而整治它們，並以系列行程的方式一一攻克，重量不重質！然而，在那些過程中，寧靜、規模、難度等價值皆逐漸流失，甚至連危險的程度都變得愈來愈低，但意外和悲劇仍舊無可避免。

　　數十年來，8 千公尺高峰的「死亡地帶」一向令人心生畏懼，唯有經驗最為豐富的阿爾卑斯式登山者才敢一路上攻──將自己陷於巨大危險之中，並為自己負責。一直到 80 年代時，危險、蠻荒與艱辛仍然具有篩選作用，煞住廣大登山者走向死亡地帶的腳步。

　　但隨著裝備變得輕盈、改善許多，另外最主要也是因為通往 8 千公尺高峰峰頂的那十來條攀升路線，在主要登山季（雨季前、後）期間，現在都已經妥善設置了營區鏈、固定繩索和氧氣儲備處，使得登頂這件事比 25 年前、或甚至是 50 年前，更加簡單好幾倍。

　　正如人們在本世紀初期開始探索南、北極一樣，過了 50 年後

的現在，地表最高峰儼然成為抱負最為遠大的登山者的目標。然而，那種不得不將登山帶往極端的狂妄自大，以及把危險和暴露於風險之中的行為平庸化的態度，在 1980 年代開始擒住愈來愈多人的思想，並不斷擴大至不同層級的群體，直到最後，那些庸人在聖母峰峰頂稜線上塞車的情況，終於轉變成一場死亡陷阱。

　　如今，人們可以飛到南極，也只需要花錢加上強大心理素質，就能夠搭船前往北極。可是，即便有登山嚮導的指示和激勵，攀登聖母峰這件事依然充滿風險，光有技術輔助是不夠的，還需要投注力氣。由於人們現在可以在旅行社下訂東南稜線攀升路線的行程——常被戲稱為「氂牛路線」或「笨蛋路線（Doofie-Route）」——侵入「登山天堂的觀星樓層」似乎變成一個販售品項，但事實上，那是一種自我欺騙，而且導向意外的頻率也不低，釀成死亡結局的頻率夠足以引起關注了。過去十年之間，阿爾卑斯式登山的最高價值——為自己負責、暴露於危險之中的狀態、團隊中的情誼、透過失敗有所學習——已被貶為鬧劇，而大山則被塑造為消費財。從所有層面來看，這種結果都具有破壞性的力量，包括損壞的山、不斷增加的悲劇、高海拔登山界裡逐漸減少的創意。

　　早期在登山界裡，只有那些憑藉著少量裝備就攻下最高難度路線的人，才能獲取認可，但到了 90 年代，聖母峰上的兩條一般路線，卻突變為享譽聲望第一的登山目標，幾乎是大眾媒體中唯一會提到的標的，好像只有世界最高峰才適合當作躍入名人堂的跳板似的。

禁用氧氣筒？

　　若要減少未來大規模傷亡事件的發生次數，最簡單的方式或許是禁用氧氣瓶，並讓它只限於緊急醫療救護用途。以後還是有可能會有一些魯莽的靈魂，繼續在沒有氧氣的情況下嘗試攻頂而喪命，但如果訂定這項規定的話，絕大多數的業餘登山者就會受制於自己的身體能耐，而被迫回頭——而且通常應該是在距離高海拔範圍仍遠的地方就會止步；進入高海拔範圍之後，情況便會變得尤其棘手。此外，禁止氧氣瓶想必也會有另一個令人夢寐以求的附帶效果——減少山上的垃圾與人群。一旦人們得知無法使用附加氧氣，那麼，試圖挑戰聖母峰的人數便會大幅銳減。

　　　　　　　　　　　　　　　　　　　　　　　強・克拉庫爾

　　相較於「不擇『好』手段」，「不擇手段」儼然成為那些藉由輕視聖母峰以謀生的人的格言。這也難怪在山頂上的「大眾交通」流量會不斷提高，基地營的垃圾堆也一直增加。如果其他登山者可以待在他們所屬的地方，那也沒什麼好針對他們的。但務必要小心那些一心只想填滿出團名額的旅遊業者！

　　不，造成「他的山」蓬勃發展的並不是艾德蒙・希拉瑞本人，而是我們——我的世代，另外還有許多無腦的「登山成癮者」，他們試圖將高度與品質劃上等號，並到處散佈在死亡地帶所體驗到的峰頂之樂。當市場形成之後，一代從未親身體驗過飢餓與寒冷的週末登山家，便在世界屋脊上打造鐵索攀登；隨之而來的還有業餘者、家庭主婦跟冒牌貨。

「1996 年春天，聖母峰岩壁上有 30 團不同的遠征隊伍，而其中至少有 10 團的行動基礎為營利行為。」關於目前為止世界最高峰上最為慘烈的災難，克拉庫爾在他的報導裡如此寫道。市場法則運作的速度究竟多快，從顧客投訴隊長沒有成功帶他們抵達峰頂的現象中便看得出來。

是啦，對於一個已經親身登頂過、並且正在老去的登山家而言，知道自己無法阻止這些荒唐之事，或許還是可以感到開心。可是，這件事並不只關乎於聖母峰，而是就登山活動整體而論。繼我們在阿爾卑斯山脈上蓋起小屋、開心地大肆踩點之後，我們的「山峰萬歲」心態也沒有讓喜馬拉雅山脈保有完整的山，或是以健康永續的方式進入 8 千公尺高峰。

雖然哈爾知道這種登山形式終究無法避免災難發生，但他總是一直鼓勵那些經驗不足的顧客——想要爬入「死亡地帶」的先決條件，就是膽量及對嚮導的盲目信任。史考特・費雪與羅伯・哈爾在經濟上的成功，所仰賴的是「攻頂勝利」的數量，因為如果可以放上「百分之百成功率」的標語的話，下一趟團體旅遊將最有機會順利招滿。

在他們的顧客當中，極少有人曾參加過沒有專業登山嚮導帶領的登山行程，或是沒有到高海拔出團經驗的團體。大家都需要刺激才會爬進「死亡地帶」，然後也需要日常攀登的鼓勵。到最後，他們就會相信，除了輕量裝備和善念之外——他們全然信任主辦人——他們不需要其他東西就有辦法登頂。於是，對於可以負擔團費

的顧客而言，聖母峰不再是一座危險的山，而是一座享負盛名的山。

現在，如果要從坤布冰溝攀升、進入「寧靜之谷」這條由雪巴人事先花費數週時間整頓的路線，需要支付某種「過境稅」；幾乎所有人都是這樣進入西冰斗的。但在過去，這些較低處的山坡，打從一開始就在刁難那些想要自取滅亡的人，至少都還能讓僥倖者或還沒準備好的有志者卻步。

1996 年，位於 6 千 4 百公尺高度的二號營裡，有「散落於側磧上的 120 頂帳篷」和一些像珊迪・皮特曼（Sandy Pittman）──她是個名媛──這樣的人，身上帶著筆記型電腦、CD 隨身聽、錄影機、電話及傳真機。他們一直不斷地寄出電子郵件，好像如果能把他們的攀升行動傳到家鄉自己錯過的晚餐聚會的話，就能把來到聖母峰的興奮感提升成一種公開的成就。那些希望上到聖母峰、然後成為街談巷議話題的人，每天早上都會把自己的名字弄上日報八卦專欄。

儘管皮特曼在南鞍時，必須跟另外 50 人共用營區，但她早已準備好要將自己完全屬於個人的英勇之舉，從接近海拔 8 千公尺的地方「透過網路發送至全球各地」。假如她一生中真能站上最高點一次，那世界上的其他人勢必能馬上得知這個消息，而且她一定會表現出一種獨攀者、自我實現者的姿態！為了攻頂路段所準備、儲存於起點營區的那 55 罐氧氣瓶──共重 165 公斤──很快就會被人遺忘，正如同她在雪中所依循的那條登山道，以及使用「短繩」

將路線搭起的雪巴人。

5 月 10 日，當 33 名登山者於半夜啟程準備攻頂時，驅動著那一行人前進的僅是少量的本能。他們起床、喝茶，接著主導一切進行的就是無腦、空洞不明的野心，以及從眾本能。「我們就只是一支名義上的團隊。」克拉庫爾寫道，而我相信他。

而同樣地，到了 5 月 10 日下午，在聖母峰峰頂山脊上、海拔 8 千 8 百公尺高度，所有人都相信著他們的嚮導、雪巴人在南峰設置的氧氣供應設施、固定繩索，以及最重要的──運氣。完全沒有人發現已經有一群人在攀登希拉瑞台階，也就是最高點下方的陡階，而且準備下山的人被卡在塞車狀態之中。在場那些假裝自己完全掌握「大 8」的嚮導們，跟在列隊眾人後方，以一種無腦的方式自行摸索出路。儘管當時如果要攻頂，時間其實已經太遲了，他們依然繼續往上爬。他們已經太累、太過精疲力竭，而無法做出任何決策；或許身體也開始不舒服了。他們自己從沒想過，人們付他們錢其實就是為了要讓他們來做正確決策，但他們在做業務拜訪的當前，只是假裝自己有這項能力。而在現實中，所有人就只是付錢站上峰頂，然後再帶著這份戰利品回到他們的仰慕者身邊。

1996 年，當那場混亂在聖母峰上爆發時，有能力的人成功自救，但組隊的人卻開始一一死去。那時候吹起的暴風十分猛烈，但並不是什麼稀罕的事。夜晚很快便降臨，悲劇也是。接下來發生的事確實令人感到難過，但我們不能隨意批判它。事實上，錯誤點必須往回追溯，隱藏在團體旅遊的販售行為當中、在攀升的過程裡。

隨之而來的劫難原本可能會糟糕許多，而這起事件無法開庭受審的唯一原因，在於籌劃人或登山領隊哈爾與費雪本人，已經藉著死亡躲掉責任。

　　目前為止，這場悲劇顯然只讓其他非登山者停下來思考片刻。8 千公尺高峰的市場甚至變得更加蓬勃，而且我的「存活」好像已經被貶值為一種廣告說詞，然後進一步被誤解，更被那些只想在山上尋求聲望、而不是體驗與經驗的人拿來當作標語。1996 年在聖母峰上所發生的事，確實在世紀末揭示了登山活動的危機，卻沒有激起我所期盼的改革。目前來說，山及登山的價值依然扭曲，而高海拔登山的沒落也已經快要步入尾聲。

　　如果 8 千公尺高峰登山想要展開新階段，我們就必須先來討論價值，並認清危險、暴露於風險之中的狀態、為自己負責皆為必要元素。有了這些必備的小心謹慎之後，才能確保我們享有厲害的體驗，以及──長遠來看──「厲害的山」。

傳統阿爾卑斯式登山的終結？
平裝版後記

　　如今，在有志登上 8 千公尺高峰的人當中，有超過百分之 90 的比例，都是參加有領隊的團體前去攀登，另有當地幫手——雪巴人、罕薩人、巴提人——負責進行前置作業。這種類型的觀光現在已經規劃完善、成功機率高，但跟傳統登山沒太大關聯。這是步道登山。

　　不過，難度較低的 8 千公尺高峰被那些由旅遊業者帶隊的顧客所主宰的現象，同時也反映在 8 千公尺高峰上的極限登山行動之中。為了脫離「不擇手段」的潮流，現在冒出風險更高的行動，例如卡爾・溫特克薛（Karl Unterkircher）的南迦帕爾巴特峰遠征，抑或是更多造假行為，例如克里斯提安・史丹格爾（Christian Stangl）在 K2 峰上的紀錄。

　　1977~78 年，伊凡・吉拉爾迪尼（Ivan Ghirardini）便開始在阿爾卑斯山脈進行路線連走（Enchaînements），將山壁並列攀登的作法蔚為流行。1985 年，克里斯托弗・普羅菲（Christoph Profit）於 24 小時內爬完三大北壁——馬特洪峰、艾格峰與大喬拉斯峰——為阿爾卑斯地區的極限登山開創新高度。

　　類似的作法很少被複製到 8 千公尺高峰上；那裡的風潮傾向於

蒐集 8 千公尺高峰。這些行動通常是在路徑皆已備妥的一般路線上進行，因為那是最有機會成功的方法，而且大多時候，「不擇『好』手段」這件事都只是假的。

這股風潮在女性登山界裡最為顯著。媒體尤其愛講「世界級女性登山家」的雙人行動，她們有如寄生蟲般地借用「阿爾卑斯式」與「極限登山」的價值。但事實上，幾乎所有行動都是在準備完攀升及下降路線後，於步道登山的範疇之中發生的。如今，在大部分的 8 千公尺高峰上——尤其是聖母峰，因為它是最高、也是最具象徵性的山——就連頂尖登山家都仰賴整治完善的步道、固定繩索、氣象預報，還有登山嚮導——「因為反正一切那裡都有了」。同時，南鞍以下的路段甚至備有山中救援服務。這些發展已成事實，也不能怪罪參與其中的個體。如今的情況好比鐵索攀登——不論你有沒有使用那些安全設備，已經相對不是那麼重要了，而這就只是因為它們都在那邊，凡是有架設的地方就都看得到它們。

為女性 8 千公尺高峰攀登活動訂立模範的，有奧地利籍登山家格琳德‧卡爾滕布魯納（Gerlinde Kaltenbrunner）、西班牙籍埃德恩‧帕薩班（Edurne Pasaban）及南韓的吳銀善，堪稱現今高海拔登山界中重要的一課。這三位皆成功完成「14 計畫」，攻下全部 14 座 8 千公尺高峰。正如第一位達成此目標的吳銀善，她們三人常使用直升機前往基地營，其中少見阿爾卑斯式登山技巧，並以步道登山為原則；唯有卡爾滕布魯納始終沒有使用人工氧氣。但我必須為她們辯護——阿爾卑斯式登山在聖母峰一般路線上完全

行不通，上面有太多觀光客了，而且到處幾乎都裝著固定繩索、設有氧氣儲備處。

說到天空跑者在兩個月的時間內，經由準備好的路線，登上聖母峰和 K2 峰這兩座世界最高峰，這個舉動並沒有讓我感到非常驚豔；即便史丹格爾於七天內跑上 10 座 6 千公尺高峰也是一樣。不管是「七峰速攀計畫（Seven-Summits-Speed-Project）」、打破聖母峰的攀登時間紀錄，或是洛子峰、聖母峰與努子峰的三峰組合，它們都算是運動。而且，即使現場沒有計時器或藥物控制的規定，這些都足以令人感到欽佩。至於旅遊產業在 8 千公尺高峰上的發展，既不是新聞，也不受控制。然而，傳統阿爾卑斯式的未來，並不是埋藏在任何驚人壯舉當中，也從來不會發生在步道上。因為假如我們沒有辦法再爬上更高的地方了，那大家也沒必要變得更快，或尤其是用組合包或很刻意的方式進行。傳統阿爾卑斯式登山發生的地點距離步道遠得很，而且源於為自己全然的負責。真正的極限登山家會知道彼此、互相敬重，主要是因為他們曾經歷過何謂無與倫比，而那正是冒險的一切重點。

此外，雖然現在要紀錄攻頂行動（GPS 定位錶、衛星通訊、於基地營使用極強望遠鏡觀測、各種前人留下來的作法）確實已經變得相對簡單，但許多「英雄之舉」即便根本不曾發生，也都能透過網路廣為散佈。如今，我常覺得——尤其是對職業登山家而言——比起登山方式的風格，網路上的讚數更加重要。

先驅者（1895 至 1965 年）眼中的危險、困難及暴露於風險之

中的狀態，到了今天已經變為完全不同的定義。如果說這些價值已經流失了，那並不是任何個體的錯，而是在人們開始使用愈來愈多的攀登輔助工具之後，大山因此變得平庸化的結果。到了最後，如果傳統阿爾卑斯式登山沒有在 8 千公尺高峰上沒落的話，那就是那些屏棄輔助設備的人的態度了。

那就是為什麼我會在克龍普拉茨——座落於歐朗（Olang）、普斯特谷與嘉德谷（Gadertal）之間——建立最後一座以山為主題的博物館。它的名字是「皇冠（Corones）」，獻給登山的至尊紀律——傳統阿爾卑斯式。我在本書中所捍衛的價值，絕對不能遺忘。

454~455 頁雙頁面：8 千公尺高峰的次級峰；根據慕尼黑喜馬拉雅研討會（1983 年，德國阿爾卑斯山協會〔DAV〕）所確立的標準，儘管它們高於 8 千公尺，攀登難度通常也很高，但仍無法被獨立稱為一座山。列於此表中的額外山峰皆為重要的次級峰，另外在加舒爾布魯木 2 峰、加舒爾布魯木 1 峰、希夏邦馬峰、南迦帕爾巴特峰及洛子峰上，還有其他較小的山峰。唯有曾經登上這些次級峰的登山家才懂它們的意義，但目前「官方」認定的 8 千公尺高峰僅 14 座。

圖片來源

所有圖片皆來自萊茵霍爾德・梅斯納爾，以及將圖片授權給他的遠征夥伴（米赫・達賀、斯瓦米普瑞姆・達爾沙諾、安・多吉、霍斯特・范可豪瑟、烏蘇拉・葛雷特〔Ursula Grether〕、彼得・哈伯勒爾、內娜・霍爾金、漢斯・卡莫蘭德、弗里德爾・穆施萊克納、奧斯瓦爾德・奧雷茲、萊茵哈德・帕柴德、萊茵哈德・希斯托、道格・史考特）、德國喜瑪拉雅研究發展基金會及維托里歐・瑟拉典藏庫（Vittorio-Sella-Archiv）。作者及出版者特此向攝影者與提供引用者致謝，以及所有願意藉此機會針對 14 座 8 千公尺高峰發表意見者。

整體而言，書中部分山峰圖片的角度可能經過微幅調整，以盡量清楚展示梅斯納爾的攀登行動。

8 千公尺高峰及其次級峰（8 千公尺以上）：首次攀登紀錄（摘自《庇里牛斯》〔Pyrenaica〕）

編號	名稱：主峰／次級峰	別名	高度
1	聖母峰	珠穆朗瑪峰、薩迦瑪塔峰	8850 公尺
a	南峰	-	8760 公尺
b	東北山肩	-	8393 公尺
2	K2 峰	喬戈里峰	8611 公尺
a	西峰	-	8230 公尺
b	南峰	-	8132 公尺
3	干城章嘉峰	金城章嘉峰、干章方嘉峰	8586 公尺
a	中峰	-	8482 公尺
b	南峰	-	8476 公尺
c	雅魯干峰	西峰	8433 公尺
4	洛子峰	-	8516 公尺
a	西中峰	-	8426 公尺
b	東中峰	中峰	8413 公尺
c	洛子夏峰	東峰	8400 公尺
5	馬卡魯峰		8463 公尺
a	東南峰	馬卡魯峰	8010 公尺
6	卓奧友峰	-	8210 公尺
7	道拉吉里峰	-	8167 公尺
8	馬納斯盧峰	庫塘峰	8163 公尺
9	南迦帕爾巴特峰	迪亞米爾峰	8125 公尺
a	南峰	-	8042 公尺
10	安納布爾納峰	莫爾詩雅迪峰	8091 公尺
a	中峰	-	8051 公尺
b	東峰	-	8029 公尺
11	隱峰	加舒爾布魯木 1 峰、K5 峰	8068 公尺
12	布羅德峰	寬廣之峰	8047 公尺
a	中峰	（非獨立的 8 千公尺高峰）	8016 公尺
13	希夏邦馬峰	高僧贊峰	8046 公尺
14	加舒爾布魯木 1 峰	K4 峰	8035 公尺

日期	遠征隊	首攀者
1953 年 5 月 29 日	英國	希拉瑞、丹增 · 諾蓋
1953 年 5 月 26 日	英國	埃文斯、布爾迪倫
1984 年 5 月	美國	唐 · 古德曼（D. Goodman）
1954 年 7 月 31 日	義大利	科姆帕紐尼、萊斯德利
1982 年夏天	日本	薩必爾及日本登山隊
尚未攻下（？）	-	
1955 年 5 月 25 日	英國	班德、布朗
1978 年 5 月 22 日	波蘭	沃伊捷赫 · 布蘭斯基（W. Branski）、 安德烈 · 海恩里希（A. Heinrich）、 卡茲米爾許 · 歐雷赫（K. Olech）
1978 年 5 月 19 日	波蘭	歐格紐施 · 科羅巴克（F. Chrobak）、 沃伊捷赫 · 弗魯許（W. Wroz）
1973 年 5 月 14 日	日本	松田隆雄（T. Matsuda）、 上田豊（Y. Ageta）
1956 年 5 月 18 日	瑞士	盧赫辛格、萊斯
尚未攻下	-	-
2001 年 5 月 23 日	俄羅斯	提莫菲夫及其他八人
1970 年 5 月 12 日	奧地利	馬耶爾、沃特
1955 年 5 月 15 日	法國	尚 · 庫齊（J. Couzy）、 里昂內爾 · 特雷（L. Terray）
1970 年 5 月 22 日	日本	田中元（H. Tanaka）、尾崎祐（Y. Ozaki）
1954 年 10 月 19 日	奧地利	提奇、約赫勒、巴桑 · 達瓦 · 拉瑪
1960 年 5 月 13 日	瑞士	迪姆伯格、薛爾伯特、那旺 · 多吉
1956 年 5 月 9 日	日本	今西壽雄、蓋增 · 諾布
1953 年 7 月 3 日	德、奧	布爾
1982 年 8 月 17 日	瑞士	布勒
1950 年 6 月 3 日	法國	埃爾佐、拉雪納爾
1981 年 5 月 23 日	波蘭	布瑞別卡、博古斯瓦夫 · 普洛布斯基（B. Probulski）
1974 年 4 月 29 日	西班牙	昂拉達、耶米里歐 · 奇維斯（E. Civis）、彭斯
1958 年 7 月 5 日	美國	舒寧、考夫曼
1957 年 6 月 9 日	奧地利	施穆克、溫特史德勒、迪姆伯格、布爾
1975 年 7 月 28 日	波蘭	卡茲米爾許 · 格瓦齊克（K. Glazek）、 馬烈克 · 肯許斯基（M. K sicki）、 亞努許 · 庫利斯（J. Kuli）、 伯赫丹 · 諾瓦楚克（B. Nowaczyk）、 安德烈 · 司寇斯基（A. Sikorski）
1964 年 5 月 2 日	中國	八名中國人及四名西藏人
1956 年 7 月 7 日	奧地利	莫拉維克、威倫帕特、拉赫

登山皇帝的
14座/8000公尺高峰

死亡不能阻止上山的腳步！
看梅斯納爾如何超越人類極限，站上世界之巔

作者萊茵霍爾德‧梅斯納爾 Reinhold Messner
譯者江鈺婷
主編趙思語
責任編輯黃雨柔（特約）
封面設計羅婕云
內頁美術設計李英娟‧洪玉玲（特約）

發行人何飛鵬
PCH集團生活旅遊事業總經理暨社長李淑霞
總編輯汪雨菁
行銷企畫經理呂妙君
行銷企劃專員許立心

出版公司
墨刻出版股份有限公司
地址：台北市104民生東路二段141號9樓
電話：886-2-2500-7008／傳真：886-2-2500-7796
E-mail：mook_service@hmg.com.tw
發行公司
英屬蓋曼群島商家庭傳媒股份有限公司城邦分公司
城邦讀書花園：www.cite.com.tw
劃撥：19863813／戶名：書虫股份有限公司
香港發行城邦（香港）出版集團有限公司
地址：香港灣仔駱克道193號東超商業中心1樓
電話：852-2508-6231／傳真：852-2578-9337
製版‧印刷漾格科技股份有限公司
ISBN978-986-289-667-9‧978-986-289-668-6（EPUB）
城邦書號KJ2040 **初版**2021年11月
定價680元
MOOK官網www.mook.com.tw
Facebook粉絲團
MOOK墨刻出版 www.facebook.com/travelmook

版權所有‧翻印必究

Überlebt. Meine 14 Achttausender
© 2013 Piper Verlag GmbH, München/Berlin.
Published by arrangement with The Paisha Agency.
All rights reserved.
This Complex Chinese characters edition is published in 2021 by MOOK Publications Co., Ltd.

國家圖書館出版品預行編目資料
登山皇帝的14座8千公尺高峰：死亡不能阻止上山的腳步!看梅斯納爾如何
超越人類極限,站上世界之巔/萊茵霍爾德.梅斯納爾(Reinhold Messner)
作;江鈺婷譯. -- 初版. -- 臺北市：墨刻出版股份有限公司出版：英屬蓋曼
群島商家庭傳媒股份有限公司城邦分公司發行, 2021.11
456面；14.8×21公分. -- (SASUGAS；40)
譯自：Überlebt meine 14 Achttausender；mit Chroniken
ISBN 978-986-289-667-9(平裝)
1.梅斯納爾(Messner, Reinhold, 1944-) 2.登山 3.傳記 4.義大利
784.58   110017474